ENSEÑANZA Y APRENDIZAJE

EN LA CLASE DE IDIOMAS

SGEL

SOCIEDAD GENERAL ESPAÑOLA DE LIBRERÍA, S. A.

AQUILINO SÁNCHEZ PÉREZ

CATEDRÁTICO DE LA UNIVERSIDAD DE MURCIA

ENSEÑANZA Y APRENDIZAJE
EN LA CLASE DE IDIOMAS

SGEL

SOCIEDAD GENERAL ESPAÑOLA DE LIBRERÍA, S. A.

Primera edición, 2004

Produce: SGEL - Educación
          Avda. Valdelaparra, 29
          28108 ALCOBENDAS (Madrid)

© Aquilino Sánchez.
© Sociedad General Española de Librería, S. A., 2004
Avda. Valdelaparra, 29 - 28108 ALCOBENDAS (Madrid)

ISBN: 84-9778-099-X
Depósito Legal: M. 17.527-2004
Printed in Spain - Impreso en España

Compone: GIGA
Imprime: CLOSAS-ORCOYEN, S. L.

ÍNDICE

CAPÍTULO V
COMPONENTES DE LA CLASE: INTEGRACIÓN, INTERACCIÓN Y EVALUACIÓN

CAPÍTULO VI
SECUENCIACIÓN Y RITMO DE LAS ACTIVIDADES EN LA CLASE

INTRODUCCIÓN

El universo de la clase

La *lingüística aplicada* acaba prácticamente de entrar en las aulas universitarias. En España todavía no existe ninguna especialidad centrada exclusivamente en esta disciplina. Sólo el interés comercial y las cambiantes exigencias del momento han hecho posible que algunas universidades, públicas o privadas, ofrezcan determinados "masters" de especialización relacionados con la enseñanza de idiomas (por ejemplo, la enseñanza del español o del inglés como lengua extranjera).

La situación es sustancialmente diferente en otros países de nuestro entorno, como es el caso del Reino Unido o de Estados Unidos. En los centros universitarios de ambos países abundan titulaciones, cursos de especialización y de *postgrado* relacionados con la lingüística aplicada en general y con algunas de las áreas que la integran: enseñanza / aprendizaje de lenguas, evaluación del aprendizaje de lenguas, adquisición de lenguas, lingüística computacional, etc. La dirección en que se desarrollan las investigaciones y los estudios relacionados con la enseñanza de idiomas dejan de centrarse solamente en uno de los temas que, hasta hace no muchos años acaparaba de manera casi exclusiva el interés de los investigadores: la metodología, su historia, descripción y análisis.

La identificación y descripción de los métodos es de gran utilidad para conocer las tendencias que ha habido o hay en torno a la enseñanza de lenguas. No obstante, los métodos se *concretan* en el ámbito de la *clase,* en la que confluyen todos los elementos que intervienen en la enseñanza y en el aprendizaje de lenguas: los profesores, los alumnos, los materiales con que se trabaja y las actividades o ejercicios que se llevan a cabo con el fin de alcanzar los objetivos propuestos. Además, debe tenerse en cuenta que cada uno de esos elementos es complejo en sí mismo y admite muchas variantes y matices. El conjunto constituye, pues, un aglomerado de notable complejidad, imposible de ser reducido a esquemas simplistas sin que los resultados del estudio queden seriamente limitados. No debe olvidarse, igualmente, que los escritos sobre métodos y metodología suelen incidir de manera preponderante sobre aspectos teóricos y abstractos más que sobre su aplicación real en el aula. Abundan los análisis de las teorías lingüísticas y de las teorías del aprendizaje. Se da información pormenorizada y minuciosa sobre los antecedentes históricos de cada planteamiento metodológico. Se hacen incluso, en ocasiones, descripciones someras sobre lo que suele ocurrir en una clase que se ajusta al método tradicional, al método comunicativo, etc. Es decir, ha predominado un método de estudio que podríamos denominar "deductivo", de arriba hacia abajo.

Sin lugar a duda, este acercamiento al tema es interesante y útil, pero corre el peligro de centrarse en exceso en los aspectos teóricos y dejar de lado el componente de aplicación práctica que la enseñanza de lenguas lleva necesariamente consigo. Frente a otras ciencias a las que pueda bastar la discusión y el análisis abstracto, la enseñanza de idiomas está inmersa en el mundo de la realidad. El aprendizaje se refleja necesariamente en resultados tangibles, cuales son, por ejemplo, la fluidez y corrección que el alumno adquiere en el uso de la lengua objeto de estudio. Y la adquisición de tal capacidad no solamente está relacionada con los planteamientos teóricos que haga el profesor antes de entrar en clase, sino con los procedimientos y prácticas de que se vale en ella. Puede, incluso, afirmarse que tales procedimientos y prácticas son, como mínimo, tan importantes como los planteamientos teóricos de los que se parte.

Podría compararse el esquema delineado con lo que ocurre en otros muchos campos del quehacer humano. Por ejemplo, la producción de un vehículo automóvil. El logro de un automóvil que cumpla bien los objetivos para los que ha sido construido requiere no solamente de un buen diseño y de los planteamientos teóricos que lo sustentan, sino también de un estudio y análisis sobre la manera como se puede llevar a la práctica tal diseño (procedimientos de producción, maquinaria precisa para lograr piezas perfectas, materiales *adecuados* para la función que debe desempeñar cada pieza, montaje del conjunto de elementos, etc.), así como de pruebas reales y evaluación sobre su funcionamiento en la carretera. Una vez logrado el producto final, también existen otros elementos contextuales que incidirán sobre la eficacia del vehículo: estado de la carretera, calidad del combustible utilizado y aptitudes y actitudes del conductor. Sería equivocado producir un automóvil teniendo en cuenta solamente los planteamientos teóricos que subyacen en el diseño. Éste, para garantizar la eficacia del producto final, no ha de olvidar ni los elementos con que cuenta para su fabricación, ni los lugares por donde va a circular el vehículo, ni las características que definen a los usuarios potenciales del producto. Existe, a mi entender, un claro paralelismo entre este proceso y la clase. En estas páginas interesa destacar muy especialmente el hermanamiento que debe darse entre los aspectos teóricos y los resultados prácticos.

En cualquier disciplina o ciencia, especialmente si es de carácter experimental, los fundamentos teóricos son necesarios no solamente para comprender bien el problema, sino sobre todo para enfocar adecuadamente su solución desde una posición de coherencia y linealidad lógica. Quizás no sea apropiado afirmar que la enseñanza de idiomas es una ciencia puramente experimental, pero sí es cierto que el objetivo terminal tiene carácter práctico y su logro está mediatizado por una serie de acciones y procedimientos que se desarrollan en el terreno de lo concreto y de lo real, que es la clase. De ahí la necesidad de tratar el tema de la enseñanza de idiomas desde una perspectiva tanto analítica como experimental.

El aula constituye el escenario en que la docencia se lleva a la práctica. Es, pues, el mejor termómetro para medir los efectos de esa misma docencia y para cobrar conciencia de cómo se ha llegado a los resultados obtenidos. En realidad, el análisis de la clase y de lo que en ella ocurre es el complemento necesario e ideal para estudiar el planteamiento metodológico que previamente se haya hecho, y que constituye el punto de partida en la organización de la clase y en la fijación de los procedimientos derivados de la elección de un método concreto.

El profesor no debe contentarse o sentirse satisfecho con haber elegido lo que él considera que es el método más adecuado para impartir su docencia. La enseñanza es una actividad multidimensional que no se agota con la elección de un método. La complejidad de la docencia requiere que el profesor esté informado de una gran variedad de elementos y componentes presentes en el aula. Este objetivo puede alcanzarse mediante la reflexión y el análisis.

Inmersos en la actividad docente, los profesores no siempre son conscientes de lo que ocurre mientras enseñan, de por qué se toman unas decisiones y no otras, de por qué unos ejercicios funcionan mejor que otros, de cuál es la mejor manera de ordenar el trabajo en clase, de la influencia que puede tener el hecho de hablar siempre en la lengua que se enseña, de la motivación que determinadas actividades o actitudes pueden generar en los alumnos, etc. En definitiva, el profesor necesita reflexionar sobre su actividad de manera personal y autónoma, sin dejar ese trabajo al arbitrio exclusivo de jueces externos, quienes pueden servir de ayuda y orientación, pero nunca podrán sustituir la reflexión crítica de quien realmente actúa en el aula. Asumo en todo momento que el profesor está interesado en mejorar su actuación profesional. Si esto es así, es necesario que llegue a conocer su praxis docente. No existe otra alternativa.

La historia de la enseñanza de idiomas nos ofrece algunos ejemplos que ilustran y complementan lo apuntado hasta aquí. Ha habido muchas personas que se han preocupado por la enseñanza o el aprendizaje de otras lenguas. La mayoría de ellas lo ha hecho siempre desde el ángulo de la metodología, habitualmente tomando como punto de partida determinadas creencias o convicciones respecto a cuál es o ha de ser la mejor manera de enseñar. Si nos centramos en el siglo XIX, son varios los autores que cabe citar: Gouin (1892), con su método "de las series", es uno de ellos. Su extenso libro sobre cómo enseñar idiomas no se fundamenta en una reflexión o análisis de lo que ocurre en la clase. Ni siquiera se ocupa en esbozar qué tipo de actividades o ejercicios deben ponerse en *práctica* para llevar a cabo su método. Las más de cuatrocientas páginas de su exposición metodológica se centran en describir tanto sus principios metodológicos como los porqués de tales principios. Un punto de partida similar lo encontramos en todos aquellos métodos o enfoques denominados "naturales". Todos ellos ponen especial énfasis en reafirmar los principios en que se apoyan y en convencer a los demás de su bondad. Las cuestiones no se plantean en torno a si los principios esgrimidos son aplicables o no al caso, sino que más bien pretenden convencer a posibles seguidores. Se habla de métodos buenos o malos, de métodos más o menos adecuados, pero no se suele hacer referencia a lo que realmente es lo más importante: los métodos "buenos" son los que producen buenos resultados prácticos. Esto significa que la adopción de un método u otro no ha de depender de un simple enunciado de ideas o de la formulación de objetivos cargados de "buenas intenciones y deseos". La elección de un método, que tiene como misión llevarnos a un fin específico, ha de contrastar, en algún momento del proceso, los medios aplicados con los resultados obtenidos. Sólo así podremos cerciorarnos de la "bondad" de los medios. Esta prueba acreditativa de la "bondad" de un método no suele estar incluida en la descripción. En general, ni siquiera se ha sometido a una validación experimental. Sin embargo, la enseñanza de idiomas, como cualquier otra ciencia, no está exenta de cumplir con ciertos requisitos científicos.

Los profesionales de la docencia deberíamos asumir con naturalidad el siguiente axioma: "Los métodos no son buenos o malos porque alguien diga que lo son, sino porque se han obtenido resultados objetivamente contrastados que prueban la veracidad de los juicios o afirmaciones vertidos sobre ellos". Aplicar este axioma supondría una verdadera revolución en la didáctica de lenguas. Son muchos los profesores y especialistas que todavía otorgan, conscientemente o no, prioridad a los principios abstractos, y de ellos se hace derivar, luego, la actividad docente. Es verdad que el análisis de la comunicación mediante un sistema lingüístico concreto, por poner un ejemplo, es no sólo útil sino necesario para comprender mejor todo lo que está implicado en la enseñanza de un idioma. A fin de cuentas, se trata de conocer mejor la realidad que es objeto de la docencia. Sería un error, sin embargo, concluir que la teoría lingüística que pueda construirse sobre la lengua ha de constituir el esquema de trabajo de quien la enseña.

Existen varias razones en defensa de lo dicho:

a. Una teoría lingüística se fundamenta en planteamientos ajenos a la enseñanza de una lengua. Por lo tanto, no tiene por qué tomar en consideración los parámetros esenciales de esta disciplina.

b. Las bases en que suelen sustentarse los métodos para la enseñanza de lenguas derivan, a menudo, de principios provenientes de teorías lingüísticas y, en ocasiones, también de teorías pedagógicas o psicológicas. Este hecho cubre algunos de los requisitos exigibles a la formulación metodológica, pero está lejos de tener en cuenta todos los elementos que integran el proceso docente/discente.

c. La enseñanza de una lengua se lleva a cabo en el aula, como regla general. También el aprendizaje autónomo disfruta de una cuota apreciable, pero ciertamente menor y, en todo caso, este tipo de adquisición lingüística reúne sus propias características y debería ser objeto de un análisis individualizado que permitiese adecuar los medios a los fines perseguidos. Pues bien, en el aula coexisten múltiples elementos, factores y condicionantes que van más allá del ámbito considerado por las teorías lingüísticas o que no se refieren a él.

El primero de estos elementos es el idioma concreto que se enseña. Las lenguas son diferentes en muchos de los componentes que las integran. En la medida en que tal elemento es capital, en esa misma medida la teoría lingüística puede tener incidencia en la elaboración de la metodología aplicada.

El segundo factor es *cómo* hacer accesible la lengua objeto de enseñanza al alumno que la aprende. Los aspectos relativos al *procedimiento* son aquí los que predominan. Y en este campo, la teoría lingüística desempeña un papel ciertamente secundario, mientras la pedagogía cobra pleno significado y valor.

El tercer elemento, que constituye uno de los ejes esenciales de la clase, es el profesor. El profesor, por definición, debe ser un *servidor* de la enseñanza, en cuanto que es el mediador entre el objeto de la docencia (lengua) y el sujeto de la discencia (alumno). La función mediadora, no obstante, tampoco anula la personalidad del profesor, que constituirá, en cualquier caso, un factor omnipresente en la clase. La ciencia de la psicología y de la personalidad debe contribuir a controlar o modular el conjunto. Como mediador, el profesor es también un administrador de recursos. Precisa, por lo tanto, de técnicas de organización y administración, así como de conocimientos acerca de los utensilios o dispositivos técnicos que facilitan estas tareas. La preocupación sobre estos temas ha estado ausente de las aulas de manera casi absoluta. Sólo a finales del siglo XX ha empezado a ponerse de relieve la importancia de esta dimensión docente.

El cuarto elemento es el alumno. Los alumnos constituyen el fundamento último de todo el proceso educativo. Los alumnos, al igual que el profesor, cuentan con su propia personalidad y, sobre todo, tienen determinadas necesidades respecto al aprendizaje en que están implicados. Tales necesidades derivan de sus intereses personales y del entorno social que los rodea. Este conglomerado de factores que inciden en el alumno pertenece a varias disciplinas: la lingüística, la sociolingüística, la psicología y la pedagogía. A ellas se unen también otros elementos de importancia, como son las habilidades propias de cada aprendiz, la constitución física y psíquica que facilita en mayor o menor grado el aprendizaje, la actitud respecto al objeto de la discencia, la motivación frente al proceso de aprendizaje, etc.

Vistos en su conjunto, los elementos apuntados implican un alto grado de complejidad, muy alejado de la simplicidad que ha presidido la formulación metodológica relativa a la enseñanza de idiomas a lo largo de los siglos. Es necesario completar el escenario de trabajo y reflexión con elementos fundamentales, que hasta ahora han estado ausentes. El esquema subyacente puede asemejarse al Cuadro 1:

Estructura del libro

El presente libro se divide en siete capítulos.

El **capítulo I** ofrece una visión de lo que podría llamarse "el entorno" de la clase: el espacio en que ésta tiene lugar, las reglas que suelen regir en el aula, los diferentes modelos en que puede tipificarse el desarrollo de la clase, o su estructura y organización, para acabar haciendo referencia al número de actividades en que se concreta la acción docente durante el período habitual de clase. Más adelante se profundiza en el análisis del medio físico que implica el aula real, así como en la relación que se establece entre dicho medio, el profesor y los alumnos. Dentro del espacio necesariamente reducido en que la docencia se lleva a cabo, los gestos y las actitudes son de gran importancia, como lo es, también, la manera de gestionar el tiempo de que se dispone.

El **capítulo II** se centra en los dos agentes principales de la clase, que son los dos verdaderos protagonistas: el profesor y los alumnos. En contra de lo que suele suponerse, tanto uno como los otros llegan al aula cargados de numerosos condicionantes, tanto desde el punto de vista de sus convicciones, como desde la perspectiva de sus expectativas.

En el **capítulo III** se estudian los materiales con los que se trabaja en el aula. Se da una estrecha relación de dependencia entre el método adoptado y los materiales que se suministran como base para aprender un idioma. Tan importante es que se dé una alta coherencia entre método y materiales de trabajo, que lo contrario haría incurrir en graves errores al profesor respecto a los procedimientos que está aplicando en el aula, con el consiguiente deterioro de la eficacia discente. A lo largo de las páginas de este capítulo se presentan y analizan diversos factores relativos a los materiales: selección de método y materiales, criterios de selección, criterios de frecuencia, criterios de adecuación y elementos motivadores en los que el conjunto debería asentarse.

El **capítulo IV** se dedica exclusivamente a las actividades. No cabe la menor duda de que los ejercicios o actividades constituyen la espina dorsal del trabajo en el aula: en ellas se concreta la acción docente y a través de ellas se orienta el aprendizaje. Su naturaleza, integrada por objetivos y estrategia o procedimiento para lograrlos, permite una gran variedad, dependiendo de los criterios sobre los cuales se decide trabajar. En este apartado se incluye una tipología detallada de actividades para la clase, tomando como punto de referencia cuatro ejes clasificatorios.

El **capítulo V** se interesa por la integración de los distintos elementos que conforman la clase y que no pueden distanciarse entre sí. Tanto el profesor como los alumnos y las actividades deben proceder en consonancia los unos con los otros. El capítulo se cierra con un apartado dedicado al análisis de los elementos presentes en el aula, poniendo especial énfasis en la recogida de datos útiles y relevantes para la evaluación o autoevaluación de la clase.

Finalmente, el **capítulo VI** se centra en la secuenciación de las actividades en la clase. Es éste un tema casi olvidado o marginado en los estudios sobre el aula y su gestión. Sin embargo, como aquí se argumenta, la incidencia de cuántas actividades se introducen a lo largo de la hora docente y el ritmo y variedad de las mismas es de gran importancia, especialmente porque el hecho afectará a la motivación de los alumnos, además de ser un exponente de la metodología aplicada.

Hasta llegar a la redacción definitiva del libro, han sido muchos los factores y varias las personas que han intervenido, contribuyendo todos a la mejora del producto final. Quiero expresar mi más sincero agradecimiento a la profesora Eva Alcón, cuya paciente lectura del manuscrito ha sido extremadamente útil en la organización del libro y en el afloramiento de ideas, que han ayudado a perfeccionar la redacción. Un no menos sentido agradecimiento debe reservarse, también, para los cientos de anónimos alumnos que han seguido mi asignatura de "metodología de la enseñanza de lenguas" a lo largo de más de treinta años de docencia en las aulas universitarias: tanto sus preguntas y reflexiones como los interrogantes que su sola presencia han provocado en el profesor han sido el motor y la razón última de las páginas que siguen.

Capítulo I

LA CLASE Y SU ENTORNO

1. Elementos contextuales de la clase

Un profesor que, tras grabar y analizar sus clases, revisó y mejoró su actuación pedagógica, escribía:

> Desde el momento en que llevé a cabo la observación de mi docencia (grabando clases, transcribiéndolas y codificando la comunicación, más que buscando consejos y directrices en otros), se me rompieron determinados patrones de actuación, tanto conscientes como inconscientes. Buscaba alternativas para mi docencia y las encontré. Una vez que me di cuenta de que había otras maneras de actuar, me sentí más libre y seguro para tomar decisiones sobre las actividades que diseñaría para mis alumnos. Aprendí a considerar la enseñanza con mayor claridad y de manera diferente. En otras palabras, me di cuenta de que podía hacer mucho más de lo que hacía, así como también de los patrones no conscientes de actuación en mi docencia. (Citado en Nunan, 1992: 190).

El testimonio de este profesor se une al de otros muchos que, a través de la observación y el análisis de sus actuaciones en la clase, han aprovechado para mejorar su docencia. El hecho se ha puesto más de relieve últimamente, con mayor fundamento, si cabe, desde que los estudios en el aula se han convertido en una de las áreas favoritas de la investigación en lingüística aplicada (Chaudron, 1988). Las apreciaciones del profesor antes citado son positivas, sobre todo para el mismo autor del comentario. Pero podrían acabar en impresiones demasiado subjetivas y de poco calado si no fuesen acompañadas de otros ingredientes. Desde un punto de vista científico, no parece suficiente con observar una o más clases y anotar lo que ocurre en ellas. Es seguro que cada observador prestará atención a actuaciones y hechos total o parcialmente diferentes, según las constelaciones de intereses que identifiquen a cada cual. La observación de la clase resultará más provechosa, tanto para el profesor que la da como para cualquier otro profesor que esté interesado en mejorar su docencia, si se basa en la secuencia *descripción-análisis*, y si ambos procesos se llevan a cabo de manera rigurosa. En este caso, tanto la descripción como el análisis han de ser sistemáticos y mostrar de manera ordenada y clasificada los datos referidos a aquellos elementos que constituyen el esqueleto y engranaje de la clase.

El objetivo de lo que aquí se trata no es exactamente la investigación en el aula, aunque comparta con ella algunos puntos de importancia. La finalidad será más bien reunir, en una recopilación clara y transparente, los datos "externos" relevantes que condicionan necesariamente y de alguna manera el logro de los objetivos docentes en el aula. Los datos reunidos constituirán elementos objetivos y útiles para cualquier persona interesada en la observación y diagnóstico de la clase.

El éxito del trabajo está ligado al cumplimiento de ciertos requisitos; el más importante y fundamental se refiere a la necesidad de concretar previamente los datos que se deben recopilar. En términos generales, la recogida de datos puede referirse a multitud de aspectos o áreas diferentes: cada profesor podría estar interesado en elementos especiales y específicos, que no interesan necesariamente a todos. La descripción de la clase a que nos referimos en estas páginas toma en consideración contextos básicos y esenciales. La pregunta es: ¿Qué datos son esenciales o importantes en el contexto del aula? Su definición no es fácil, precisamente porque a su lado siempre habrá elementos que, aunque no sean esenciales, acompañan necesariamente a los principales. Estos elementos "secundarios" pueden estar o no presentes en una clase determinada, sin afectar esencialmente a la calidad de la misma. Podrían ser definidos como elementos "móviles" o accidentales, en la medida en que su presencia o ausencia dependerá de otros factores sobre los cuales se apoyará el trabajo pedagógico de un determinado profesor. En estas páginas trataremos de centrarnos solamente en los elementos de carácter permanente o que nos parezca que deben ser considerados como tales.

La clase de lengua constituye un todo complejo, integrado por múltiples elementos. Dos de ellos son clave: los alumnos y el profesor. De ellos se tratará en capítulos posteriores. Pero en la clase también existen elementos ajenos al profesor y al alumno. Y estos elementos pueden afectar directamente a su acción docente.

1. 1. El espacio físico

La clase es un espacio físico cerrado en el que alumnos y profesor pasan unas cuantas horas al día o a la semana, según el tipo docencia que se aplique en cada caso. Es un espacio, por lo tanto, en el que importa que todos se sientan a gusto y cómodos. Esto solamente se puede lograr si dicho espacio cuenta con los elementos necesarios para ello. Los asientos, las mesas o pupitres en que los alumnos se colocan, el suelo, el color de las paredes y techos, los medios de ayuda a la docencia, las ventanas, el grado de luminosidad, etc., todo contribuye a crear las circunstancias favorables que hacen que tanto los alumnos como el profesor se sientan cómodos. Tal estado de ánimo es un ingrediente fundamental para que la eficacia docente y discente sea, no solamente adecuada, sino incluso excelente.

En la construcción y decoración del entorno físico que constituye el aula incide primeramente el componente económico. Es preciso dedicar una cantidad sustancial de dinero para disponer de aulas que cumplan con requisitos de comodidad, si no ideales, sí satisfactorios. Es bien sabido que, en este apartado, no todos los países pueden permitirse el lujo de alcanzar las metas deseadas. Pero admitida esta realidad, el profesor puede hacer mucho para lograr que el espacio físico en que pasará tantas horas del día enseñando adquiera algunas características que incrementen el nivel de comodidad e induzcan al alumno a sentirse más *a gusto*. En una clase de inglés, de alemán, de español, de francés, etc., es fácil disponer de carteles y mapas mediante los cuales es posible ilustrar, no sólo aspectos de la lengua, que se enseña, sino también la cultura, la geografía y las costumbres de quienes hablan ese idioma. Las oficinas de turismo de muchos países (de habla inglesa, francesa, española o alemana, por ejemplo) suelen ser generosas a la hora de suministrar estos elementos.

A la comodidad y a la eficacia contribuye también la disposición de los alumnos en la clase. La distribución del espacio físico y la situación de cada individuo dentro de él no es inocua: condiciona, favorable o negativamente, la interacción entre quienes lo ocupan. La disposición más tradicional en nuestras aulas es un fiel reflejo de las relaciones subyacentes entre profesores y alumnos: el profesor, en posición dominante, tiene ante sí a toda la clase, ve fácilmente a todos y a cada uno de los alumnos y, en consecuencia, los puede controlar fácilmente. Esta disposición es perfectamente compatible con el papel que en la enseñanza tradicional se ha atribuido al profesor. No pretendo insinuar con ello que este esquema sea malo, sino resaltar el hecho de que existe un claro paralelismo entre concepción docente y distribución de los discentes en el espacio físico del aula. Obsérvese en el siguiente cuadro cómo la disposición de alumnos y profesores en el aula tradicional favorece lo apuntado:

Profesor			
Alumno 1	Alumno 2	Alumno 3	Alumno 4
Alumno 5	Alumno 6	Alumno 7	Alumno 8
Alumno 9	Alumno 10	Alumno 11	Alumno 12
Alumno 13	Alumno 14	Alumno 15	Alumno 16

Por el contrario, una distribución en herradura, con el profesor situado en el centro, ejercerá de inmediato un efecto favorable a la comunicación entre los ocupantes del espacio:

Éste, u otro esquema similar, en forma de herradura o de elipse, no sólo mantiene la visualización permanente y constante profesor-alumno, sino que invita a la interacción, precisamente porque el acercamiento físico y visual ya existe. Si en el esquema tradicional de distribución muchos alumnos evitan ponerse en primera fila es porque desean evitar la relación directa con el profesor. Situarse en la parte más alejada de la clase es como un refugio frente a la accesibilidad inevitable que propicia el estar sentado cerca del profesor. Este hecho, tan habitual en las aulas, revela con nitidez la importancia que reviste la distribución del profesor y los alumnos en la clase.

Conviene recordar que en la metodología tradicional, de gramática y traducción, la posición dominante del profesor frente a los alumnos implica un distanciamiento entre docente y discentes. Pero el hecho corría parejo con las exigencias de la metodología y las actitudes dominantes. En una metodología comunicativa, por el contrario, la interacción que exigen las actividades de clase se favorecerá estableciendo previamente un diseño de distribución espacial más acorde con los objetivos que se pretenden.

Alguien podría preguntarse por qué las aulas suelen estar construidas siempre de manera similar, ajustadas al cometido tradicionalmente atribuido y asignado al profesor y a los alumnos. En la actualidad, ya no parece encontrarse una respuesta convincente para explicar tal hecho. Se trata de una práctica que se va perpetuando a sí misma "por generación espontánea". ¿Es difícil y costoso cambiarla? No parece que sea así. La industria de la construcción, así como la industria del mueble, no requieren de grandes inversiones para adecuar el tamaño de las aulas a lo requerido, para adaptar la forma de los espacios a patrones más favorecedores de la interacción o para sustituir los clásicos pupitres alineados en filas por sillas movibles con brazo extensible, o por elementos individuales, movibles y de diseño diferente, aptos para propiciar los objetivos que cada clase o grupo discente persiga. Las autoridades educativas no siempre son permeables a los *cambios*, ya que éstos exigen modificar también esquemas de trabajo. Pero es peor aún que estas mismas autoridades ni siquiera dispongan de informes que expliquen las ventajas o desventajas de cada tipo de construcción o distribución de espacios en el aula. Después de todo, cualquier país de nuestro entorno puede disponer de una sección especial dedicada a estas tareas, coste que sería insignificante si tenemos en cuenta las cuantiosas inversiones que se realizan anualmente en construcciones escolares.

Si la proximidad de los alumnos al profesor favorece la relación de éste con aquéllos, algo similar ocurre desde la perspectiva del profesor. El profesor tiene también su "zona de acción preferente" en la clase. Cabe la posibilidad de que lo que mueve al profesor a fijar su atención sobre unos alumnos determinados más que sobre otros sea el hecho de que recuerda mejor sus nombres, o que son más inteligentes, o más participativos. Incluso en estos casos, la tendencia será centrar tal fijación en los que tiene más cerca, física o visualmente. En una clase en la que los alumnos están dispuestos en forma elíptica o de herradura, este condicionamiento físico queda reducido al mínimo.

1.2. Las reglas de la clase

De una u otra manera, cada clase suele regirse por determinadas reglas o comportamientos. Algunos son de índole general y otros dependen del profesor que ocupa circunstancialmente el aula. Al conjunto de reglas "comunes" pertenecen algunas tan básicas como el respeto general del alumno hacia el profesor; o la costumbre de que los alumnos se levanten cuando el profesor entra en el aula; o el hábito de dirigirse al profesor anteponiendo un tratamiento de respeto. El desarrollo de la clase y los turnos para intervenir en ella presentan mayor variedad. En este ámbito, las directrices o preferencias del profesor pueden tener mayor repercusión. En el aula, los alumnos puede que soliciten intervenir levantando la mano, o empezando a hablar directamente, sin esperar a que les sea concedida la palabra; entre ambos procedimientos existe un importante componente, relacionado con la formación de actitudes, que reflejan un mayor o menor respeto hacia los compañeros. Se trata de actitudes sociales que se instalan en la clase y luego tienen su continuación en la vida real. No debe olvidarse que los comportamientos "positivos" establecidos en la clase tendrán luego su reflejo en el exterior, corrigiendo y sustituyendo comportamientos de carácter menos tolerante, menos social, etc.

Las reglas de la clase, a menudo equiparables a "reglas de comportamiento", dependen en buena medida de la cultura o de los valores culturales que distinguen a cada pueblo o sociedad. No es de esperar, por tanto, que grupos de culturas diferentes se rijan por los mismos patrones conductuales. En cualquier eventualidad, los alumnos han de conocer las pautas que deben seguir o que se esperan de ellos a la hora de intervenir, preguntar, hacer algún comentario, solicitar ayuda, etc.

1.3. Modelos de desarrollo de la clase

En términos generales, las clases suelen ajustarse a tres esquemas fundamentales, dependiendo ello de la tradición y de la decisión del profesor:
a. Enseñanza al conjunto de la clase.
b. Enseñanza basada en el trabajo individual.
c. Enseñanza basada en el trabajo en grupos o en parejas.

La enseñanza "globalizada", a toda la clase, es probablemente la más común en nuestro entorno. En ella el profesor se atiene plenamente al papel de líder y protagonista principal. El profesor explica, hace preguntas sobre lo explicado, acepta respuestas o las rechaza, anima a los alumnos a responder, corrige las posibles respuestas erróneas, etc. Según Chaudron (1988), en este modelo de clase el profesor suele, indefectiblemente, ocupar el 70% del tiempo total. Como el nombre de este modelo ya sugiere por sí mismo, la clase "globalizada" es quizás el mejor remedio posible para trabajar con grupos de muchos alumnos (50 o más). Puesto que en grupos de este tamaño no es viable centrarse en cada alumno individualmente, el hecho de que el profesor "universalice" su docencia la hace más asequible a todos, a pesar de que puedan darse disfunciones individuales. Por otra parte, este tipo de trabajo, orientado hacia la generalidad de los alumnos, puede también servir de estadio preparatorio antes de iniciar actividades en grupo o en parejas. Sus ventajas radican en que la información llega a todos por igual y supone una importante economía de tiempo, si lo comparamos con lo que exigiría transmitir esa misma información a parejas o a grupos por separado.

Pero cabe también poner de relieve las notables desventajas que presenta el modelo globalizado, destacando entre ellas el hecho de que el profesor sigue acaparando casi toda la atención y protagonismo, con los inconvenientes que ello implica. Entre otros aspectos, el campo de acción del profesor suele restringirse a unos pocos alumnos, dejando de lado -en un proceso generalmente inconsciente- a la mayor parte de la clase. No es menos importante recordar que este tipo de enseñanza apenas puede tener en cuenta las características individuales de los discentes, sus peculiaridades o sus diferentes ritmos de aprendizaje.

La enseñanza basada en el trabajo individual se fundamenta en la labor y *ejercicios* que los alumnos han de hacer por sí mismos, de manera individualizada. Se trata de actividades como completar frases, responder a preguntas sobre un texto dado, escribir redacciones o similares. Esta modalidad de enseñanza convive frecuentemente con la de carácter "globalizado"; en tal caso, puede decirse que ambas actúan como complemento la una de la otra. La gran desventaja radica en que la interacción no existe, lo cual implica un grave inconveniente, en especial si se trata de aprender idiomas. Además, el control de los alumnos no siempre se lleva a cabo y en el momento oportuno. El resultado es que a unos les sobra tiempo para realizar sus tareas, mientras, a otros les falta, con la consiguiente baja en la eficacia discente. Si la enseñanza individualizada es la modalidad aplicada, en tal caso los materiales elaborados han de estar cuidadosamente planificados y gradados. Sólo de esta manera, el control podrá garantizarse, sea por parte del propio alumno o por parte de un profesor externo.

La enseñanza en parejas o en grupos ha cobrado un relieve e importancia especiales en el marco de algunas metodologías aplicadas en la enseñanza de idiomas. El trabajo en grupos o en parejas no es propio de una metodología tradicional, pero sí se presenta como imprescindible para poner en marcha un método comunicativo, o para realizar con éxito la enseñanza mediante tareas, por ejemplo. En cualquier caso, el trabajo en parejas o en grupos es el caldo de cultivo para favorecer la interacción, objetivo de importancia clave en el aprendizaje de lenguas, especialmente si se hace imprescindible la adquisición y práctica de la lengua oral.

Si la *enseñanza* individualizada o autónoma constituye el extremo opuesto a la globalizada, la *enseñanza* mediante actividades en parejas o en grupos no tiene por qué asociarse a ninguno de esos modelos: es posible situarla en un punto medio, o más equilibrado, entre los extremos. En efecto, este tipo de enseñanza puede recibir ayuda valiosa del profesor, a la vez que exige al alumno su implicación activa en el proceso de aprendizaje. Las ventajas de la enseñanza en grupos son evidentes desde la perspectiva de la comunicación lingüística, pero también plantea algunas exigencias. Es importante que quienes trabajan en parejas o en grupos sean compatibles. Conviene que los grupos no sean excesivamente grandes, ya que en tal caso algunos miembros del mismo probablemente no participarían y seguirían amparándose en un tipo de anonimato similar al que puede imperar en la enseñanza globalizada. Trabajar en grupos no produce efectos positivos de manera "espontánea". El profesor, por su parte, ha de tener presente que también se requiere su colaboración y trabajo, como guía y como maestro. Si se trata de trabajo en parejas, quienes las forman han de ser razonablemente compatibles para que la interacción se dé con fluidez. Si se trata de trabajo en grupos, éstos no han de ser muy amplios en número para que nadie quede marginado o se automargine. Téngase en cuenta que, al igual que en la clase habitual, los grupos pueden retirarse a las zonas más alejadas del profesor para encubrir mejor la ausencia de participación de sus miembros.

Las investigaciones en el aula sobre cómo tiene lugar el aprendizaje, siguiendo estos y otros esquemas, son numerosas y útiles. Richards (1994: 158ss), por ejemplo, concluye que los alumnos que trabajan en parejas o en grupos hablan hasta tres veces más si su compañero o compañera es de nivel similar, mientras que la interacción disminuye en igual proporción en aquellos casos en que el compañero o compañera tiene un nivel superior. Otra observación de interés es que los alumnos ganan en autoconfianza cuando trabajan con otro de igual a igual, se prestan ayuda mutua y aumentan notablemente su participación, especialmente durante la interacción oral.

La clase orientada hacia el trabajo en grupo es más exigente para el alumno que para el profesor. Se incrementa notablemente el compromiso del discente: éste ha de *responsabilizarse* más a fondo de aprender y de seleccionar lo que aprende, así como de poner en marcha los medios adecuados para conseguir los objetivos. El trabajo con mayores cotas de responsabilidad es siempre más exigente y oneroso; la contrapartida sin embargo, vale la pena: no solamente es más eficaz el aprendizaje a corto plazo, sino que también se afianza y consolida más y aumenta, por ende, su validez a largo plazo.

1.4. Estructura y organización de la clase

Para el observador o el analista, la clase siempre tiene una estructura susceptible de ser descrita objetivamente. Tal estructura no es sino reflejo de la organización real que subyace en ella, ya sea porque el profesor la ha puesto en marcha deliberada y conscientemente, o porque es el resultado de su actuación docente, sin que de manera consciente el profesor se percate del esquema organizativo al que se atiene. La manera como transcurren las cosas en una clase, la manera de empezarla, de secuenciar las actividades que la integran y de llegar al final de la hora docente, todo ello afecta no sólo al método seguido por el profesor, sino también a lo que el profesor enseña. Desde una perspectiva que puede parecer simplista, pero no por ello menos real, la clase es susceptible de ser comparada a la realización de una obra musical en lo que se refiere a las partes de que consta, que son tres:

– *Inicio,*
– *desarrollo y*
– *conclusión.*

Woods (1996: 90ss), en su extensa investigación sobre la clase, afirma que se repite la misma estructura en las explicaciones que el profesor suele dar al inicio de cada curso, como si respondiese a patrones conceptuales preexistentes, y que la presencia de estructuras subyacentes jerarquizadas se percibe, también, en unidades organizativas de menor extensión (por temas, por unidades, etc.). Rosenshine y Stevens (1986: 377) llegaron a la conclusión de que los profesores que se esfuerzan en preparar sus clases acaban siguiendo un modelo de organización bastante homogéneo, que estos autores reducen a los siguientes elementos y etapas:

a. Repaso rápido de lo hecho en días anteriores.
b. Inicio de la nueva lección, especificando brevemente los objetivos que se proponen para ese día.
c. Presentación de materiales nuevos, poco a poco y en pequeñas cantidades, con abundantes prácticas en cada uno de los bloques que introducen.
d. Directrices claras y explicaciones frecuentes o redundantes para llevar a cabo lo propuesto.
e. Repetición de ejercicios prácticos una y otra vez, con la participación de todos los estudiantes.
f. Preguntas para cerciorarse de que los alumnos han entendido los problemas y han logrado un aceptable dominio de lo que se estudia.
g. Abundancia de información repetitiva y de correcciones.
h. Instrucciones claras sobre los trabajos que cada alumno debe hacer en casa o individualmente.

De hecho, este esquema de trabajo responde a los tres bloques a que antes me referí *(inicio - desarrollo - conclusión),* aunque añadiendo un cuarto elemento que no es un bloque propiamente dicho, sino más bien un estilo de actuación que afecta al ritmo de trabajo y a la frecuencia, tiempo e intensidad con que se ejecuta cada actividad.

Cabría discutir más a fondo los esquemas de organización de la clase desde perspectivas diversas. Pero el carácter racional del adulto favorece el siguiente esquema en el proceso de adquisición de conocimientos:

a. Presentación del objeto (que se desea enseñar);
b. Análisis y explicación (de lo que se enseña);
c. Práctica en torno al objeto de la enseñanza, hasta lograr que los interesados adquieran un conocimiento adecuado del mismo y consoliden dicho aprendizaje.
d. Conclusiones finales (relativas a la función de lo enseñado, a las razones por las cuales se ha enseñado, a su repercusión en la realidad de quien aprende o en su entorno, a la transferencia de lo aprendido a otros contextos, etc.).

No se trata de un esquema único, pero sí parece que es el esquema más generalizado seguido por nuestra mente a la hora de aprender y, por lo tanto, el modelo al cual se suele ajustar la enseñanza. Quizás, debido también a nuestra estructura racional, el modelo de organización y secuenciación de la clase se ha consolidado sobre un conjunto de creencias y convicciones que afloran por doquier: creencias sobre qué debe hacerse primero y qué después, creencias sobre lo que es bueno o malo en relación con lo que se hace en clase, creencias sobre una determinada estructura universal que funciona mejor que otra, creencias sobre la exigencia de una estructura-guía que preside la acción docente y discente, etc. Las creencias, además, afectan tanto al profesor como a los alumnos. Si un profesor da mucha libertad al alumno para que éste tome decisiones sobre qué aprender o cómo hacerlo, éste puede finalmente reaccionar acusando al profesor de "abandono de sus responsabilidades como gestor de la enseñanza" (es decir, como profesor); porque el alumno espera precisamente que "el profesor enseñe", mientras su cometido como discente –dentro de ese esquema– es el de "dejarse guiar por el profesor". Naturalmente, el proceso descrito no actúa siempre sobre el nivel consciente del individuo, sino que, a menudo, aflora al margen de las conclusiones racionales a las que una persona puede llegar. En tales casos el profesor o el alumno no toman decisiones, sino que obran de acuerdo con fuerzas o esquemas que provienen del contexto o están enraizadas en él.

El primer estadio de una clase, el *inicio,* puede adquirir varios formatos. No hay por qué restringir el comienzo de la unidad docente a una explicación rutinaria y siempre igual, día tras día. El inicio puede establecerse:

a. relacionando lo nuevo con lo visto anteriormente;
b. haciendo un corto test sobre lo visto el día o días anteriores;
c. haciendo alguna pregunta clave que centre la atención de los alumnos sobre lo que se va a introducir;
d. presentando una actividad nueva que sirva para captar la atención de los alumnos y orientarles, así, hacia los objetivos que se persiguen en la unidad;
e. organizando a los alumnos en grupos para hacer alguna tarea relacionada con los objetivos, obligándoles, indirectamente, a descubrirlos por sí mismos;
f. explicando, simplemente, cuáles serán los objetivos y procedimientos que se van a seguir en la clase, etcétera.

Lo que sigue al inicio, el *desarrollo,* constituye el cuerpo más amplio y sustancioso de una lección. Este estadio suele constar de más de una actividad o ejercicio. Concurren varias razones para que las cosas sean así. En primer lugar, porque no es conveniente mantener el mismo tipo de actividad durante una hora. Sería perjudicial para la motivación e invitaría, además, al aburrimiento, por cansancio y repetición. En segundo lugar, porque la consecución de objetivos diversos –o al menos parcialmente diferentes– se logra, normalmente, aplicando estrategias distintas, acordes con los objetivos. Puesto que esta parte de la clase es la más importante en cuanto al tiempo consumido y en cuanto a la importancia del contenido que constituye su objeto, es también la que ha sido objeto de más estudios y la que presenta mayores diferencias en relación con los modelos aplicados para su implementación. Revisten especial interés los temas de secuenciación de las actividades (que se tratará en el capítulo VI), el número de actividades por sesión y la duración de cada una de ellas.

1.5. Número de actividades por clase o período docente

No existen normas absolutas sobre el número de actividades de que debe constar una clase. Esta circunstancia depende de muchos factores, especialmente de la edad de los alumnos y de su número, de su motivación, del contenido que se enseña, etc. Si nos atenemos a lo que los libros de texto suelen ofrecer en una unidad de trabajo para la clase, la media de actividades gira en torno a cinco o seis. Tal cantidad debe tomarse como meramente indicativa, pero puede ser muy útil como punto de referencia. De hecho, cinco actividades en una clase (que suele durar cincuenta minutos) equivalen a una media de diez minutos por actividad. Teniendo en cuenta que cada una requiere cambios en el ritmo y manera de actuar en la clase, y que este simple hecho supone también tiempo, tanto para introducir el nuevo esquema como para que los alumnos se adapten a él, los diez minutos se reducirán, probablemente, a unos ocho de trabajo efectivo. Es más que razonable asumir que este período de tiempo puede, incluso, ser demasiado ajustado para introducir, practicar, consolidar o activar algunos de los objetivos lingüísticos más habituales en la clase de idiomas.

La edad de los alumnos es otro factor importante a la hora de tomar decisiones en este campo. Las clases de niños no son equiparables a las de adultos. Aquéllos precisan tener ante sí objetivos sencillos, claros y sin complicaciones. Además, no sólo gustan de mayor variedad, sino que su dinámica vital la requiere. Ambos factores están en favor de actividades más cortas y, por lo tanto, más abundantes en número. Esto exige que los objetivos estén más acotados, sean más precisos y concisos y que las actividades se diseñen y preparen con mayor cuidado por parte del profesor.

La variedad de las actividades con que se trabaja en clase tiene también un efecto directo en el ritmo con que ésta discurre. Una mayor diversidad imprime un ritmo más ligero, mientras que la concentración del trabajo en dos o tres actividades, por ejemplo, conlleva un ritmo más lento. En la medida en que un profesor considere que el ritmo de su clase deba ajustarse a uno u otro modelo, ha de tener en cuenta que parte de la responsabilidad para lograr sus fines depende del número de actividades de que conste su hora docente.

2. El entorno físico y gestión de la clase

El profesor, el alumno y las actividades mediante las cuales se presentan y aprenden los materiales lingüísticos son, ciertamente, elementos clave y ejes en torno a los cuales se desarrolla todo lo que ocurre en el aula. Cada uno de esos ejes está necesariamente inserto dentro de un contexto complejo, el cual implica, además de los elementos ya expuestos anteriormente –referidos a los agentes de la clase–, un conjunto de rasgos y características que derivan de la misma naturaleza del medio en que se desarrolla el proceso escolar y de los condicionamientos que éste impone a quienes lo llevan a cabo.

2.1. El medio físico: la clase

La clase, como medio físico, es el lugar en el que la acción docente y discente se lleva a cabo. Los alumnos que inician un curso o quienes, ya iniciado, entran en el aula cada día para realizar su trabajo, reciben un conjunto de impresiones no siempre fácilmente definibles, pero realmente existentes. Las impresiones nacen o surgen de cómo percibe el alumno el espacio físico del aula: el color de sus paredes, la sensación de frialdad o calidez que provocan en él, el ruido que penetra desde el exterior, el ruido que los movimientos de los alumnos causan en la clase, la atracción o repulsa que generan en las distintas sensibilidades los elementos complementarios y adornos murales presentes en el aula, etc. Si tales sensaciones son positivas, el alumno contará ya con una base favorable para cimentar el aprendizaje: estará más interesado en ir a clase, se sentirá más motivado para proseguir en el empeño discente, su ánimo, en definitiva, estará mejor dispuesto para el trabajo.

A lo largo de la enseñanza reglada los alumnos pasan muchas horas del día en la escuela y, por lo tanto, en un aula, con frecuencia en la misma aula. En consecuencia, no es posible dejar de lado el espacio físico en que habitan. A lo que el espacio físico provoca se une la distribución de los diversos elementos dentro de ese mismo espacio. Es importante tener en cuenta que las impresiones que pueda recibir o tener el profesor no son, necesariamente, las mismas que percibe el alumno. De ahí la necesidad de prestar especial atención a algunos puntos básicos relacionados con la reacción del alumno en el entorno del aula.

Por desgracia –como ya apunté anteriormente–, los constructores de los edificios escolares no siempre tienen en cuenta la influencia de los espacios arquitectónicos en la persona y en las relaciones sociales de quienes conviven dentro de ellos. Contra los efectos que provocan las estructuras espaciales en su dimensión física, el profesor no puede hacer mucho; pero una vez dentro de dicho espacio, sí queda algún margen de actuación, cuya responsabilidad alcanza tanto al profesor como a la dirección del centro educativo. El aula puede pintarse con uno u otro tipo de colores, estar adornada o embellecida con mapas, pósters, motivos pictóricos pertinentes, elementos decorativos diversos, etc., de manera que todo ello dé como resultado un conjunto más atractivo y haga que los alumnos se sientan cómodos y relajados.

En páginas anteriores se hizo referencia a la distribución de los alumnos en el espacio de la clase. No cabe duda de que el tipo de ordenación "tradicional" de los alumnos en el aula responde a una determinada manera de proceder en ella, suficientemente ilustrada en la tradición escolar de Occidente. Si se desea establecer una dinámica diferente, hay que propiciarla por todos los medios a nuestro alcance. Uno de esos medios es, precisamente, la distribución de los discentes en el espacio disponible. Tampoco debe olvidarse que los distintos modelos de organización física del aula generan uno u otro tipo de sensibilidad en los alumnos. La distribución en filas incita al trabajo individual (sin relación con los compañeros), a escuchar pasivamente al profesor (sin que nadie se sienta obligado a participar activamente), o a escuchar en vez de hablar. Los alumnos no se ven como enfrentados a sus compañeros, ni siquiera físicamente. Una distribución en círculo o en semicírculo obliga a los alumnos a sentirse miembros del grupo en el que se encuentran: ven a sus compañeros de al lado o de enfrente, mientras que el profesor aparecerá o desaparecerá de su ángulo de visión, según el tipo de actividades que se lleven a cabo. Se facilitarán los ejercicios en grupo o en parejas, e incluso es posible cambiar la agrupación de los alumnos si los asientos son movibles. De esta manera cabe la interacción entre tres, cuatro o más personas, o entre éstas y el profesor.

2.2. Las diferentes zonas de acción e influencia en el aula

El profesor no siempre es consciente de todas sus actuaciones o de los efectos que éstas pueden producir. No suele darse cuenta, por ejemplo, que acostumbra a mirar con más insistencia y frecuencia hacia un lado o hacia otro, que determinados alumnos reciben más atención que otros, que ciertos parámetros de su conducta se manifiestan con más frecuencia que otros. En general, el profesor tiende a actuar más en una zona de la clase que en otras, lo cual implica, a su vez, que quienes están dentro de tal radio de acción reciben o más atención, o quizás más correctivos, o más estímulos para actuar.

En general, lo más aconsejable es que el profesor ponga en práctica algún programa de auto-observación (Richards, 1990). De esta manera le será posible detectar cuál es su actuación en clase, por dónde se mueve, a qué alumnos se acerca más, a quiénes hace más preguntas o a quiénes menos, quién interviene con mayor o menor frecuencia, quién recibe atención privilegiada y quién no, etc. Sobre la base de esta observación será posible analizar si las acciones del profesor son las adecuadas y, si no lo son, efectuar las correcciones oportunas.

2.3. Actitudes, aspecto externo y personalidad del profesor

Tanto profesores como alumnos siempre manifiestan determinadas actitudes frente al mundo que los rodea o frente a quienes están ante ellos. La importancia de las actitudes que refleja el profesor radica en el hecho de que éstas pueden repercutir significativamente sobre el aprendizaje del alumno. En términos generales, las actitudes pueden ser clasificadas como "positivas" o "negativas". No obstante, en cada uno de estos dos grandes apartados, se dan muchos matices relevantes, tanto en intensidad como en variedad.

La docencia se ve automáticamente favorecida por las actitudes positivas, mientras que queda lastrada por las negativas: unas u otras afectan seriamente a la motivación del alumno, provocando, por ejemplo, que incluso los menos dotados emprendan el aprendizaje con entusiasmo, o facilitando la superación de las dificultades que puedan surgir. Además, las actitudes del profesor no se dan aisladamente: están insertas dentro de un conjunto de elementos de índole varia, que abarca creencias previas, expectativas sobre profesores o alumnos, prejuicios no contrastados, o limitaciones o ventajas derivadas del entorno social en que tiene lugar la docencia o el aprendizaje.

A la generación de actitudes positivas o negativas contribuyen muchos elementos, aunque, en general, puede decirse que el factor más importante radica en el hecho de que los alumnos encuentren o no en el profesor el modelo de todo aquello que esperaban. Esas expectativas se refieren tanto a aspectos externos (indumentaria, gestos, ademanes), como a hechos, ideas u opiniones vertidas. Es evidente que el profesor tiene ante sí un gran reto, ya que los alumnos distan mucho de ser unánimes u homogéneos en sus preferencias o expectativas. A pesar de todo, será el truncamiento de tales expectativas lo que dará origen a actitudes de rechazo o de insatisfacción. En la identificación y evitación de los factores susceptibles de entorpecer el aprendizaje reside una de las virtudes del profesor, y una buena parte de su responsabilidad como docente.

2.4. La gestión de la clase

Es de gran importancia recordar un principio fundamental del quehacer humano, especialmente si se trata de un trabajo de formación o de adquisición de nuevos conocimientos o destrezas: **el principio de eficacia y eficiencia.** La clase no es un fin en sí mismo, sino un medio para lograr un fin: el objetivo terminal que justifica la existencia de las clases es lograr que el aprendizaje se lleve a cabo con mayor eficacia y en el menor tiempo posible. Son, pues, dos los factores implicados: (a) aprender y (b) hacerlo con la máxima rapidez. El objetivo de "aprender" –fin último– está condicionado por variables ampliamente estudiadas en metodología. El objetivo de "eficiencia" ha estado, por lo general, ausente de la reflexión didáctica.

Lo que se entiende aquí por "eficiencia" del aprendizaje no se diferencia del significado que se da a este término en el ámbito de la "economía" real, relativa al dinero y a la producción. En el área de los negocios es más tangible y se hace más evidente la relación entre lo que se invierte y lo que se obtiene de esa inversión. En último término, el resultado se puede contabilizar en cualquier unidad monetaria. En otros campos, sin embargo, esa misma relación es menos visible, probablemente porque es más difícil de cuantificar. Este es el caso de la enseñanza en el aula.

No hay ninguna razón para no aplicar el criterio de eficiencia al ámbito escolar o al aula. La docencia, en general, y el aula, en concreto, existen porque facilitan el aprendizaje. Además, la enseñanza es un recurso costoso: conlleva un coste en términos económicos (con frecuencia a cargo de la sociedad) y un esfuerzo notable por parte del discente. En consecuencia, sería normal e incluso exigible que al tratar de la clase se tuviese también en cuenta la "rentabilidad" de este medio como instrumento docente y discente. A tal fin es preciso desglosar y analizar los elementos que intervienen en el desarrollo de la clase y su influencia sobre el aprendizaje.

Entre los elementos que integran la clase destacan, especialmente, dos "actores": el profesor y el alumno. Desde el punto de vista de la gestión, el responsable es el profesor y a él le incumbe tomar las decisiones adecuadas para que el alumno obtenga los resultados pretendidos, que deben ser los óptimos. Tales decisiones deben referirse, entre otros, a aspectos como los siguientes:

a. La clase se desarrolla dentro de un período de tiempo limitado, que suele ser de unos cincuenta minutos. Esto significa que todo lo que ocurra en ella repercutirá en los objetivos finales en razón del tiempo que se asigne o se dedique a cada cosa o a cada actuación. No es lo mismo que el profesor hable mucho o poco: si el profesor utiliza entre el 50% y el 70% del tiempo total, como parece ser que es habitual en la clase tradicional (Allwright, 1991: 127), en tal caso las posibilidades de practicar por parte del alumno quedan reducidas a menos de la mitad del tiempo disponible. En ocasiones, puede estar plenamente justificado que el profesor consuma ese tiempo de clase, si los fines perseguidos así lo requieren. Quizás la necesidad de exponer determinados hechos, o de explicarlos con detalle, deba prevalecer sobre otros posibles objetivos, como podrían ser la interacción o la adquisición de la destreza de hablar, por ejemplo. Pero en general, si lo que se pretende en la enseñanza es lograr un dominio "comunicativo" de la lengua, no cabe duda de que el tiempo consumido por el profesor debe reducirse considerablemente para dar entrada a los alumnos, quienes precisan incrementar al máximo el período de práctica para ser capaces de comunicarse efectivamente. Esta reflexión se aplica de manera muy especial a la metodología comunicativa que, al menos oficialmente, prevalece en la mayoría de los currículos oficiales.

b. Aceptado el principio de que los alumnos, en su conjunto, deben consumir el tiempo de clase requerido para alcanzar la finalidad comunicativa, aún queda por gestionar adecuadamente la intervención de todos y cada uno de ellos. Suponiendo que el profesor disminuya su consumo de tiempo a un 30% (es decir, a unos quince minutos), los alumnos dispondrán de un remanente de 35 minutos para practicar. Dando también por sentado que una clase comunicativa no elemental debe dar un peso significativo a las destrezas activas (hablar, escribir), y teniendo en cuenta que en ella participan por lo regular no menos de veinte alumnos (media quizás demasiado optimista dentro del sistema educativo más generalizado), cada uno de ellos dispondría de cien segundos (1,75 minutos) para practicar individualmente. El tiempo de interacción individual se incrementaría notablemente si los veinte alumnos organizasen sus prácticas en grupos de cinco, por ejemplo. También cambiaría sustancialmente la naturaleza de la interacción, ganando en realismo y autenticidad. El siguiente cuadro, con posibles cifras de interacción, invita a la reflexión:

Período de clase: 50 minutos Número de alumnos: 20	Períodos de tiempo disponibles
Interacción profesor-alumno (al 50%)	*profesor: 25 min.* *alumnos: 25 min. (1,25 minutos por alumno).*
Tiempo consumido por el *profesor*: (25% = 12,5 min.). Resto, interacción entre *alumnos*: (75% = 37,5 min.).	*Profesor*: 12,5 min. *Alumnos*: a) En seis grupos (de tres alumnos): 37,5 minutos por grupo (= 12,5 min./alumno). b) En cuatro grupos (de cinco alumnos): 37,5 minutos por grupo (= 7,5 min./alumno)

La estrategia del trabajo en grupo frente a la práctica individualizada (por lo general, profesor/alumno) tiene, también, otro tipo de repercusiones: suele afectar positivamente a la motivación, aporta mayor realismo comunicativo, favorece la responsabilidad individual y el protagonismo de unos frente a otros, puede contribuir a la consolidación de errores en la comunicación no controlada, etc. Pero en lo relacionado con la gestión del tiempo de clase, las ventajas son obvias.

La equidad en el consumo de tiempo durante la clase es relevante para el profesor en relación con sus alumnos y para estos entre sí. El control del profesor es absoluto cuando el diálogo se lleva a cabo individualizadamente (profesor-alumno), pero se hace más difícil cuando la interacción se lleva a cabo en grupos. Si el profesor toma la clase en su conjunto como interlocutora frente a sus intervenciones, entonces propicia que contesten siempre los mismos alumnos (que suelen ser quienes menos se inhiben en público).

La realidad interactiva de la clase no es la realidad comunicativa "natural", por mucho que abunden las prácticas, o aunque los materiales con que se trabaje sean auténticos. La clase es, por naturaleza, una recreación o simulación de la realidad. En clase no se compra ni se vende fruta, no se saca un billete para viajar a Buenos Aires, no se suele hablar del tiempo, etc. En la clase se simulan esas y otras muchas situaciones comunicativas, de tal manera que dicha reconstrucción se aproxime al máximo a la realidad. La buena gestión del profesor podrá reducir notablemente los factores menos favorables. A las deficiencias en la naturaleza comunicativa de la interacción en clase se pueden contraponer ciertas ventajas no desdeñables:

1. Se puede contar con una cuidadosa selección de las situaciones comunicativas.
2. Cabe escenificar adecuadamente esas mismas situaciones.
3. Es posible propiciar una adecuada participación de los alumnos en las distintas actividades (en grupos moderados, con "puesta en común" al final, por ejemplo).
4. El profesor tiene en su mano asignar un tiempo adecuado a cada actividad o a la práctica en cada una de las situaciones comunicativas.
5. Es posible asignar el tiempo óptimo a las fases receptiva y productiva del aprendizaje o adquisición lingüística.

La interacción como técnica de trabajo en clase se ha puesto de manifiesto y se ha reforzado en la metodología comunicativa y en las teorías del aprendizaje que ponen el énfasis en la exposición a la lengua como medio para favorecer la adquisición (Krashen, 1981, 1982). También se suele dar por sentado que la interacción es el medio más adecuado para progresar en el uso comunicativo de la lengua que se aprende. Por la interacción comunicativa se aboga abiertamente en el *Marco de referencia* (Consejo de Europa, 2001). No obstante, en este aspecto el profesor debe obrar con cautela. No siempre los alumnos que participan más en clase progresan más y mejor en el aprendizaje. La participación puede obedecer a otras razones, como podría ser el hecho de que el alumno sea más o menos extrovertido, o esté condicionado por factores sociales ligados a su cultura, o se encuentre en un nivel inferior al que le corresponde (lo cual le permite sobresalir fácilmente sobre el resto de la clase), etc. Seliger (1977, 1983a) llegó a la conclusión, tras un estudio experimental basado en seis alumnos, que quienes participaban más, progresaban más. Pero esta conclusión ha sido posteriormente matizada o no ha sido plenamente confirmada por otros investigadores (Day, 1984). La razón de tal falta de coincidencia en las conclusiones, como apunta Allwright (1991), parece deberse a que las investigaciones realizadas son incompletas o imperfectas, sobre todo porque la ausencia o presencia de la interacción puede deberse a causas ajenas al progreso o no en el aprendizaje. Si bien parece razonable asumir que las prácticas interactivas y participativas contribuyen positivamente al progreso en el uso comunicativo de una lengua, las investigaciones experimentales no han confirmado aún este supuesto. Quizás, ello también se deba a que no todos los alumnos siguen un mismo patrón de aprendizaje.

c. El protagonismo de la clase no es exclusivo de nadie por separado, ni del profesor ni de los alumnos. Cada una de las partes tiene sus propias características y no siempre entiende y asume la responsabilidad que le corresponde, de igual manera o con idéntica intensidad. La tipología de los alumnos que asisten a clase es dispar. Good & Power (1976) describen seis tipos de estudiantes. Es una clasificación útil para el profesor, con vistas a una adecuada gestión de la clase:

1. *Alumnos activos*, ansiosos por llevar a cabo tareas en clase. Están motivados para aprender y participan en clase con entusiasmo.
2. *Alumnos "fantasma"*: no gustan de participar en clase y, aunque sean buenos estudiantes, prefieren permanecer en el anonimato.
3. *Alumnos de carácter abierto y sociable*: dan mucha importancia a las relaciones sociales y, por lo tanto, gustan de la interacción y del trabajo en grupo. Tienden a hablar mucho, quizás demasiado, por lo que pueden interferir con la acción y planificación del profesor.
4. *Alumnos dependientes* (o inseguros): son poco autónomos, carecen de capacidad de decisión y necesitan de la asistencia continuada de alguien con autoridad.
5. *Alumnos encerrados en sí mismos*: no suelen tener amigos, se aíslan de los demás, no les gusta intervenir en discusiones o en el trabajo grupal.
6. *Alumnos rebeldes*: son agresivos y reaccionan negativamente frente a la enseñanza o al aprendizaje. Suelen plantear problemas de disciplina.

Es probable que la mayor parte de las clases cuenten con algún exponente de cada categoría, o de la mayoría de ellas (sin menoscabo de que cada grupo pueda presentar matices o variantes individuales no recogidas en esta clasificación). La gestión ideal de la clase requiere que el profesor tenga en cuenta estas características para el logro de los objetivos discentes, en especial en lo relativo a la interacción. Los estímulos proporcionados por el profesor encontrarán en los alumnos "fantasma" un eco muy diferente del que le dispensarán los alumnos "dependientes", por poner un ejemplo. De ahí la dificultad del profesor para adecuar su trabajo a las características de los alumnos o para lograr un equilibrio de acción entre las variadas perspectivas con que serán recibidas sus orientaciones, o entre los diferentes ritmos que definen el progreso de cada uno de los grupos tipificados.

La clase no es un espacio "neutro", aunque idealmente esto podría ser deseable: en la clase entran profesores y alumnos, pero cada cual lo hace con sus propios condicionamientos y características. Los alumnos, con su bagaje cultural, sus hábitos de hacer las cosas y de aprender, sus gustos, sus odios y rechazos, etc. El profesor, por su parte, tampoco podrá prescindir de su propia personalidad, aunque en principio debería ser capaz de superar cualquier factor que no derive de las exigencias técnicas propias de su profesión. La diversidad de elementos y factores que unos y otros aportan hace que el aula no sea totalmente predecible y que la interacción que en ella se da pueda ser cambiante y no siempre fácil de controlar. A pesar de todo ello, el aula es un lugar de encuentro en el cual ha de predominar el aprendizaje. No es tarea fácil o que pueda llevarse a buen término sin esfuerzo y sin valerse de los recursos susceptibles de ser aportados por una planificación y gestión inteligentes. El profesor es el "actor principal" en el aula, pero su acción será poco o nada eficaz si no logra la cooperación de los alumnos. No habrá aprendizaje si los alumnos no participan en la medida en que deben hacerlo. Y en tal caso la enseñanza sería estéril o poco eficaz. Desde el punto de vista de los objetivos –que se logran o no–, es de escasa importancia discutir sobre quién es el culpable del fracaso, pero es preciso reconocer que la responsabilidad mayor siempre caerá sobre aquél que está a cargo del aula, el profesor, a pesar de que no sea él quien elige a sus alumnos. Quizás sea útil recordar que puede haber enseñanza por parte del profesor, con el consiguiente esfuerzo que la acción docente implica, pero si la enseñanza no va seguida y acompañada de aprendizaje por parte de los alumnos, la clase ha fracasado. Por el contrario, si el alumno aprende, aunque la docencia no haya sido excelente o buena, en tal caso no se podría hablar de fracaso, sino, quizás, de menor eficiencia en el logro de los objetivos. Esta realidad podría servir para apreciar mejor el alcance de la labor del profesor, con sus ventajas, potencialidad y limitaciones.

d. En la clase se trabaja con materiales lingüísticos, los cuales, a su vez, se presentan mediante actividades diversas. Tales materiales constituyen los objetivos de la docencia y del aprendizaje. Su importancia es, por lo tanto, fundamental como elemento integrante del aula. Siendo esto así, la gestión de estos materiales por parte del profesor reviste gran interés y puede influir decisivamente en el aprendizaje.

Por regla general, los materiales con que se trabaja en clase se ajustan a los criterios metodológicos definidos en el currículo aprobado por las autoridades educativas, al menos en la enseñanza reglada. El libro de texto define con mayor detalle las muestras lingüísticas con que se trabajará en el aula, así como las actividades a través de las cuales se operará con ellas. En buena parte, el profesor se deberá ajustar a unos determinados parámetros, que le vienen impuestos (aunque esa "imposición" suele estar bien razonada y es fruto de una cuidada elaboración). No obstante, con frecuencia el profesor incluye nuevos materiales en el currículo, o reordena los que le ofrece el manual, normalmente con la intención de adaptar mejor su enseñanza a las peculiaridades y características del grupo al que enseña. Todo ello es legítimo e incluso puede ser necesario. El reto para el profesor reside en la manera como reorganiza el conjunto de materiales que decide utilizar. Estrictamente hablando, nada de lo que ocurre en el aula es "inocuo" respecto al aprendizaje. Este principio se aplica también a la naturaleza de los materiales usados y a la manera y orden que presiden la introducción de los mismos en clase.

Si el profesor trabaja con un currículo ya definido, los materiales nuevos deben ajustarse a los principios de la programación previamente establecida; han de engranarse, pues, con los materiales ya existentes. No es siempre tarea fácil. De una parte, el tema sobre el cual versan debe estar asociado de alguna manera a la temática general de la unidad docente, de modo que no suponga una ruptura con lo que se está haciendo o con lo que se ha hecho en actividades o sesiones anteriores. Esto equivaldría a mantener el principio de "unidad temática", que, aunque no sea literal, tampoco debería ser rupturista. Por otra parte, el orden en que se introducen los temas y las actividades a través de las cuales aquéllos se materializan y se hacen operativos, conviene que se ajuste a los parámetros óptimos que rigen el aprendizaje. El ser humano no aprende ni está habituado a aprender de manera caótica o desorganizada. Nuestra mente parece seguir cauces determinados, bien documentados en la tradición escolar o en el análisis de la actividad cognitiva. Los procedimientos inductivo y deductivo son los exponentes más claros de dos maneras de aprender. Mediante el **procedimiento inductivo,** nuestra mente es capaz de abstraer las leyes que rigen un determinado comportamiento (de la naturaleza que sea, lingüística o no lingüística) abstrayendo de él lo que cada acto tiene en común. En términos lingüísticos, por ejemplo, la observación (consciente o no) de que "las" va seguido de una palabra acabada en "-as" induce a concluir que ello responde a la regla de que "el artículo femenino plural concuerda en género y número con el nombre al que se refiere, también femenino plural". Pues bien, la existencia o realidad de este método de aprendizaje implica que el profesor debe tener en cuenta tal proceso siempre que pretenda lograr un objetivo mediante procedimientos inductivos. La exposición abundante o intensa del alumno a casos o ejemplos ilustrativos es condición necesaria para que aquél sea capaz de captar las reglas subyacentes.

El aprendizaje deductivo responde a un proceder diferente: la explicitación de la norma subyacente constituye el primer peldaño para que el discente comprenda y racionalice un determinado comportamiento y para que, basándose en esa comprensión, sea capaz luego de reproducir ese mismo comportamiento o actuación. No es pertinente pretender dictaminar sobre cuál de los dos procedimientos es mejor, ya que este hecho depende mucho del individuo y de sus características, así como del tipo de conocimiento que se desea adquirir. La mezcla de ambos procedimientos no cambia la naturaleza de los mismos; en el mejor de los casos sabiamente combinados, se rentabilizará mejor la potencialidad de ambos. Así pues, si un profesor decide atenerse a uno u otro método de aprendizaje, habrá de adecuar los materiales que utilice y las actividades que ponga en marcha a los principios que gobiernan cada uno de esos procederes.

Una actividad es incompleta e imperfecta si no incluye la estrategia mediante la cual se hace operativa en la clase. Éste es otro peldaño que el profesor debe superar a la hora de incluir nuevos materiales: no solamente tiene que decidir sobre el modelo de aprendizaje que va a aplicar y sobre los objetivos de tal aprendizaje, sino que debe, también, definir la manera como va a articular estos extremos frente a los alumnos para que éstos los asimilen adecuadamente. La elección de una determinada estrategia, entre las muchas que el profesor tiene disponibles, tendrá también su repercusión en el producto final que se logre, o al menos en el grado de eficacia con que se logre.

No menos relevante es la inserción de nuevos materiales o de materiales complementarios dentro del currículo ya definido. Antes de tomar una decisión al respecto, el profesor debe hacerse algunas preguntas y actuar luego de acuerdo con las respuestas suministradas:

1. Cuál es el objetivo que se propone con la introducción de nuevos materiales.
2. Cuál es el motivo que justifica la introducción de tal objetivo.
3. De qué manera se integra dicho objetivo en el currículo, tanto globalmente como, en concreto, en la lección a la que afecte.
4. En qué punto exacto se insertarán los nuevos materiales, dentro de la secuenciación de actividades que guiarán la organización y desarrollo de la clase.
5. Cuánto tiempo requerirá el proceso que conduzca al logro del objetivo propuesto.
6. Qué medios se precisarán para alcanzar ese objetivo.

En realidad, se trata de atenerse a un esquema de distribución de elementos ordenada y lógicamente entrelazados, de modo que los alumnos perciban más fácilmente los objetivos y, en consecuencia, accedan a ellos con mayor eficacia. La lección o unidad didáctica debe permitir y propiciar que el alumno perciba de alguna manera la conexión existente entre los elementos que la integran. Lo cual no equivale a afirmar que no se dé variedad, sino que tal variedad esté mínimamente controlada y guiada por los objetivos que se persiguen.

e. Las cuatro destrezas lingüísticas constituyen los cuatro ámbitos de uso de una lengua, que se ofrecen al profesor como cuatro áreas bien definidas para el ejercicio de la acción docente. No es éste el momento de analizar cada una de estas destrezas; sólo apuntar que la metodología aplicada debe aparecer reflejada en el tratamiento que hacemos de ellas.

Si el punto de partida es el *Método Directo*, por ejemplo, la prioridad dada a las destrezas orales es obvia. Y dentro de esa prioridad, la interacción oral prima sobre la exposición a la lengua. En el *Método comunicativo* cobra especial relieve el uso de la lengua como instrumento de comunicación. Por tal motivo es necesario buscar un mayor equilibrio entre las cuatro destrezas, ya que la comunicación lingüística se da, en principio, en todas ellas. Deben ser otros los criterios que induzcan a un profesor a dar más importancia a una destreza que a otra. Tales criterios pueden derivar de ciertos principios vigentes en el proceso de adquisición lingüística, cual podría ser la necesidad de "exposición a la lengua" antes de iniciar la producción con seguridad y éxito. Las opciones respecto al trabajo con cada destreza lingüística son variadas y la gama de posibilidades sobre la presencia de cada una de ellas en el currículo y en la clase no tiene límite. La gestión de las destrezas implica una importante responsabilidad para el profesor.

Un tratamiento adecuado de cada una de las destrezas exige planificación. Y ésta se concreta, en primer lugar, en las actividades desarrolladas en el aula. El cómputo de las actividades asignadas a cada una de las destrezas es la mejor manera de controlar y llevar a buen término las previsiones.

De no menor importancia es la secuenciación de las destrezas. Si nos atenemos al "orden natural de adquisición lingüística", las destrezas receptivas preceden a las activas. De ahí que, junto al número de actividades y destrezas sobre las que se basan, sea preciso anotar también el orden con que se siguen unas a otras. Una tabla o matriz con entradas variables –según necesidades– permitirá visualizar con claridad los datos más relevantes sobre el papel y presencia de las destrezas en el libro de texto o en la clase. El resultado de un análisis de esta índole –aplicado a una clase o a una lección del libro de texto– es susceptible de ofrecer información estructurada de la siguiente manera:

	Actividad 1	Actividad 2	Actividad 3	Actividad 4	Actividad 5	TOTALES
Comprensión oral	√		√			2
Expresión oral				√		1
Comprensión escrita		√			√	2
Expresión escrita						0

Disponer de estos datos permitirá al profesor acceder a las bases en que se sustenta la planificación docente y a los posibles resultados que cabe esperar de ella, especialmente en lo relativo a las destrezas lingüísticas.

Capítulo II

PROFESOR Y ALUMNOS: LOS DOS AGENTES DE LA CLASE

La realidad más sobresaliente en la clase de idiomas es que en ella participan dos agentes o actores: el profesor, de una parte y, de la otra, los alumnos. Hay más elementos, claro está, pero estos dos son esenciales y tan evidentes que el análisis del proceso docente los ha dejado a menudo de lado, quizás porque siempre se han dado "por sabidos". Si ha sido habitual primar las cuestiones metodológicas y el análisis de materiales en la multitud de estudios llevados a cabo en torno a la enseñanza de lenguas, no podemos olvidar que quien pone en escena los métodos y materiales es el profesor, y quien es "sujeto paciente" respecto a ellos es el alumno. A nadie se le escapa que las características personales de uno y de otro pueden condicionar decisivamente sus actuaciones y reconducir en una u otra dirección el aprendizaje.

1. El profesor

En estas páginas se da por sentado que el profesor de lenguas es un profesional de la enseñanza, no un "aficionado". Hacer esta observación es menos pertinente en la actualidad, pero no lo era tanto hasta hace pocos decenios. Hasta muy recientemente la enseñanza de idiomas era una asignatura menor en el sistema educativo y los profesores que la impartían quizás dominaban el idioma que enseñaban (especialmente su gramática y sistema formal), pero no habían recibido una formación específica sobre los problemas docentes o metodológicos. A finales del segundo milenio y a principios del tercero la situación ha cambiado notablemente en este aspecto. Los profesores de lenguas en los distintos niveles educativos precisan una titulación específica que garantiza su cualificación para el trabajo profesional que deben desarrollar. Este logro es, sin duda, digno de destacar y está produciendo sus frutos en el incremento del nivel lingüístico alcanzado por los alumnos. Éste hecho también refleja que la sociedad, a través de sus gestores públicos, se ha concienciado sobre la importancia del aprendizaje de lenguas para hacer más fluida la comunicación entre las gentes que pueblan nuestro planeta, algo que hace sólo un siglo era impensable.

1.1. El profesor, un ser condicionado de entrada

La imagen del profesor se ha ido configurando como el protagonista absoluto de la clase. El sistema escolar ha sido un factor determinante en ello. En cuanto que el profesor es responsable ante la sociedad de transmitir a futuras generaciones el acopio de los conocimientos que la humanidad ha ido almacenando, el protagonismo del profesor está más que justificado. La sociedad ha invertido en su formación y sigue costeando su trabajo en la clase. No cabe, pues, dilapidar los recursos. De otra parte, conviene poner de relieve la función capital de "transmisor del saber" asignada al profesor, o el protagonismo que ello implica por parte de quien la ejerce.

La docencia demanda también eficacia. Por lo tanto, importa tomar en consideración no solamente que el profesor debe enseñar y transmitir algo, sino también que debe ser capaz de enseñarlo *de la manera más eficaz y eficiente* posible. Este segundo objetivo, subsidiario del primero, exige planteamientos diferentes o, cuanto menos, complementarios. Entre otros, cabe destacar que el grado de eficacia dependerá del camino seguido para lograr los objetivos, es decir, de *cómo se enseña.* Y a la hora de analizar la metodología que se pueda seguir en clase, se hace necesario valorar un largo elenco de factores que inciden en ella. Esto es lo que me propongo estudiar en el presente capítulo, tanto en relación con el profesor como en relación con el alumno.

Es ocioso recordar aquí que los alumnos desean tener el mejor de los profesores, o un profesor ideal. Pero,

    a. ¿Cuál es el perfil del profesor ideal?
    b. ¿Quiénes son los alumnos reales y cuáles serían los rasgos definitorios del alumno ideal?

El primer problema con que nos topamos es definir al profesor ideal, que debe servir a una tipología de alumnos que es variada, tanto en sus necesidades comunicativas como en sus gustos y preferencias. ¿Es posible llegar a establecer normas estándar sobre lo que los alumnos, en general, esperan de su profesor? Un estudio de esta índole, llevado a cabo por Girard (1977), entre mil alumnos de 12 a 17 años, aporta datos de interés. Los estudiantes fueron requeridos para que anotasen, en orden de preferencia, de más a menos, un número de diez afirmaciones sobre cómo debía ser el profesor ideal. Éste fue el resultado y en este orden:

> 1. El profesor hace que su curso sea interesante.
> 2. Enseña una buena pronunciación de la lengua objeto de estudio.
> 3. Explica con claridad.
> 4. Habla bien inglés.
> 5. Muestra igual interés por todos su alumnos.
> 6. Hace que participen todos los alumnos.
> 7. Es paciente.
> 8. Insiste en la enseñanza de la lengua oral.
> 9. Hace que sus alumnos trabajen.
> 10. Sigue el método audio-oral.

La encuesta fue realizada en los años setenta, cuando el método audio-oral ya había entrado en crisis; en realidad, el objetivo principal del cuestionario pretendía averiguar si esta metodología era o no popular entre los estudiantes. El resultado fue revelador sobre este punto, ya que es el peor valorado entre los diez sometidos a evaluación. Además, una observación un poco más atenta pone de manifiesto que entre las cualidades más valoradas sobresalen las referidas a la personalidad del profesor y a sus relaciones con los alumnos (1, 5, 6, 7). Seguramente estas cualidades serían aplicables a la enseñanza, en general, de cualquier materia. Llama la atención, no obstante, que determinadas cualidades que tienen que ver con la personalidad del docente emergen una y otra vez como capitales. Esto refuerza la convicción de que la calidad del profesor se valora no solamente en razón de su preparación profesional, sino también tomando en consideración sus características personales y su manera de ser, algo que excede el ámbito de la metodología. Aunque la constatación de esta realidad no sea precisamente motivadora para el profesor, es importante que la conozca y la valore en su justa medida. En realidad, algunos aspectos de la personalidad también pueden ser cambiados o adaptados.

Los resultados de otra encuesta llevada a cabo entre 818 alumnos de la Universidad de Murcia (trabajo no publicado, 2002), refuerzan los resultados de Girard. Las cualidades esperadas del profesor "ideal" se ajustan a este orden:

1. Explica con claridad.
2. Hace todo lo posible para que su curso sea interesante (juegos, chistes, actividades en grupo, etc.).
3. Habla bien la lengua que enseña.
4. Es ordenado en la exposición de los temas y ejercicios.
5. Demuestra que se prepara las clases.
6. Insiste en la enseñanza de la lengua oral.
7. Muestra igual interés por todos los alumnos.
8. Es paciente.
9. Hace que participen todos los alumnos.
10. Deja hablar a los alumnos.
11. Muestra flexibilidad en el trabajo.
12. Enseña mucha gramática.
13. Es puntual.
14. Da mucha importancia a la disciplina en clase.
15. Es muy exigente.

1.2. El profesor mediador

Es casi una obviedad afirmar que el profesor media entre el alumno y lo que desea transmitir a éste o intenta que éste aprenda. El protagonismo del profesor debe estar también subordinado a esta función. Él no constituye el objeto de la enseñanza, y su función no tiene sentido sin la presencia de alumnos a quienes servir de intermediario, de manera que éstos accedan al saber que él posee, lo asimilen y sean capaces de crear su propio conjunto de saberes a partir de ahí. Tampoco tendría sentido la presencia del profesor que no tiene nada que ofrecer, es decir, que carece de los conocimientos demandados, o que no tiene la preparación profesional adecuada para llevar a cabo su tarea.

El carácter mediador del profesor no debe servir de argumento para restar importancia a su función o a su trabajo. La figura del profesor sigue siendo una figura útil, necesaria e indispensable, aunque no siempre cabe esperar que lo sea de igual manera o en igual medida para todos. El carácter mediador ayudará a acercar el saber a los discípulos, a presentárselo de manera más asequible y diáfana.

En cuanto "mediador", el docente es también un "facilitador", es decir, alguien que hace posible que un determinado "producto" sea accesible a otros. Es difícil discernir qué es primero o más importante en el proceso discente, si el hecho de que el profesor medie entre el objeto de la enseñanza y el alumno, o bien que facilite al discente el acceso al saber, a lo que éste quiere o desea aprender.

1.3. El profesor y su contexto

El profesor nunca dejará de ser una persona enraizada en un contexto, que ha sido formada o se ha desarrollado dentro de un entorno específico. No sería realista considerar exclusivamente el objeto de la enseñanza, sin tener en cuenta que lo que se enseña viene necesariamente "filtrado" por quien lo enseña o transmite. Como ser humano, el profesor es un ser limitado: limitado por las experiencias que ha tenido; limitado por el contexto geográfico en que ha vivido; limitado por el entorno cultural en que ha crecido; limitado al conjunto de saberes al que ha tenido acceso; limitado por el conjunto de verdades y errores a los cuales ha estado sometido; limitado por su propio ser físico, genéticamente condicionado en multitud de aspectos (capacidad memorística, capacidad de razonar y pensar, capacidad de relacionar cosas e ideas, etc.); limitado por sus aficiones, gustos y preferencias; limitado por su reacción parcialmente condicionada ante la conducta o manera de ser de los demás.

Todo lo que adquiere una persona y luego transmite a terceros pasa, necesariamente, por el filtro del "primer poseedor". Y este filtro, sea cual fuere, quedará de alguna manera marcado en el producto que de él salga. Esta es, someramente expuesta, parte de la realidad subyacente en la transmisión del saber.

El contexto que condiciona al profesor se extiende también a los alumnos, a la clase en que éstos están ubicados y al centro en que tiene lugar la enseñanza. Los tres ingredientes actúan como filtros y condicionantes. Es importante que el centro de enseñanza sea cómodo y agradable para el profesor, de modo que éste no resulte negativamente influido por un entorno negativo. Algo similar se aplicará al entorno físico –la clase– en que la enseñanza tiene lugar. Pero, sobre todo, es preciso destacar la cantidad de condicionantes a los que, de manera no consciente, estará expuesto cualquier docente: los propios alumnos que se sientan frente a él o ella: el sexo de los mismos, el grado de inteligencia de cada uno, su manera de vestir, sus miradas, su conducta, su participación, su entusiasmo ante las explicaciones ofrecidas, su simpatía, etc. La relación de elementos de esta índole es realmente extensa. Es un tópico entre los estudiantes referirse al alumno o alumna preferido del profesor o de la profesora como aquél que nunca tendrá problemas a la hora de obtener una buena nota al finalizar el curso. El caso sirve para ilustrar eficazmente hasta dónde puede llegar la influencia de los condicionantes a los cuales está sujeto el profesor.

1.4. El profesor, sus principios y creencias

Las acciones de las personas resultan, frecuentemente, de sus creencias y convicciones. No cabe esperar que el profesor actúe en contra de lo que cree o considera adecuado sobre:

a. cuál es la mejor manera de aprender y enseñar lenguas,
b. cómo debe ejercerse la autoridad en la clase,
c. cuál debe ser la disciplina en el aula,
d. cuál debe ser el papel de los alumnos en la clase,
e. qué actitud debe mostrar el profesor ante los alumnos,
f. cuál debe ser la relación profesor-alumno, etcétera.

Las personas no son siempre conscientes de las causas que originan sus actuaciones. Pero esas causas, por poco transparentes o evidentes que sean, están siempre presentes. Es preciso destacar también que los principios sobre los cuales se asientan las actuaciones y procedimientos de los profesores son, a veces, extremadamente simples o simplistas, mientras que en otras ocasiones responden a fundamentos más complejos o complicados.

Los profesores no llegan al aula libres de condicionamientos o prejuicios. Tienen determinadas creencias y expectativas, genéricas y específicas, sobre los niveles que deben lograrse en el aprendizaje, sobre lo que esperan de un curso, de un grupo, de una clase, e incluso de algún alumno en concreto (Brophy, 1998). Ciertas expectativas vienen impuestas por el sistema educativo, mientras que otras derivan de la jerarquía de valores o de la personalidad del profesor. Los valores, a su vez, pueden estar generados por convicciones propias, o ser el resultado de impresiones que el profesor percibe o recibe en un momento determinado. Un profesor, por ejemplo, puede tender a pensar que los alumnos que van mejor vestidos rinden más académicamente; o que las alumnas son mejores que los alumnos en el aprendizaje de lenguas; o que los alumnos que se sientan en primera fila son mejores estudiantes que aquéllos que se sientan en los últimos bancos de la clase. Otro tipo de convicciones llevará al profesor a prestar más atención a quienes considera más listos, y relegará a quienes considera menos dotados intelectualmente, o viceversa; o favorecerá a quienes considera más pobres, frente a quienes considera más ricos; o prestará especial atención a quienes considera más tímidos, frente a quienes considera más atrevidos y autónomos, etc. La cantidad de variables susceptibles de provocar o generar determinadas creencias o expectativas por parte del profesor son prácticamente ilimitadas.

Kindsvatter, Willen e Ishler (1988) llevaron a cabo un estudio en torno a los principios y creencias sobre los cuales se asienta la práctica de los profesores. Sus conclusiones apuntan hacia causas diversas. Las fuentes de la mayor parte de tales "creencias" pueden identificarse en alguno de los siguientes apartados:

a. Los profesores han sido también alumnos en la clase de idiomas. Esto implica que han sido enseñados de una manera determinada y que ellos, a su vez, han aprendido autoconstruyéndose un método propio, que no es necesariamente idéntico al que haya podido seguir su profesor. A la hora de convertirse ellos en profesionales de la enseñanza, la experiencia previa emergerá de nuevo en el aula con mayor o menor intensidad. Conviene tener en cuenta que incluso los cursos de capacitación profesional son extremadamente cortos en relación con la experiencia previa de quien finaliza los estudios universitarios. Un profesor que inicia su carrera docente ha estado expuesto a no menos de 15 000 horas de enseñanza, a lo largo de unos 3 000 días, mientras que el curso específico de capacitación profesional no habrá llegado, en el mejor de los casos, a 500 horas.

Incluso a finales del siglo XX, muchos profesores confesaban que ellos preferían seguir el método tradicional para aprender otro idioma, mientras que en clase intentaban atenerse a los postulados del método comunicativo, que les había sido recomendado en sus años de formación. El contraste es realmente llamativo y significativo. En su favor aducen tales profesores que "ellos aprendieron de esa manera" o fueron enseñados de ese modo. Es decir, el profesor que en su día tuvieron les explicaba la gramática, mientras ellos aprendían reglas, memorizaban vocabulario, leían y traducían textos literarios, hacían frases vacías de sentido, que eran relevantes sólo para aplicar una determinada regla gramatical. Por otra parte, y por añadidura, esos mismos profesores se habituaron a aprender listas de palabras, por ejemplo, anotándolas en orden alfabético en una libreta dispuesta para tales fines. La realidad, ampliamente constatada en las aulas, de que muchos profesores no se atienen a los postulados de la metodología que dicen seguir (Pallarés 1988), obedece, al menos en parte, a esas creencias subyacentes. En razón de ellas, los principios metodológicos –cualesquiera que éstos sean– se aplican tras haber pasado un filtro previo e "incontrolado". Son condicionantes "ocultos", provenientes de hábitos pasados.

b. El profesor ha internalizado ciertas prácticas y procedimientos, aqué-llas que en su experiencia le han producido buenos resultados. La experiencia personal es insustituible en la vida de las personas. También lo es en el aprendiza-je y enseñanza de lenguas. Quien ha constatado que aprender vocabulario es más fácil y divertido si se hace con un compañero o compañera, trasladará este con-vencimiento al aula e insistirá en ello como procedimiento seguro para garantizar un mayor grado de eficacia discente.

c. El profesor tiene sus propias preferencias y gustos a la hora de impar-tir la docencia. Esas preferencias se refieren a diversos aspectos de su actividad: a sus actitudes frente a los alumnos, a sus prácticas o ejercicios, incluso al méto-do seleccionado para sus clases o al énfasis que pueda poner en uno u otro enfo-que metodológico.

d. El profesor puede haberse decidido por seguir las prácticas que ema-nan de un determinado método. Tal decisión puede ser muy razonable y estar bien fundamentada. En nuestros días, los estudios y análisis relacionados con la enseñanza de idiomas se han incrementado de manera espectacular, los profesores están mucho mejor informados y preparados que en decenios o siglos anteriores y cabe esperar que la profundización en esta materia lleve a conclusiones bien fun-damentadas y, en consecuencia, a decisiones congruentes respecto a la metodolo-gía que deba seguirse. Si aplicamos un análisis similar a lo que sucede en el entor-no docente, y especialmente a los alumnos que se sientan frente al profesor, detec-taremos de inmediato algunos puntos más de contraste, diversidad, conflicto o enfrentamiento. Naturalmente, todos ellos derivarán de los "supuestos" de que par-ten los agentes del proceso docente y discente.

El profesor, atendiendo a su experiencia previa personal, a su formación y a su experiencia docente, intentará dar respuesta a las preguntas clave que le plantea la profesión que ejerce. Éstos son algunos interrogantes posibles:

a. ¿Cuál es la mejor manera o el mejor método para enseñar?
b. ¿Qué tipo de ejercicios o actividades producen resultados más rápidos y eficaces?
c. ¿Qué tipo de estrategias son más motivadoras, interesantes y eficaces?
d. ¿Qué esperan los alumnos de él como profesor?
e. ¿Qué se debe enseñar y en qué orden?
f. ¿Hasta dónde es necesario llegar en la corrección de los errores?, etc.

La respuesta a estas u otras preguntas similares, formuladas o no explícita-mente, llevan al profesor a ciertas conclusiones y tomas de posición. Brindley (1984: 97) llevó a cabo un estudio tomando como punto de partida la adopción de un currículo centrado en el alumno. Los profesores de idiomas llegaron a conclu-siones o principios de este tenor:

a. Se aprende organizando las experiencias personales que cada uno obtiene en los encuentros con el otro.
b. El profesor es un "recurso humano" del cual se vale el alumno para obtener muestras de la lengua sobre las cuales trabajar.
c. Los datos lingüísticos se pueden encontrar u obtener en cualquier parte: en la comunidad, en los libros de textos, en los medios de comunicación, etc.
d. El cometido del profesor es hacer que los alumnos logren autocontrolarse, autoadministrarse y autodirigirse, proporcionándoles datos lingüísticos varios, partiendo de actividades de comprensión oral, interacción y desempeño de roles con hablantes nativos.
e. Los alumnos aprenden la lengua formulando hipótesis a partir de los datos o extractos lingüísticos que les son suministrados o a los cuales son expuestos. Este tipo de hipótesis sigue formulándose de manera constante, siempre en la dirección del modelo ideal.

Esto no es todo lo que el profesor tendrá que hacer. Todavía deberá convertir esas orientaciones básicas o creencias en actividades operativas en la clase, es decir, en ejercicios y propuestas concretas y detalladas sobre cómo, por ejemplo, organizar los "encuentros personales", o cómo presentar los materiales docentes, de tal manera que los alumnos formulen hipótesis sobre la lengua que aprenden. Pero incluso hecho eso y presentado a la clase de manera coherente –desde la perspectiva del profesor–, se precisa otro requisito para que el conjunto sea útil, fructífero y eficaz: que los discentes lo acepten, lo comprendan, lo activen y se valgan de ello con provecho. Es decir, que la acción docente surta efecto en los que aprenden. El trabajo del profesor no es eficaz por naturaleza, aunque pueda ser aplaudido por unos y otros, o aunque tenga apariencia de ser objetivamente bueno. Se necesita otra pieza esencial para que ese trabajo rinda sus frutos: que la parte a quien va dirigido lo reciba o lo acepte, amén de haberlo esperado o ansiado. El proceso docente no es un proceso unilateral, sino a dos bandas, por lo que no se completa hasta que emisor y receptor aúnan sus esfuerzos y coinciden en ellos.

Analicemos el ejemplo de un currículo centrado en el alumno. Vale la pena recordar que este tipo de currículo es exigente no solamente para el profesor, sino también para el estudiante. La contrapartida a tal esfuerzo es que el aprendizaje se torna más profundo, más duradero y, por tanto, más eficaz. En el proceso, al alumno se le suministra el material de manera escasamente elaborada, con las directrices para reelaborarlo por su cuenta, pero teniendo él que añadir algo o mucho de su parte. La realidad también parece demostrar que tal reelaboración por parte del discente no es siempre fácil de llevar a cabo por todos los alumnos. A algunos no solamente les puede costar mucho esfuerzo, sino que incluso es posible que este trabajo les someta a pruebas insuperables. Este tipo de alumnos se siente más a gusto y progresa mejor si los conocimientos le son servidos de manera gradual y clara, descubriéndole previamente el profesor el significado de lo que aprende.

Precisamente porque los alumnos son muy diferentes en su manera de asimilar y aprender, también es preciso contar con el hecho de que no todos los alumnos tendrán las mismas expectativas respecto a cómo deben ser enseñados. En otras palabras, los estudiantes quizá esperen del profesor algo muy diferente de lo que él les ofrece. En un programa centrado en el alumno, en el cual es éste quien debe construirse su propio currículo, las expectativas de muchos alumnos se verán frustradas y su estado de ánimo se reflejará en comentarios como: *"Aquí no hay orden ni concierto. Todo está desorganizado, no hay sistema, son trozos o textos sin relación entre sí"*. Además es posible que el esfuerzo del profesor entusiasta, que pretende motivar a los alumnos mediante actividades lúdicas para activar el uso de la lengua que aprenden, quede en entredicho con comentarios tan descorazonadores como éste: *Lo que quiero es aprender inglés, no cantar ni jugar*. El ego de cualquier profesor podría, igualmente, quedar gravemente herido por comentarios de este tenor, relacionados asimismo con la aplicación del currículo antes mencionado: *Yo no quiero aprender solo. Quiero un profesor que me enseñe. Para eso le pagan, para que enseñe. ¿Cómo es posible aprender si no se nos explica la gramática?* (Brindley 1984: 96).

El profesional de la enseñanza de idiomas se enfrenta, pues, a una situación poco halagüeña: sus convicciones profesionales, su experiencia personal –que puede ser muy certera– y su formación especializada le orientan hacia unos objetivos y unos procedimientos que son susceptibles de oponerse diametralmente a los que predominan entre los alumnos, receptores de su enseñanza. La situación descrita aconseja que los alumnos sean informados previamente sobre los mecanismos de aprendizaje que les van a ser aplicados o que subyacen a la práctica docente. En cualquier circunstancia, es importante tener información sobre las expectativas de los alumnos y no dejarlas nunca totalmente de lado, sean cuales fueren los postulados desde los cuales parte el profesor. Quizá los docentes, en general, están poco habituados a plantearse su profesión desde parámetros experimentales. Las ciencias de la educación se han sustentado con demasiada frecuencia más en teorías no contrastadas y en lucubraciones teóricas, que en la comprobación y medición del grado de eficacia que se logra con una u otra opción metodológica. De similar manera se ha actuado en la enseñanza de idiomas, en este aspecto totalmente subsidiaria de las ciencias de la educación. Los diferentes métodos que se han sucedido en la historia de la enseñanza de lenguas no han surgido ni se han aplicado porque a cada uno de ellos le haya precedido un estudio experimental que demostrara fehacientemente la preeminencia del nuevo método frente a otros que se venían aplicando. El procedimiento ha sido otro: la teoría o teorías sobre las que se sustentaba un método determinado eran sustituidas por otra u otras teorías que solían marginar totalmente a las precedentes. Desde ese plano teórico se tomaban decisiones que afectaban a la realidad, sin haber antes confirmado el posible hermanamiento o disfunción entre el punto de partida (la teoría) y el punto de llegada (los resultados prácticos de su aplicación).

El profesor está, pues, condicionado por su formación, su entorno y sus propias experiencias. Y su trabajo, guiado por los métodos o enfoques aplicados, producirá determinados efectos en los alumnos. El cuerpo de profesores no es ni será nunca unívoco, ni en sus principios, ni en sus creencias, ni en sus procedimientos y actitudes. Si las diferencias en estos ámbitos son inevitables, ¿lo serán también los efectos sobre los alumnos? Simplificando la descripción, imaginemos dos prototipos de profesores, con fuerte arraigo en la realidad:

Estereotipo A.

El profesor es el protagonista total y absoluto de la clase, la cual se ajusta estrictamente a sus dictados y se atiene fielmente a ellos. Se sigue el libro de texto al pie de la letra. El orden y la disciplina reinan en el aula. Los alumnos cesan en sus charlas y comentarios cuando entra el profesor, quien es siempre cortés y amable con sus alumnos, pero sin excederse en "concesiones" que puedan romper la relación de preeminencia a su favor. Queda claro que la clase es el lugar donde los estudiantes aprenden y que lo que deben aprender está claramente prefijado de antemano; queda poco lugar para "descubrimientos", experiencias personales o "inventos" individuales. La clase está perfectamente definida, tanto en sus aspectos formales y de comportamiento como en los contenidos.

Estereotipo B.

Se trata de una clase mucho menos "tradicional", si tomamos como punto de referencia la descrita anteriormente. La relación entre profesor y alumnos es cordial, la organización no es el elemento predominante. Los alumnos adoptan un comportamiento menos rígido, más familiar, se permiten algún comentario entre sí, no se sienten obligados a levantar la mano cuando quieren decir algo en clase etc. El ambiente que se respira en la clase es relajado, a veces un tanto ruidoso. El profesor se vale de un libro de texto, pero no lo sigue fielmente. Aporta también sus propios materiales y no se recata en criticar, de vez en cuando, el libro prescrito.

Es fácilmente presumible que cada uno de los modelos producirá efectos y resultados parcialmente diferentes. Las respuestas a preguntas como las que siguen serán indicativas respecto a los resultados previsibles:

    a. ¿Qué método o métodos se aplican o siguen en la clase?

    b. ¿Qué materiales se toman como base para el desarrollo de la clase?

    c. ¿Cuáles son los principios que subyacen en la organización de la clase?

    d. ¿Cuáles son las cualidades que deben acompañar a un buen profesor?

A cada uno de los estereotipos especificados corresponden modelos de clase y exigencias diferentes, según lo señalado en el siguiente cuadro:

Estereotipo clase A	Estereotipo clase B
– Un método que permita el control adecuado por parte del profesor (tradicional, audio-oral, situacional, estructuro-global, y en parte, quizás también, nocional-funcional).	– Un método que permita al profesor mantener una gran flexibilidad: método natural (en general, por ejemplo el método directo), comunicativo, método por tareas o alguno de los llamados "métodos humanísticos".
– Los materiales de la clase estarán bien organizados y sistematizados, secuenciados según un determinado orden (preferentemente objetivable, como sería el basado en criterios gramaticales o estructurales, quizás también funcionales). Las unidades se presentarán de forma clara y sistematizada, conservando una estructura uniforme a lo largo de todo el libro. Se preferirá un libro de texto consolidado en los medios docentes.	– El libro de texto utilizado será fundamentalmente orientativo, incluyendo los criterios básicos de programación. Los materiales y textos se elegirán a partir de contextos comunicativos reales. Los criterios de selección responderán a las necesidades comunicativas o a los intereses de los alumnos. Éstos participarán, preferentemente, en la definición de las áreas de interés que subyacen en la selección de dichos materiales. El profesor introducirá alguna variante, sin criterios rígidos. Las unidades constarán de una estructura básica, pero variarán en otros muchos aspectos, especialmente en su presentación y en la manera como se desarrollan en clase.
– Principios de organización de la clase: la autoridad, el orden y la ordenación jerárquica constituirán la guía. El profesor es el responsable, tanto de la docencia como de la organización. Todos los elementos en la clase deben estar controlados por el profesor.	– La sistematización de la clase no es una prioridad. Se promueve más bien, la libertad individual, la no-imposición de actuaciones por parte del profesor. Se facilitará la expresión y realización personal frente a la organización sistemática y colectiva.
– El buen profesor debe distinguirse por cualidades como: • Ser ordenado y sistemático. • Mantener el principio de la autoridad y de la jerarquía. • Ser ejemplo y modelo en la lengua enseñada. • Exigir la corrección y corregir los errores. • Ofrecer sólo modelos correctos y excelentes (preferentemente literarios) en la lengua enseñada. • Valerse de actividades y ejercicios acordes con el método y los materiales programados.	– Las cualidades del buen profesor serán: • Ser activo, creativo, cordial y "amigo" de los estudiantes. • Mantener el interés y la motivación de la clase. – Adaptarse a las necesidades e intereses de los alumnos. • Favorecer el autoaprendizaje con actividades adecuadas. • Facilitar e incentivar el uso de lo aprendido en situaciones de la vida real.

Los contrastes perceptibles en el recuadro anterior se deberían reflejar asimismo, en los resultados finales de la docencia. Desde el punto de vista académico y formal, es probable que la clase del *Estereotipo A* obtenga mejores resultados que la clase del *Estereotipo B*. Por el contrario, la clase del *Estereotipo B* lograría, muy probablemente, resultados más satisfactorios en el uso comunicativo de la lengua. De manera similar, la clase *A* estaría mejor preparada que la clase *B* en el uso correcto de la lengua aprendida. En resumidas cuentas, como ya apuntaba Johnson (1992: 101) a raíz de un estudio sobre este tema, los profesores de idiomas con supuestos y enfoques teóricos diferentes generarán un tipo de educación lingüística al menos parcialmente diferente. En general, los profesores de idiomas enseñarán de acuerdo con sus principios y creencias, las cuales a su vez, originarán tipos de instrucción de naturaleza diferenciada.

Los condicionamientos a que me he referido hasta el momento deben estar sujetos, aún, a otro filtro: el derivado del currículo y de los programas establecidos por el centro educativo o, en su caso, por las autoridades educativas. Al menos en principio, el trabajo del profesor debe estar subordinado a las directrices generales elaboradas por los responsables educativos en el ámbito a que corresponda su escuela. En España, y en general en Europa, los currículos se imponen en todos los centros de enseñanza reglada, es decir, en todo el sistema educativo de Enseñanza Primaria y Secundaria. En la Enseñanza Superior y en los centros privados al margen del sistema educativo es posible ofrecer programas variados y diferentes. Los programas educativos vigentes en la enseñanza reglada suelen ser redactados por técnicos y especialistas en la materia. Esto hace que tales programas sean, en general, impecables en su formulación y exposición, si bien no es raro que reflejen cierto distanciamiento respecto a la realidad educativa. Abundan en ellos las afirmaciones derivadas de planteamientos teóricos, utópicos en ocasiones, y no siempre contrastados con la realidad del aula. Los componentes abstractos y académicos son determinantes para luego definir las estrategias, que con frecuencia no están suficientemente enraizadas en la praxis docente del profesorado que debe valerse de ellas.

Este tipo de formulación curricular tiene cualidades positivas y ventajas innegables. Entre otras, obliga al profesor a afrontar retos considerables y le empuja a superarse en su profesión, obligándole a reflexionar sobre el trabajo docente, que bien puede haberse convertido en algo ya excesivamente rutinario. La gran desventaja estriba en que la falta de experimentación representativa, dentro de un colectivo de dimensiones tan amplias, propicia y supone de antemano el "enterramiento de facto" de todo aquello que tope con la resistencia y pasividad del profesorado, por no estar adecuados los cambios o las novedades propuestos a las posibilidades reales de renovación del colectivo de educadores.

Por otra parte, las alternativas curriculares son variadas. En la última década del siglo xx, la metodología comunicativa se impuso, por ejemplo, en todos los países de la Unión Europea. Los trabajos del Consejo de Europa fueron decisivos al respecto. Pero a principios del presente siglo el mismo grupo de expertos de dicha institución propició un currículo abierto, adaptable a cada país, región o centro. El *Marco de referencia europeo*, como su mismo título sugiere, propone un currículo abierto y democrático, en el cual se sugieren preguntas, pero no se pretenden dar respuestas definitivas sobre cómo hacer las cosas (Council of Europe, 2001: XI). Los profesores o responsables deben encontrar respuestas a las interrogantes que les plantee el entorno en que viven para garantizar una enseñanza adaptada a los discentes y cercana a ellos. Sin embargo, el tono de esta publicación, así como el capítulo dedicado a la enseñanza mediante tareas, no dejan lugar a dudas sobre cuáles son las preferencias de los redactores. No obstante, a su lado conviven también otros enfoques curriculares, más o menos ligados al currículo comunicativo o centrados en él, como son:

    a. el enfoque por tareas,
    b. el currículo basado en procesos,
    c. el currículo basado en el autoaprendizaje,
    d. el currículo centrado en el alumno,
    e. el currículo para fines específicos (que puede ser bastante variado, de acuerdo con los fines predefinidos),
    f. el currículo basado en las necesidades del centro/alumnos/grupo,
    g. el currículo basado en el contenido de los materiales utilizados,

y, en general, cualquier otro currículo basado en métodos de menor implantación, pero activos y presentes en ámbitos reducidos (método de la Respuesta Física, Método Silencioso, Sugestopedia, Enfoque léxico, Enfoque basado en la multiplicidad de "inteligencias", etc.).

El seguimiento que cada profesor haga del currículo establecido por el centro puede ser variable. Téngase en cuenta que, además de las convicciones personales del docente, el seguimiento de los programas oficiales no es entendido por todos de igual manera, especialmente si la coordinación es pobre o escasa.

1.5. El profesor: limitaciones derivadas del entorno

El ingeniero diseña autopistas, el médico lleva a cabo operaciones arriesgadas, el abogado defiende a sus clientes, el juez dicta sentencias ajustadas a ley... Nadie duda de que cada uno de esos profesionales es especialista en la materia, sabe más que la media de las personas sobre el tema y está, en consecuencia, mejor capacitado para aconsejar o tomar decisiones en el campo de su especialidad. ¿Ocurre lo mismo en el caso del profesor de idiomas?

Pensemos en el supuesto de un profesor de inglés (que es el más frecuente y habitual en nuestros días). Quizá nadie dude sobre la competencia lingüística que debe tener el profesor en relación con la lengua que enseña. Pero ¿puede afirmarse lo mismo sobre su capacidad y preparación metodológica? E incluso si esta competencia no se cuestiona explícitamente, ¿la acepta de entrada el discente? Todos tenemos firmes y bien enraizadas opiniones sobre cómo deben hacerse las cosas y cómo se debe actuar y proceder para aprender. Los padres valoran, con aparente conocimiento de causa y sin dubitaciones, la calidad de la metodología aplicada por el profesor cuando se trata de la enseñanza impartida a su hija o hijo, especialmente si los resultados de la evaluación no son los que esperaban –en cuyo caso la valoración es negativa. Esas tomas de posición no suelen ser gratuitas. Responden a creencias bien asentadas respecto a la lengua:

a. qué es o en qué consiste y
b. cómo se debe aprender o enseñar.

He aquí algunas de esas creencias:

a. Lengua y gramática son, más o menos, la misma cosa. La asociación entre estas dos palabras es automática entre la mayoría de los hablantes. Si alguien suspende el examen de lengua es "porque no sabe bien la gramática". Si alguien no sabe bien la gramática, se dice que "no sabe bien la lengua". La generalización de este círculo vicioso es un claro síntoma de la situación mencionada. Es normal que la equiparación entre lengua y gramática lleve a la conclusión de que para aprender una lengua hay que aprender su gramática; o, lo que es lo mismo, aprendiendo la gramática de una lengua, se aprende esta última. Este convencimiento es tan profundo que se hace incluso impermeable a cualquier otra sugerencia o posibilidad. De ahí surge, probablemente, el hecho observado en muchas clases de idiomas en la actualidad, incluso entre profesores que dicen seguir el método comunicativo: la gramática aparece, aún, como elemento sobresaliente en la planificación de las actividades y como punto de referencia del aprendizaje, amén de constituir uno de los ejes más perceptibles en la elaboración de exámenes. De esta convicción fundamental siguen luego algunas ramificaciones con incidencia diversa en las creencias sobre cómo se debe aprender una lengua y qué se debe aprender.

b. La gramática no ha de ser solamente explicada por el profesor, sino también aprendida por el alumno. Por "aprendida" se entiende frecuentemente "memorizada".

c. El alumno ha aprendido bien una lengua cuando no comete errores al usarla. Por errores se suele entender siempre errores gramaticales o formales.

d. El aprendizaje se favorece si el trabajo con textos y el que implica a las distintas destrezas lingüísticas se acompañan, siempre que sea pertinente, de cuadros o esquemas gramaticales ilustrativos.

e. No se sabe una lengua si alguien no es capaz de usarla para comunicarse oralmente en ella. En este caso, el dominio de un idioma se restringe de manera claramente injusta a una destreza –la oral–, obviando las demás. El hecho tiene relación, sin lugar a duda, con las necesidades comunicativas más sobresalientes en nuestro siglo, tras la revolución habida en las comunicaciones. Pero hace no muchos años, se daba por sentado que alguien sabía la lengua cuando era capaz de escribirla y leerla.

f. Los errores cometidos deben corregirse. Es generalizada la creencia de que la repetición de errores no es positiva en el proceso de aprendizaje. A pesar de ello, todos observamos y no podemos sino admitir que el error y las desviaciones respecto a la norma forman parte normal y habitual de nuestro uso cotidiano del idioma. Por lo tanto, es lógico plantearse la pregunta: ¿hasta dónde es tolerable el error?

g. Se prefiere como profesor a un hablante nativo de la lengua que se aprende. Esta convicción nace de otra subyacente: los buenos modelos son esenciales durante el aprendizaje. Pero se deja de lado el tema de la metodología. Se da por supuesto que quien habla bien una lengua está también capacitado para enseñarla. Pero tal presunción resulta engañosa y pone de manifiesto un desconocimiento más que notable sobre cuestiones metodológicas.

h. Los niños aprenden la lengua más fácilmente que los adultos. No se toman en consideración circunstancias tan relevantes para el aprendizaje como la edad, el grado de eficiencia, el tiempo de que se dispone, los puntos de partida, los hábitos ya existentes, etc.

i. Algunas personas están mejor dotadas para aprender lenguas que otras. Es una realidad evidente, avalada por la experiencia de cada día en el aula y fuera de ella.

j. Hay lenguas más fáciles de aprender que otras. Se trata, una vez más, de una experiencia al alcance de todos los aprendices de lenguas extranjeras.

k. Si alguien domina una lengua extranjera, le es más fácil aprender otra lengua más. Hay personas con más cualidades que otras para aprender idiomas, pero también parece probable que el haber aprendido una segunda lengua amplía de alguna manera los horizontes del estudiante y le proporciona una mayor capacidad para relacionar y retener nuevos sistemas lingüísticos.

l. Después de la gramática o junto con ella, lo más importante es aprender vocabulario. De ahí la extendida tradición de escribir o anotar largas listas de palabras que luego el discente intenta memorizar con todos los trucos mnemotécnicos a su alcance. Los estudios experimentales llevados a cabo ponen de manifiesto que quizás lo más importante no sea la gramática, sino el vocabulario o las "frases hechas" (Lewis 1993: 200).

Sería presuntuoso creer que los puntos anotados agotan el capítulo de las creencias generalizadas sobre la lengua y su aprendizaje. A su lado coexisten otras, a veces opuestas a las mencionadas anteriormente. Algunas de ellas serían las siguientes:

    a. *Para aprender una lengua basta con hablarla.*

    b. *El fin de aprender un idioma es poder entenderse con la gente, sin que importen los errores que se cometan.*

    c. *Lo más recomendable es aprender el vocabulario.* Sabiendo las palabras, es posible comunicarse con la gente.

    d. *Se aprende repitiendo las cosas.* Los ejercicios de repetición son la clave del aprendizaje.

    etc.

En ocasiones, criterios o creencias de signo opuesto parecen convivir "pacíficamente" en la mente de muchos hablantes. Con todo este bagaje, que a menudo actúa como lastre, el profesor tiene ante sí una tarea compleja y nada fácil.

1.6. El papel del profesor en la clase

El papel que el profesor desempeña en la clase podría resumirse en pocas palabras: "La acción o conjunto de acciones que realiza en el contexto de esa misma clase". En realidad, al profesor le está reservada una determinada parcela de actuación en el aula. Los papeles o cometidos que corresponden a las personas en una profesión determinada no solamente son diferentes, como cabe esperar, sino que, además, admiten distintos grados de flexibilidad a la hora de ser "encarnados" en una persona determinada, que es la que, en definitiva, los materializa y pone en práctica. La relación profesor-alumno en la clase es una de las más marcadas, como lo son algunas otras: médico-paciente, director-obreros, padre-hijo, marido-mujer, etc. ¿En qué sentido y en qué ámbitos?

Los papeles que cada cual es susceptible de desempeñar en el entramado de las relaciones sociales tienen algunos rasgos en común:

    a. Implican tipos de relación mutua y diferenciada entre quienes desempeñan los roles en cuestión. De manera similar, la comunicación e interacción que tiene lugar entre ellos está marcada por estructuras que, al mismo tiempo que constriñen, también guían a cada uno de los actores. Un hijo, por ejemplo, sabe que con su padre no debe utilizar determinados registros coloquiales, aunque su uso sea frecuente o habitual en las relaciones con sus compañeros de clase. Un médico sabe que al enfermo no le puede explicar en términos científicos la naturaleza de su enfermedad, ni tampoco conviene que le exponga con realismo y crudeza la verdad sobre una enfermedad grave. Este tipo de patrones actúa como corsé inhibidor en las relaciones intragrupales o interpersonales; al mismo tiempo, facilita el trabajo de cada uno de los protagonistas, puesto que así ya tienen marcado de antemano el camino que deben seguir, o el grado de flexibilidad que tienen a su disposición o que será tolerado.

b. Implican la realización de trabajos diferentes y la asunción de diferentes cuotas de responsabilidad. En la relación médico-paciente, el trabajo del médico va parejo con el nivel de responsabilidad que le es automáticamente asignado. Algo similar ocurre con el dúo profesor-alumno. Si algo sale mal o funciona mal, aquél a quien se le exigirán responsabilidades en primer lugar será el profesor. Y, desde luego, el fracaso será penalizado con mayor severidad en el profesor que en el alumno, y en el médico más que en el paciente.

c. Implican relaciones de poder entre las partes que interactúan. Siguiendo con los ejemplos ya mencionados, el hijo es consciente de su dependencia respecto al padre, el alumno respecto a su profesor y el paciente respecto al médico. De manera simétrica, el padre también es consciente de que su poder está por encima del de su hijo, el profesor, que el suyo está por encima del de su alumno y el del médico por encima del que corresponde al paciente.

Los fundamentos que subyacen en el establecimiento de los roles pueden ser de distinta índole. Suelen deberse tanto al trabajo que lleva a cabo cada una de las partes (profesor-alumno, por ejemplo) como al tipo de relaciones que necesariamente se establecen entre los agentes de la relación. Ejemplificando una vez más en el dualismo profesor-alumno, el trabajo del profesor es notoriamente diferente del que es propio del alumno; además, el hecho de que quien "sabe" las cosas que se enseñan es el profesor, mientras que el alumno viene a clase para aprender "lo que no sabe y desea saber", constituye ya de por sí el establecimiento de una relación de dependencia del alumno frente al profesor.

Si el trabajo y la relación que esto implica es la base del rol que tienen que desempeñar tanto profesor como alumno, todavía se dan algunos otros factores que añaden o quitan elementos, flexibilidad o rigidez a las funciones definidas.

1.7. El ideario y características del centro

Hay escuelas fuertemente jerarquizadas en su organización. En nuestro país suelen darse casi exclusivamente en el sector privado. En el otro extremo, existe un sinfín de escuelas o centros docentes en los que la jerarquización organizativa es mínima, al menos en la realidad. Este es el caso de la gran mayoría de los centros públicos. En las primeras, las decisiones son tomadas por la dirección, con la ayuda de un pequeño número de profesores que colaboran y participan de alguna manera en la marcha del centro, dirigiendo o siendo responsables de parcelas concretas dentro del organigrama de funcionamiento general. En estos centros, en los cuales prima la autoridad, importa menos lo que realmente ocurre en el aula desde el punto de vista de los contenidos, que el orden y buen comportamiento de los alumnos o el cuidado y atención que debe ponerse para no provocar las quejas de los padres. El profesor no incluido dentro de lo que podría denominarse "dirección" suele estar razonablemente vigilado y controlado, de modo que su grado de autonomía es más bien reducido. Incluso los aspectos metodológicos suelen venir impuestos, ya que la adopción de uno u otro método es susceptible de afectar a la imagen del centro y a su ideario.

En los centros en los que la jerarquización es mínima las relaciones entre los agentes del proceso docente y discente son muy distintas. Por lo general, los cargos directivos o de responsabilidad son rotativos, es decir, cambian de unos a otros con periodicidad prefijada. La contrapartida es que cada profesor ve incrementada notablemente la cuota de responsabilidad individual frente al hecho docente. Ese compromiso puede exigirle, incluso, que sea el profesor el encargado de elegir el método que debe seguir en su materia, o adaptar los currículos generales a las necesidades específicas de su clase. Una adaptación responsable requiere un trabajo nada despreciable por parte del profesor. En primer lugar, porque debe conocer a sus alumnos mediante encuestas periódicas o anuales. En segundo lugar, porque la adaptación puede implicar cambios importantes cada año, en razón de las necesidades cambiantes de los alumnos.

Los profesores que no deseen implicarse excesivamente en sus obligaciones profesionales probablemente preferirán el modelo de centro jerarquizado. En una encuesta citada por Richards (1994: 99), un grupo de profesores está muy a favor de asumir mayores cuotas de responsabilidad en el diseño del currículo, pero no es tan entusiasta a la hora de incrementar su participación en las tareas de evaluación; asimismo, los docentes se sienten más bien satisfechos con lo que hacen respecto a la selección o elaboración de actividades y materiales para la clase. La proyección de la encuesta (referida a un total de 30 profesores) no es muy alta. Pero en la medida en que puede tomarse como indicativa de algo, la conclusión del autor no parece ajustada a los datos ofrecidos ni a su naturaleza. Richards concluye que los "profesores consideran que deben tener mayores cotas de responsabilidad, especialmente en la identificación de las necesidades de los alumnos, en seleccionar y graduar los contenidos del programa, en la agrupación de los discentes y en la evaluación". Los datos que se ofrecen, referidos a 6 temas,
– no varían entre lo que "los profesores hacen y desearían hacer" en dos casos,
– varían ligeramente en otros dos y
– son notoriamente diferentes en otros dos.

Pero debe observarse que de los cuatro que varían mucho o poco, sólo uno implica realmente trabajo decisivo relacionado con los materiales utilizados en clase, mientras que los otros tres se refieren a tareas de escasa exigencia para los docentes. En cambio, los dos casos que no varían respecto a las expectativas de los docentes son ciertamente sustantivos en el trabajo del profesor: la elaboración de materiales (ejercicios o actividades de distinta índole) para la clase y el control del alumno en la clase. Si nos atenemos a la calidad del trabajo, no hay razones para concluir que este grupo de profesores manifiesta excesiva necesidad de incrementar sus cotas de responsabilidad en el centro.

Las reflexiones precedentes inducen a plantearnos con mayor realismo la implicación que *demuestran tener* los profesores en el centro de trabajo y la que confiesan que *desearían* tener. Sería utópico creer que todos los docentes buscan iguales niveles de implicación. La realidad no parece reflejar ese hecho, sino más bien que son muchos los que prefieren el centro tradicional, en el cual las responsabilidades más significativas corren a cargo de la dirección, en el amplio sentido de la palabra.

Hecha esta salvedad, tampoco habría que renunciar, necesariamente, al modelo del profesor "ideal". Sin lugar a duda, el profesor ideal sería aquel que asumiese cotas de responsabilidad en todos los ámbitos de su trabajo: en la definición de las necesidades de los alumnos, en el control del seguimiento de los discentes, en la elaboración de materiales, en la definición del currículo, etc. Además, el profesional de la docencia nunca debería dejar de estar informado y en alerta permanente respecto a su trabajo, a su perfeccionamiento, a su propia superación. Si así fuera en general, las instituciones deberían, igualmente, estar preparadas y contar con los recursos necesarios para favorecer esta línea de mejora constante y disponer de las ayudas adecuadas para no permitir que se perdiese tal espíritu de innovación profesional.

Si el centro en el que el profesor trabaja puede condicionar la labor de éste y, en consecuencia, el papel que desempeña en el aula, igualmente sucede con el método o enfoque que ha adoptado en la enseñanza. Nadie debería dejarse sorprender por un exceso de ingenuidad. El profesor no es siempre plenamente consciente y conocedor del método que sigue. Más a menudo de lo que sería deseable se encuentran profesores que dicen atenerse a un método concreto, mientras que el análisis de sus clases no avala tales presunciones (Pallarés, 1988). Como ya se apuntó anteriormente, el profesor lleva consigo un bagaje de creencias y maneras de proceder que se sobreponen a sus propios deseos e intenciones, si no media un detenido autoanálisis de la propia praxis. Dando, no obstante, por supuesto que el profesor se atiene a un método de enseñanza, éste presenta determinadas exigencias frente a quien lo adopta. La elección de un método supone ajustarse a unas prioridades determinadas en la selección de los contenidos, a unos procedimientos concretos que permitirán alcanzar más fácilmente esos contenidos, a seguir una serie de pautas a las que deberán amoldarse los alumnos y a optar por una tipología de actividades acordes con los planteamientos metodológicos. El método "tradicional" o "de gramática y traducción", por ejemplo, no exigía ni al profesor ni al alumno un dominio expreso de la lengua oral, pues las actividades comunicativas orales prácticamente no existían. El profesor mantenía en clase una actitud autoritaria, como corresponde a quien piensa que él es quien sabe y que el alumno, sencillamente, aún no sabe. Uno de los mandamientos que este profesor debe seguir es el de "explicar la gramática y practicar las reglas enseñadas", haciendo que los alumnos construyan frases con el vocabulario aprendido.

Cada método encierra y exige unos determinados mecanismos de actuación, especialmente por parte del profesor. Su papel es, pues, muy específico respecto al método seguido. Si tomamos como extremo de comparación frente al método tradicional el método comunitario, el contraste se hace evidente. En el método comunitario el profesor actúa no tanto como profesor sino como consejero, como persona que está siempre al lado del alumno para ayudarle, nunca frente a él; ni siquiera está ahí en calidad de mediador o transmisor de algo: él no transmite, él colabora con su consejo y guía en el proceso interno del alumno que crece en saber. La actitud o función del profesor es diametralmente opuesta a la que se supone que debe tener quien aplica el método tradicional, pero también muy diferente de la clase activa propia del método directo, o del método audio-oral. En realidad, todos los métodos se atienen a determinados procedimientos, los cuales, a su vez, condicionan el papel que ha de desempeñar el profesor en la clase (Sánchez, A., 1997).

2. El alumno

Me atrevería a afirmar que el más importante descubrimiento de la didáctica en los últimos años ha sido el alumno. La afirmación puede parecer paradójica, pero no por ello es menos real. La docencia existe porque existen alumnos, los cuales son la razón de ser del profesor. Pero el alumno ha sido durante siglos el gran olvidado del proceso pedagógico. El proceso discente apenas si ha recibido atención a lo largo de la historia; el peso ha recaído sobre el proceso docente. Y de ese énfasis casi absoluto puesto en el profesor deriva el olvido en que ha estado sumido el "factor alumno". No sería justo equiparar a quien enseña y a quien aprende (dimensiones docente y discente), pero es totalmente injusto dejar de lado a cualquiera de los protagonistas del proceso.

El profesor, debido a su papel preponderante en la docencia, ha acaparado la máxima atención. Los métodos, hasta el siglo XX, son un claro signo de lo afirmado: analizando lo que uno u otro método aconsejan o prescriben, se comprueba que el papel y la función del alumno queda bastante o totalmente relegado. El método tradicional no nos dice mucho sobre cómo debe actuar el discípulo, o cómo debe tratar el profesor al alumno, o cuáles son las características de quien aprende para que el profesor las tenga en cuenta. Se da casi por supuesto que el alumno aprenderá dependiendo siempre de cómo y qué enseña el profesor. El método audio-oral, por ejemplo, deja toda la responsabilidad en manos del lingüista-especialista. El alumno es tratado como un "repetidor empedernido" de los modelos suministrados por el profesor.

Sin embargo, el alumno es el sujeto esencial de la clase. Sin alumnos no habría docencia. Y debería tenerse en cuenta sobre todo que si la figura del alumno se hiciese algún día innecesaria, la figura y función del profesor también desaparecería. Aunque ambos, profesor y alumnos, son dos elementos complementarios, todo lleva a concluir que el peso podría inclinarse más bien, dentro de esa complementariedad, en favor del alumno. Siendo consecuentes con esta realidad, la importancia que ha de otorgarse al alumno es, cuando menos, igual que la otorgada al profesor y a las técnicas metodológicas por él aplicadas.

2.1. El alumno y su producción lingüística

A la enseñanza no le sigue, sin más, el aprendizaje. No se da por naturaleza una relación lineal, de causa a efecto, entre ambas realidades, a pesar de que muchos así lo crean o den por sentado. Las investigaciones experimentales sobre cómo se aprende un idioma son recientes y apuntan en varias direcciones. Una de las líneas de investigación se ha centrado en el análisis de la producción lingüística de quien aprende una segunda lengua. Se ha constatado que algunos elementos se adquieren en un orden determinado, sea cual sea el sistema docente e incluso el orden de introducción de tales elementos en el currículo. Así parece que ocurre, en inglés, con la adquisición de la flexión de tercera persona singular del verbo, o con la flexión -*ing* del gerundio. Basándose en tales datos, algunos investigadores (Dulay *et al.,* 1982) proponen que se tome en consideración esta realidad a la hora de elaborar materiales docentes para la clase, e insisten en la conveniencia de adaptar la secuenciación de los materiales curriculares al orden natural de adquisición. De ahí que, tomar la gramática como elemento nuclear del currículo, en el sentido tradicional de secuenciación en que suele tomarse, sería desacertado. Lo adecuado sería atenerse a un currículo que reflejase la construcción del sistema lingüístico en su totalidad, sin restringirlo a una de sus partes solamente.

Este tipo de investigaciones ha continuado y se ha refinado notoriamente, de manera que algunas de las primeras conclusiones parecen haber quedado en entredicho. Pero sí interesa tener en cuenta que algunos elementos lingüísticos se adquieren en un momento determinado y en un orden fijo, aunque varíen las circunstancias docentes. Si esto es así, sería más que razonable la pregunta que se hacía Long (1983): *Si los alumnos no aprenden realmente lo que enseñan los profesores, ¿vale la pena enseñar?* La respuesta la daba el mismo autor: la ventaja que añade la situación docente es que puede acelerar la adquisición lingüística, especialmente si se compara con lo que ocurre en un contexto natural. Además, los efectos de la docencia se prolongan en el tiempo y alcanzan el "largo plazo", es decir, se muestran productivos incluso mucho después de que el acto de aprendizaje haya tenido lugar. La ventaja es significativa y sirve para justificar plenamente la tarea y el esfuerzo docente. Después de todo, no es igual aprender un idioma en tres años que en diez. Sin embargo, también es importante tener en cuenta que la insistencia en enseñar elementos que están fuera del orden natural de adquisición puede restar eficacia, más que añadirla.

2.2. Principios y creencias de los alumnos sobre el aprendizaje de idiomas

Al igual que ocurre en el caso de los profesores, los alumnos inician el aprendizaje partiendo de determinados supuestos sobre la naturaleza de ese mismo aprendizaje, sobre qué es lo que deben o quieren aprender y sobre cómo esperan aprenderlo. Asimismo, los condicionamientos, internos o externos, a que está sometido el alumno ayudarán o entorpecerán la consecución del éxito final de la tarea emprendida. Las creencias de los alumnos sobre la lengua que aprenden pueden ser falsas y actuar, en consecuencia, como elementos perjudiciales. En general, lo que la gente dice o piensa sobre una lengua tiene relación con el aprendizaje de otras lenguas geográficamente cercanas o que constituyen un objeto habitual de la enseñanza/aprendizaje. Así, por ejemplo, en España suelen oírse afirmaciones como:

- *el inglés es una lengua difícil de pronunciar. Pero su gramática es muy fácil;*
- *el alemán es una lengua difícil, porque tiene declinaciones y las palabras son muy diferentes;*
- *el italiano es muy fácil, porque se parece mucho al español;*
- *el francés es una lengua bastante fácil y tiene muchas palabras que se escriben casi igual que en español, aunque se pronuncian de manera diferente.*

Estos juicios son muy superficiales y, en ocasiones, incluso erróneos. Pero no por ello dejan de actuar sobre la gente en general como resortes psicológicos que condicionan su actitud inicial hacia una lengua determinada, e incluso pueden actuar de barrera infranqueable a la hora de tomar la decisión de emprender su estudio. Quienes piensan que el inglés es "muy difícil de pronunciar" se sentirán favorablemente predispuestos para hacer un esfuerzo suplementario en este campo o para aceptar de antemano ejercicios de repetición que previsiblemente les ayudarán a vencer los obstáculos de dicción. Pero de igual manera también habrá alumnos que no se atreverán a iniciar el aprendizaje del inglés porque "ellos, que ni siquiera hablan bien el español, ¿cómo van a llegar a hablar bien el inglés?".

El refranero español incluye en su acervo el dicho *Cada maestrillo, su librillo*, queriendo significar con ello que cada profesor tiene su propio método y manera de enseñar. Pero también los alumnos tienen sus propias convicciones al respecto. Consideran, consciente o inconscientemente, que una u otra manera de enseñar es más o menos eficaz y esperan que el profesor se ajuste a su particular visión metodológica. Las expectativas del discente están, además, reforzadas por los hábitos adquiridos a lo largo de sus años de aprendizaje. Cinco, diez o quince años de enseñanza previa, durante la cual diferentes profesores han protagonizado diversos estilos docentes, pueden muy bien haber servido para que el alumno llegue a conclusiones razonables sobre qué estilo didáctico le es más o menos favorable y eficaz, o cuál se ajusta mejor a sus gustos y capacidades.

Abundan los alumnos que comparten la creencia de que *se necesita aprender la gramática. Si el profesor no la explica bien, no se puede aprender correctamente la lengua*. En España, los alumnos no parecen estar a favor de afirmaciones como *son necesarias más actividades en grupo; trabajando en grupos se aprende mucho más y mejor*. Ambas afirmaciones o convicciones responden, sin lugar a duda, a tradiciones docentes y discentes propias de un entorno determinado, que no son necesariamente idénticas en todos los países. Los discentes no son especialistas en cuestiones metodológicas. Sus convicciones suelen ser fruto, por tanto, no de la reflexión consciente, sino del pensar y de la tradición que existe en el entorno. Si oponemos esta situación por parte del alumno a la que deriva de la reflexión consciente y profesional, que es la que se espera por parte del profesor, hay muchas posibilidades de que surja algún conflicto de convicciones.

La historia de la metodología en la enseñanza de lenguas prueba fehacientemente que se han dado y se siguen dando cambios más bien bruscos en cuestiones didácticas, que los profesores, atentos a esos cambios, se ven empujados a adoptarlos, propiciados generalmente por el predominio de determinadas modas o tendencias docentes y, en la actualidad, a veces avalados también por estudios experimentales que parecen dar más solidez a las propuestas nuevas. Los discentes son ajenos a estas novedades. No cabe esperar de ellos que si la tradición milenaria ha equiparado el concepto de "lengua" con el de "gramática", en pocos años esta creencia sea sustituida por otra en que la palabra gramática pase a un segundo o tercer plano.

El aula es, en ocasiones, un campo de pruebas en que la concepción del profesor y la del alumno sobre cómo enseñar se debaten en duelo permanente y desigual. Mientras el profesor hace un gran esfuerzo para adaptarse a las nuevas corrientes, el alumno comprueba cómo sus creencias más firmes y consolidadas se dejan de lado y se siente desamparado, cuando no perdido y desorientado. El alumno quizá sigue esperando que el profesor explique con claridad la gramática de la lengua enseñada, mientras que lo que recibe es un sinfín de actividades comunicativas en las que se favorece la comunicación hablada o se insiste en el contenido más que en la forma. Hasta es posible que algunos errores se pasen por alto en aras de no entorpecer la comunicación establecida. Se prima así, por parte del profesor, la expresión de algo (contenido), mientras que el alumno sigue aún creyendo que los aspectos formales (la corrección gramatical) deben prevalecer sobre "lo que queremos decir".

Los conflictos o contradicciones quedan patentes en algunas encuestas realizadas: los alumnos tienen sus preferencias y gustos y éstos no necesariamente van por el mismo camino que los esfuerzos del profesor. Horwitz (Wenden 1987: 121 ss) pone de manifiesto que la aplicación del BALLI (*Beliefs about Language Learning Inventory*, desarrollado en la Universidad de Texas, Austin) a un grupo de alumnos de diversas nacionalidades no deja lugar a dudas sobre sus preferencias tradicionales: el 69% de los alumnos encuestados considera que lo más importante en el aprendizaje de una lengua es la gramática y el vocabulario. Pero esto no impide que el 94% opine que es mejor aprender la lengua en el país donde ésta se habla. Alcorso y Kalantzis (1985) investigaron las preferencias de los alumnos por el tipo de ejercicios desarrollados en clase. Sus respuestas a la pregunta *¿Qué partes o actividades de la lección consideras más útiles y provechosas?* figuran en el cuadro siguiente:

Actividad	Preferencias (%)
Ejercicios gramaticales	40
Discusión/conversación guiada en clase	35
Copiar textos, memorizar, ejercicios recursivos y de repetición	25
Actividades de audición con casetes	20
Lectura de libros y diarios	15
Escribir historias, poemas, descripciones	12
Simulación, ejercicios de rol, canciones, juegos (*ling*)	12
Utilización de vídeo, TV, y otros medios audiovisuales	11
Tareas comunicativas, solucionar problemas	10
Excursiones de la clase	7

Compruébese lo distante que están estas preferencias respecto a las expresadas por los profesores en otra encuesta similar llevada a cabo por Eltis y Low (1985) y centrada en *el grado de utilidad que los profesores (un total de 445) otorgan a un determinado tipo de actividades:*

Actividad	Preferencias (%)
Actividades en parejas o grupos reducidos	80
Ejercicios de rol	56
Juegos (lingüísticos)	51
Lectura de artículos sobre temas concretos	48
Presentación oral por parte de alumnos	46
Ejercicios tipo cloze	45
Utilización de materiales con vídeo	40
Repetición de patrones o modelos	34
Redacción libre	27
Hacer y corregir deberes en casa	25
Escuchar y tomar notas	25
Repetir y aprender diálogos	21
Lectura en voz alta en clase	20
Ejercicios de escribir en grupo	18

Sobre otra pregunta formulada, relativa a las dos actividades que los profesores consideraban más provechosas en sus clases, los resultados fueron paralelos a los mostrados en el cuadro anterior:

ACTIVIDADES CONSIDERADAS MÁS PROVECHOSAS

Trabajo en parejas y grupos reducidos
Juegos (lingüísticos)
Ejercicios de rol
Lectura de artículos sobre temas
Ejercicios tipo cloze

No es necesario poner de relieve las diferencias que se dan en lo que discentes y docentes aprecian como más importante o preferente.

A conclusiones semejantes conduce la encuesta llevada a cabo por Nunan (1988: 91) con 60 profesores; es también ilustrativa la comparación de la encuesta de Nunan con la anterior de Willing (1985). Destaca especialmente en este caso, como ya se anotó antes, el carácter *tradicional* de las apreciaciones de los alumnos:

Actividad	Alumno	Profesor
Prácticas de pronunciación	Muy alta	Media
Explicaciones	Muy alta	Alta
Prácticas de conversación	Muy alta	Muy alta
Corrección de errores	Muy alta	Baja
Enriquecimiento de vocabulario	Muy alta	Alta
Audición con casetes	Baja	Poco alta
Los alumnos descubren sus errores	Baja	Muy alta
Dibujos, películas, vídeo	Baja	Poco baja
Trabajo en parejas	Baja	Muy alta
Juegos lingüísticos	Muy baja	Baja

Los profesores, por tanto,

- se centran más en las novedades metodológicas: las prácticas *mecánicas* ocupan un lugar secundario;
- dan mayor relevancia al papel del alumno como aprendiz responsable y autónomo;
- consideran que son muy necesarias las actividades de conversación, en parejas o en grupo;
- opinan que es de capital importancia tener en cuenta el contexto de la lengua que se aprende;
- dan prioridad a la comunicación lingüística, que debe promoverse mediante actividades basadas en la comunicación auténtica.

Los alumnos reflejan valores bien asentados en el entorno educativo tradicional, consolidados a través de sus propias experiencias discentes. Los profesores, en cambio, se hacen eco de las inquietudes metodológicas imperantes, en este caso las de orden comunicativo.

Analizando estos datos, más de un profesor podría sentirse pesimista o preguntarse si lo que parece *lógico* desde el punto de vista teórico (por ejemplo, que a una metodología comunicativa corresponden actividades y contenido de carácter comunicativo) es también *más eficaz* en la práctica. Sobre todo si se toma en consideración lo que los alumnos prefieren. ¿Y deben seguirse los gustos de los alumnos cuando éstos entran en conflicto con la lógica implícita en un determinado planteamiento metodológico? Un dilema de esta índole solamente puede solucionarse recurriendo a investigaciones experimentales. Y si éstas no existen, ¿es preferible que el profesor, como experto, siga los dictados de la razón y de la lógica o, por el contrario, conviene que se pliegue a lo que esperan los discentes? ¿O quizás es necesario que el alumno sea informado sobre su papel como discente y se deje guiar por quien tiene la obligación profesional de enseñar y el deber de poseer los conocimientos metodológicos precisos para ejercer su función con eficacia? Sería deseable que los alumnos llegasen a apreciaciones *razonadas* sobre el tipo de actividades que pueden hacer más eficaz *su* aprendizaje. Y el profesor debe ayudar en ello. Porque, efectivamente, si los alumnos consideran que hay que aprender vocabulario y gramática, centrarán sus esfuerzos en memorizar palabras y reglas gramaticales, en detrimento de otras destrezas lingüísticas y de otras actividades más directamente referidas a la comunicación real. ¿Es posible alcanzar ese objetivo? ¿Es oportuno educar metodológicamente a los discentes?

La encuesta llevada a cabo por Horwitz (Wenden 1987: 124) revela que el 95% de los alumnos considera esencial en el aprendizaje la repetición y la práctica, aunque también refleja que un buen número de alumnos está a favor de prácticas comunicativas. ¿Cómo hermanar lo repetitivo con las prácticas comunicativas? Algunas actividades comunicativas implican un cierto grado de repetición, pero no es ésta su característica más importante. En general, los ejercicios repetitivos tienen como objetivo la consolidación de algo que se está aprendiendo, pero no es fácil definirlos como "actividad comunicativa". El único hermanamiento posible entre ambos extremos es mantener presentes en el aula los dos tipos de actividades, las repetitivas y las comunicativas, en proporciones que sólo la dinámica de la clase podrá sugerir al profesor. La encuesta de Horwitz, como las de Alcorso o Nunan, ponen de manifiesto que las creencias y convicciones de los alumnos deben ser conocidas con el fin de diagnosticar mejor el problema, pero no está claro que el profesor deba renunciar a sus criterios de experto por el mero hecho de satisfacer los gustos de los alumnos. Las creencias de los alumnos responden más a hábitos y prácticas no conscientes que a criterios de excelencia o de eficacia.

2.3. El alumno y los condicionantes cognitivos del aprendizaje

Que algunos alumnos aprenden más y mejor que otros es un hecho incontestable. La capacidad individual de cada uno depende, en parte, de su herencia genética, y lo que así sea no es objeto del presente estudio. También sabemos, no obstante, que ciertos alumnos alcanzan mayores cotas de eficacia en el aprendizaje porque se valen de medios más eficientes. Analizar los mecanismos que los estudiantes ponen en acción para aprender es un camino adecuado para discernir lo que es más útil de lo que es menos útil en el proceso de aprendizaje. Asimismo comprobaremos que los mecanismos eficaces en algunos alumnos no son igual de eficaces cuando son otros quienes los activan. Las características individuales implican, también, diferencias significativas respecto a las ayudas útiles.

Desde que Aaron Carton (Carton, 1966) publicó el primer estudio en torno a las estrategias de aprendizaje (Rubin, en Wenden y Rubin 1987: 19) se ha reflexionado y escrito mucho sobre el tema. La lista de estrategias y técnicas elaborada por Naiman *et al.* (1978) y definitoria de los buenos estudiantes o aprendices, constituyó un buen punto de partida. Según Naiman, los buenos estudiantes,

a. se autoimplican en el proceso de aprendizaje buscando e identificando situaciones por aprender;
b. son conscientes de la lengua como sistema;
c. son conscientes de la lengua como sistema de comunicación e interacción;
d. aceptan las exigencias afectivas de la lengua que estudian y se enfrentan a ellas;
e. revisan y amplían el sistema de la lengua que aprenden mediante inferencia, control y verificación.

Posteriormente, Rubin (1981) habla de tres tipos de estrategias: de aprendizaje, de comunicación y sociales. En cada uno de esos apartados define luego, con mayor precisión, estrategias más concretas. Por ejemplo, en las de aprendizaje menciona las "estrategias cognitivas" y las "estrategias metacognitivas". Dentro de las cognitivas identifica otras como "estrategias de clarificación o verificación", "estrategias de inducción e inferencia", etc. Las denominaciones no son homogéneas en todos los autores que estudian el tema y no siempre queda claro qué entiende cada cual por "estrategia", frente a conceptos como "modo o estilo de aprendizaje", "mecanismos de aprendizaje" y sus relaciones con las "creencias" y "convicciones". En estas breves anotaciones sobre el tema, cuyo objetivo se limita a clarificar los elementos principales que es preciso tener en cuenta para comprender los condicionamientos a que está sometido el discente, me referiré a los "condicionantes cognitivos" diferenciándolos de las "estrategias de aprendizaje". Los condicionantes cognitivos son más dependientes de las características innatas de cada estudiante y están más ligados a ellas, mientras que las estrategias de aprendizaje son mecanismos diseñados y utilizados por el propio alumno con el fin de alcanzar, unas veces de manera consciente y otras inconscientemente, mayor eficacia en la tarea que lleva a cabo, es decir, en el aprendizaje.

Los condicionantes cognitivos de los alumnos a la hora de aprender hacen que:
a. Algunos gusten de trabajar individualmente, mientras que otros prefieren el trabajo en grupo.
b. Algunos prefieran planificar su trabajo con precisión, con calma y con suficiente tiempo, mientras que otros reducen al mínimo esta etapa preparatoria y se sumergen con prontitud en el trabajo.

c. Algunos se encuentren a disgusto en situaciones en las que no ven con claridad lo que tienen que hacer, mientras que otros no tienen inconveniente en manejarse dentro de situaciones en las que las opiniones pueden ser conflictivas, estar enfrentadas o no generar respuestas claras.

d. Algunos sean capaces de llevar a cabo un solo trabajo, mientras que otros son capaces de manejar varias opciones o trabajos al mismo tiempo.

e. Algunos se arriesgan en sus decisiones, inician caminos no explorados antes, no temen equivocarse o reiniciar de nuevo su trabajo, mientras que para otros la tarea, el camino y el trabajo deben estar bien diseñados y ofrecer una solución lógica y segura antes de emprender la acción.

Estas características son las que llevan a Knowles (1982) a definir cuatro diferentes maneras de aprender:

a. Aprendizaje a través de lo concreto, que caracteriza a quienes gustan de aprender activa y directamente. Son aprendices de lo inmediato, lo espontáneo, lo visual. Este tipo de aprendices prefieren la variedad frente a la rutina y acostumbran a involucrarse en el aprendizaje "en cuerpo y alma".

b. Aprendizaje analítico, propio de quienes son más independientes, gustan de solucionar ellos mismos los problemas, analizan las ideas para llegar por sí mismos a generalizaciones y principios. Estos alumnos prefieren siempre materiales bien organizados, sistemáticos, lógicos. Son estudiantes serios, trabajadores y con alta estima personal, lo cual les hace especialmente vulnerables ante el fracaso.

c. Aprendizaje comunicativo, propio de quienes se distinguen por sus preferencias a favor de un enfoque "social" en sus actividades. Este tipo de alumnos aprende mejor en grupo, discutiendo, interaccionando con otros. Su ideal es la clase democrática.

d. Aprendizaje basado en el principio de autoridad. Esta manera de aprender es propia de estudiantes responsables, bien estructurados, que gustan de la claridad y de un sistema de valores jerarquizado. El profesor es alguien con autoridad. Ellos prefieren pautas claras, saber exactamente lo que tienen que hacer y lo que hacen; son enemigos de las situaciones confusas o de aquellas cuya resolución pueda depender de largas y consensuadas discusiones.

No cabe duda de que estas cuatro maneras o estilos de aprender pueden matizarse aún más, acotando en la misma medida la tipología de aprendices. Pero son suficientes para poner de relieve que cada una de ellas va ligada a una manera determinada de hacer las cosas y, en consecuencia, a un determinado tipo de actividades. Willing (1985), en un amplio estudio llevado a cabo con estudiantes de inglés como segunda lengua, en Australia, observó que aquellos alumnos que se adecuan a la manera "concreta" de aprendizaje prefieren actividades tipo juego, con dibujos, películas o vídeo y prefieren trabajar en parejas. Los que siguen el "aprendizaje analítico", por el contrario, confiesan que desean estudiar gramática y basarse en libros para su aprendizaje. Los estudiantes que se encuadran dentro del aprendizaje basado en "el principio de autoridad" piden que todo se les explique, toman nota de todo y no saben prescindir de su libro de texto (que es su guía básica). Así pues, saber cuál es la manera preferida de aprender de los alumnos puede servir de gran ayuda al profesor. Éste podrá introducir variantes y adaptaciones en la clase de acuerdo con la tipología que defina a su grupo de trabajo.

2.4. Estrategias del alumno para aprender

La manera "natural" de aprender de un alumno es más bien estable, ya que está ligada a su fisiología o herencia genética. No así las "estrategias de aprendizaje", que pueden depender de las circunstancias, precisamente porque son los procedimientos de que se vale en casos concretos para llevar a cabo una tarea. Rubin (Wenden y Rubin, 1987) define estrategia como *el conjunto de operaciones, rutinas o pasos dados por el alumno para obtener, asimilar o usar información..., es decir, lo que los aprendices hacen para aprender o para regular el aprendizaje*. Oxford (1990: 8), por su parte, considera que una estrategia es *una acción específica emprendida por el alumno para facilitar el aprendizaje, haciéndolo más fácil, más rápido, más agradable, más autónomo y susceptible de ser transferido a otras situaciones*. En realidad, el término "estrategia" puede aplicarse a muchos ámbitos, es un término genérico. En el sentido más amplio, una estrategia puede consistir en cualquier acción, planificada o no, que se pone en marcha para lograr un objetivo. Así podría denominarse, por ejemplo, la acción emprendida por un alumno para poner un título a un texto previamente leído o escuchado; o el uso de reglas mnemotécnicas para memorizar una frase. Lo que es importante y determinante en la selección de la estrategia es que ésta incida en el grado de eficacia para lograr el fin propuesto. Para poner un título a un texto, el alumno puede recurrir primero a la traducción detallada del texto y luego proceder a la extracción de las ideas principales, para, finalmente, elaborar un título. Podría también optar por captar primero las ideas principales del texto sin recurrir a la traducción detallada del mismo. Es posible que esta segunda estrategia le llevara a resolver antes el problema, en cuyo caso sería más eficaz que la primera.

Actualmente, son muchos los estudios realizados en torno a las estrategias de aprendizaje, tratando de identificar las que utilizan los alumnos e intentando dilucidar cuáles son más o menos eficaces, o también investigando qué estrategias utilizan los buenos y los malos alumnos. En este tipo de estudios se impone un mínimo de realismo. Los buenos estudiantes se valen de estrategias que les resultan eficaces. Pero ¿están esas estrategias al alcance de los malos estudiantes? Hosenfeld (1977) concluye que los alumnos con mejores notas en un examen de lectura comprensiva se caracterizaban por:

a. conservar el sentido global del párrafo,
b. leer frases extensas,
c. dejar de lado palabras no esenciales,
d. deducir el significado de palabras desconocidas a través del contexto.

En cambio los estudiantes con nota más baja se caracterizaban por:

a. su facilidad para olvidar el sentido global del párrafo una vez que lo habían comprendido,
b. leer palabra por palabra o frases cortas,
c. no dejar de lado ninguna palabra, o muy pocas,
d. consultar el diccionario tan pronto como encontraban una palabra nueva.

Algunos de los procedimientos aconsejados por Hosenfeld pueden ser útiles y provechosos (por ejemplo, no utilizar el diccionario antes de intentar captar el significado de una palabra nueva a través del contexto), pero otras estrategias no parece que sean fácilmente transmisibles o fáciles de adoptar por cualquiera, como sería el caso de "olvidar o no olvidar el significado de un párrafo". Esta habilidad está más bien estrechamente ligada a la capacidad memorística del alumno, la cual, a su vez, depende en gran medida de su herencia genética. Los buenos estudiantes, o los estudiantes inteligentes, suelen valerse de estrategias más eficaces, pero ello se debe asimismo, a que su nivel de inteligencia se lo permite. Incluso el hecho mismo de encontrar las mejores estrategias, frente a las múltiples opciones que se ofrecen, está relacionado con el coeficiente intelectual de cada individuo. Vann y Abraham (1990: 190) lo expresaban así, a raíz de una investigación realizada:

> Los estudiantes con calificaciones bajas no es que no se valiesen de estrategias y las buscasen, sino que con frecuencia elegían la estrategia no adecuada para la tarea que traían entre manos. Daba la impresión de que no contaban con la necesaria capacidad de orden superior (las frecuentemente denominadas estrategias metacognitivas o autorreguladoras) que les permitiese evaluar la tarea y aplicar las estrategias necesarias para llevarla a cabo.

Los estudios realizados avalan claramente la importancia de las estrategias de aprendizaje. No es indiferente que los alumnos utilicen unas u otras. El profesor puede tener alguna incidencia en la selección o aplicación de las más adecuadas. A ello contribuye no su consejo solamente, sino sobre todo el tipo de actividades que ponga en práctica. Las actividades se adecuan mejor o peor a determinadas tipologías de aprendizaje. En el proceso de adopción de una u otra manera de aprender tiene una importancia decisiva el hecho de que el alumno sea consciente de lo que hace. No parece que sea posible esperar que el alumno cambie de estrategias de aprendizaje si no sabe que las que utiliza en un momento determinado son poco eficaces, o si no es consciente de que no es capaz de solucionar un problema precisamente porque no utiliza la estrategia apropiada para ello. Propiciar que el alumno se ayude de mejores procedimientos para aprender implica, necesariamente, un proceso de concienciación previa sobre cómo se hacen las cosas.

2.5. La autonomía del alumno como aprendiz

En el análisis de la enseñanza y del aprendizaje se ha dejado de lado un hecho de gran importancia en relación con el alumno: haga lo que haga el profesor, independientemente del método que aplique, el alumno siempre llevará consigo una especie de currículo "oculto" y un conjunto de estrategias y modos de aprender que no necesariamente coincidirán con lo que el profesor hace o espera. Esta realidad suele pasar desapercibida porque no sale a la superficie; está viva, pero a nivel no consciente. En cualquier caso, actúa de manera continua, de modo que sería iluso pretender olvidarla, como si no existiese; lo aconsejable es investigarla, conocer mejor qué es lo que subyace en el aprendizaje de los alumnos y, si es posible, encauzar las fuerzas "ocultas" de manera inteligente y positiva, al mismo tiempo que se modulan las acciones externas para adecuarlas mejor a las posibilidades de los aprendices. En buena medida, tratar sobre la "autonomía del aprendizaje" implica necesariamente analizar y tener en cuenta lo que ocurre en el interior de quien aprende, más allá de lo que pueda percibirse en la superficie. La potencialidad que tiene cada alumno debe ser activada al máximo si le transferimos la responsabilidad discente.

Es muy cómodo para el alumno seguir siendo considerado como beneficiario y receptor del proceso docente, significando con ello que no tiene que hacer otra cosa que esperar a que el saber o la ciencia le lleguen debidamente preparados, en forma de "cápsulas prefabricadas", de manera que le basta con "engullirlas" y posteriormente digerirlas, si concurren las circunstancias necesarias para ello. Ya hace años que determinados autores (Rogers, 1969; Knowles, 1982) pusieron de relieve la necesidad de cambiar un tipo de enseñanza centrado en la transmisión del saber por parte del profesor, dejando en un segundo plano al alumno como agente activo y favoreciendo una actitud pasiva en la adquisición de conocimientos. El resultado de este proceder es que se instala entre el alumnado la creencia de que con sólo asistir a clase ya basta para aprender. La reflexión sobre el proceso docente y su análisis lleva inexorablemente a la conclusión de que el conjunto enseñanza/aprendizaje es una *pieza ejecutada por dos agentes*, en la cual el discente desempeña un papel preeminente; en realidad, el alumno constituye la última razón de ser del proceso, que tiene como finalidad el desarrollo de sus potencialidades. Desde esta perspectiva, la enseñanza dirigida o impuesta desde fuera no es la mejor manera de incentivar los valores y el desarrollo de la personalidad individual. Parece más conveniente planificar la enseñanza de tal manera que lo que prime sea la autonomía del aprendizaje por parte del alumno. Holec (1979: 3) afirma que hablar de *autonomía* equivale a hablar de *la capacidad de cada uno para responsabilizarse de su propio aprendizaje.*

Aplicar estrictamente esta definición a la realidad del proceso de aprendizaje supondría para el alumno asumir responsabilidades de gran alcance. Holec enumera las siguientes, siguiendo parcialmente a Dieuzeide (1971):

a. Fijar los objetivos autónomamente.
b. Definir por sí mismo el contenido y la progresión del aprendizaje.
c. Seleccionar los métodos y técnicas más adecuados.
d. Revisar el proceso de adquisición propiamente dicho (ritmo, tiempo, lugar...) y seguido por uno mismo.
e. Evaluar cuánto se ha aprendido.

Esta responsabilidad del discente podría surgir de sí mismo o serle sugerida desde fuera por algún especialista. Entre una u otra opción cabrían muchas posibilidades de matización: la dirección del exterior puede ser parcial, mayor, menor, etc.

Un análisis detallado de la autonomía del aprendizaje está fuera del alcance de este estudio. Pero no debe dejarse de mencionar la aportación positiva que las reflexiones sobre el autoaprendizaje y la autonomía del aprendizaje han ejercido a favor de la clarificación del proceso discente en todo lo que concierne al alumno, sus posibilidades, sus estrategias, etcétera.

El *progresismo*, como teoría o enfoque pedagógico, pone el énfasis no solamente en el proceso de aprendizaje, sino también en quien aprende. Pasan a un segundo plano, tanto los objetivos propiamente dichos (especialmente si se definen en clave conductista), como el profesor, tradicional líder único de la clase. La finalidad de la educación se cifrará en impulsar la potencialidad del alumno, en que éste llegue a ser autónomo y desarrolle sus propias capacidades intelectuales y necesidades emotivas, como ser social que vive dentro de una sociedad determinada. Cada persona ha de ser considerada un *ser entero*, en su globalidad, no como un conjunto de partes unidas, entre las cuales sobresale la inteligencia. El ser humano, por tanto, es alguien que crece y se desarrolla con la adquisición progresiva de habilidades y destrezas, no aisladamente, sino en la medida en que las integra en su todo, que es su persona. La persona se desarrolla mediante experiencias de aprendizaje que ella misma –y no otra– tiene que llevar a cabo y de las cuales podrá sacar algo útil, valiéndose de su propio esfuerzo. Sin la experiencia que arraiga en el interior de cada uno ni se dará desarrollo real del individuo ni crecimiento del saber. Rogers (1969) lo dice así:

> El hombre educado es solamente aquél que ha aprendido a aprender; aquél que ha aprendido a adaptarse y cambiar; el que ha aprendido que no hay conocimiento seguro, que sólo el proceso de búsqueda del saber da las bases de la seguridad.

Favorecer la autonomía del aprendizaje por parte del alumno plantea importantes retos, tanto al docente como al discente. El profesor debe actuar de *guía*, facilitar el aprendizaje, ser un *mediador tras los bastidores*, procurando no entorpecer el proceso ni el progreso individual; en definitiva, no interponiéndose en el camino, con peligro de obstruirlo. Por su parte, el alumno no puede seguir siendo considerado solamente como "beneficiario" del aprendizaje; ha de reforzarse su función como actor y responsable del mismo. Si el alumno se ve en la obligación de elaborar su propio programa, no caben programas generales y válidos para todos. Los programas *progresivos* no deben ser cerrados respecto a los objetivos marcados, sino abiertos. Sólo así tiene cabida la atención al individuo. Si el afectado por el proceso docente es el alumno, lo que importa no es tanto que el profesor le transmita conocimientos, sino que quien aprende los adquiera. De ahí, una vez más, que el procedimiento seguido en la situación docente sea de más peso que los objetivos marcados respecto al contenido.

Hecho característico de la enseñanza en las aulas ha sido la actitud del profesor frente al alumno: éste es un sujeto eminentemente pasivo, receptor del saber que se le transmite por alguien, a quien llamamos *docente*. Ese bloque de conocimientos le es frecuentemente ajeno, distante a veces, incluso quizás inaccesible. En consecuencia, su adquisición se le puede presentar como una conquista que ha de realizar. El profesor *tradicional* tiene como función hacer posible esa conquista, actuar de mediador necesario para alcanzarla. El profesor *progresivo* se limitará, sin embargo, a acudir en ayuda del alumno cuando éste solicite apoyo.

Tampoco habrá un método, sino métodos o, como máximo, el mismo método básico adaptado parcialmente a las características de cada discente. De similar manera, el progreso del alumno no se medirá en razón de cuántos objetivos haya alcanzado en relación con otros, sino en función de su propio progreso a partir de un punto determinado. En contrapartida, el alumno autónomo en el aprendizaje debe reunir algunas condiciones básicas. Entre ellas es imprescindible:

a. que quiera aprender;
b. que sea capaz de responsabilizarse para aprender autónomamente, es decir, erigiéndose él mismo en principal responsable y actor del aprendizaje.

Son dos condiciones que merecen reflexión. En primer lugar, porque no todos los alumnos están igualmente preparados para asumir este tipo de responsabilidades. Son muchos los que no están equipados con hábitos y estrategias de aprendizaje que favorezcan la autonomía. En consecuencia, el primer paso que hay que dar es entrenarlos en la nueva dirección. Es preciso desarrollar actividades que les ayuden a cobrar conciencia sobre su propia responsabilidad discente, al mismo tiempo que contribuyen a la aplicación de técnicas conducentes al logro de una mayor eficacia en el aprendizaje. Por ejemplo, el alumno podría ser invitado a esforzarse en conocer el significado de una palabra nueva antes de preguntar al profesor por su significado; la búsqueda del significado es posible llevarla a cabo prestando atención al contexto, reflexionando sobre la etimología del término o, simplemente, consultando un diccionario monolingüe o bilingüe. Pasar de tomar al profesor como punto esencial de referencia a otra situación en la que el alumno sea el protagonista, es un cambio de gran calado. Habría que renunciar también a la tradicional *unidireccionalidad* de la relación profesor-alumno y permitir que ésta se enriquezca con la perspectiva de quien aprende. El profesor debe tener en cuenta algunos principios que están a favor del aprendizaje autónomo. La observación psicológica constata que la adquisición de conocimientos no se hace efectiva hasta que éstos no quedan integrados en el conjunto del saber que posee cada individuo en un momento determinado. La persona no tiene los conocimientos que permanecen en el exterior de su propio mundo del saber, incluso si media un acto de voluntad que así lo pretende. En la adquisición de la lengua concurren los mismos condicionamientos. El proceso de adquisición lingüística es prolongado, progresivo, acumulativo, no siempre lineal (a veces se aprende *a saltos*) y desde luego está sólo indirectamente relacionado con el acto explícito volitivo de querer aprender.

Asimismo se constata que cada individuo va construyendo a lo largo de la vida su propio método de aprender, al margen del que le sea sugerido o impuesto en la clase o en el sistema educativo en general. El análisis de las estrategias de aprendizaje lingüístico, abundantemente investigado en la actualidad, no hace sino constatar este extremo. El discente autónomo tiene que construirse su propio método y hacer acopio de las estrategias que le resulten más eficaces. También es preciso que sepa aplicar ciertos controles para medir de alguna manera lo que ha aprendido. Pero de nuevo, al llegar a este punto, la realidad impone algunas reflexiones a manera de conclusión.

Como ya se apuntó anteriormente, el alumno que inicia el aprendizaje no es necesariamente un buen alumno en términos de "aprender autónomamente", aunque lo sea en seriedad, trabajo, esfuerzo, etc. (Holec, en Wenden 1987: 154). El alumno autónomo debe, pues, construirse, hacerse. En esa tarea el profesor tiene mucho que hacer. El enfoque de la docencia para formar alumnos autónomos tiene que ser diferente de la que un docente pueda aplicar para formar alumnos que se dejen guiar por otros. Pero junto a ello no cabe olvidar que el alumno autónomo requiere un grado de responsabilidad al cual no todos desean o pueden llegar, sin dejar de lado el hecho de que la responsabilidad va asociada con la edad. El aprendizaje autónomo ideal tendrá requisitos y características diferentes según el grupo de edad al que pertenezca el alumno. Es importante recordar que el alumno autónomo en su aprendizaje debe ser un alumno capaz de gestionar ese mismo aprendizaje. Al igual que anteriormente se decía que no todos los alumnos tienen acceso a las estrategias de aprendizaje más eficaces, de la misma manera cabe afirmar que no todos están preparados o son aptos para aprender autónomamente. Ésta es otra variable que el profesor debe tener en cuenta. Las actividades que implican mayor autonomía serán desarrolladas mejor por los discentes capaces de protagonizar un aprendizaje autónomo. En términos inversos, los discentes con menor capacidad de autonomía preferirán un tipo de actividades más "dependientes".

Capítulo III

LOS MATERIALES DE LA CLASE

1. Análisis y uso lingüístico

En términos generales se entiende aquí por materiales de la clase todos aquellos elementos que se ponen a disposición del alumno para posibilitar la enseñanza y el aprendizaje y que constituyen el objetivo de éste. Tales materiales están constituidos, sobre todo, por elementos lingüísticos, aunque éstos también suelen ir acompañados –especialmente en la actualidad– de ciertos elementos no lingüísticos.

Los materiales lingüísticos son, sin lugar a duda, los más importantes: constituyen el objetivo fundamental del aprendizaje, ya que de ellos depende la activación del sistema de comunicación que intentamos adquirir. Los materiales no lingüísticos (pizarra, libro, dibujos, ordenador, contexto, etc.) son instrumentos de ayuda para lograr una más eficaz adquisición de los materiales lingüísticos.

Los materiales lingüísticos presentan facetas muy variadas. Pueden ser analizados o presentados desde perspectivas diferentes, sean éstas complementarias o no. Alguien puede, incluso, llegar a preguntarse si los materiales que se presentan en formato de libro de texto –que son los más frecuentes– son realmente los más adecuados. Porque los libros de texto, como instrumentos venidos "de fuera", empujan u obligan al profesor a atenerse a determinados criterios y normas no elaborados por él mismo, o a poner el énfasis más en la *enseñanza* que en el *aprendizaje*, con la consiguiente sobrevaloración del profesor y sus funciones y una menor atención prestada al alumno. Aunque también habrá muchos profesores y alumnos que valorarán, precisamente, esa función del manual –guía ordenada de lo que debe aprenderse, conjunto de actividades y técnicas debidamente secuenciadas y cuidadosamente editadas–, como una ayuda ideal para el aula.

No parece probable que desaparezca el debate o la tensión entre perspectivas diferentes u opuestas en torno a los materiales docentes. Además, no todos los profesores están capacitados para elaborar manuales bien presentados y estructurados, ni los alumnos están habituados a trabajar sin una guía clara, o preparados para incrementar sustancialmente el aprendizaje autónomo, que les permitiría ser más independientes respecto a los libros de texto.

Por otra parte, en la historia de la enseñanza de idiomas se detecta una continua tensión entre dos maneras de ver la lengua:

a. La lengua como objeto de estudio, análisis e investigación.
b. La lengua como instrumento del que nos valemos en la comunicación de cada día.

La primera perspectiva se ha asociado a la dimensión teórica o especulativa, mientras la segunda ha estado ligada a los aspectos prácticos y de uso, alejados de lo abstracto o de lo especulativo. No cabe duda de que la lengua es susceptible de ser abordada desde ambas perspectivas. Y los resultados de tales investigaciones serán necesariamente diferentes, aunque no tienen por qué ser contradictorios, ya que se refieren a la misma realidad.

El estudio de la lengua se enfrenta a problemas de envergadura. La lengua es una realidad muy compleja, como lo es el ser humano que la ha creado y la utiliza. Puede decirse que la clase de idiomas no ha de equipararse a una clase de lingüística, o que el profesor que en ella actúa no tiene por qué ser un lingüista; y menos aún los alumnos, interesados en usar, pero no necesariamente en analizar, la lengua que aprenden. Resta, sin embargo, un interrogante que nunca acaba de ser respondido plenamente o a entera satisfacción de todos: ¿hasta qué punto un mejor conocimiento analítico de la lengua ayuda a enseñar y a aprender esa lengua con mayor eficacia y rapidez? Si bien hay acuerdo en que quien aprende no tiene necesidad de ser especialista en el conocimiento analítico y científico de la lengua estudiada, las opiniones difieren a la hora de afirmar lo contrario. De hecho, el dilema "gramática sí / gramática no", tan presente en la historia de la enseñanza de lenguas, entra de lleno en esta polémica. La gramática, en cuanto estudio del sistema formal de una lengua, pertenece más bien a la ciencia lingüística. Pero, por otra parte, en cuanto explicita las reglas que rigen el sistema comunicativo (es decir, el uso) adquiere una dimensión práctica y afecta plenamente tanto a quien la usa como al que pretende aprender a usarla: ambos deben someterse a las normas establecidas para poder, así, acceder a los códigos de comunicación establecidos por el grupo que se vale de ellos.

Quienes fijan su atención en el proceso de adquisición natural de una lengua argumentan que el aprendizaje no tiene por qué ayudarse explícitamente de las reglas que rigen el sistema lingüístico, puesto que el ser humano está genéticamente habilitado para adquirir la lengua del entorno en que ha nacido o en que vive sin que nadie le explique la gramática. Este hecho forma parte de la experiencia diaria y es universal. Pero al mismo tiempo, esta verdad puede ir acompañada de otras reflexiones interesantes y no menos pertinentes. La capacidad del ser humano para adquirir la lengua del grupo en que se encuentra desde su nacimiento tiene ciertas limitaciones:

a. El aprendizaje de la lengua materna se dilata durante un largo período de tiempo; está circunscrito a una determinada edad, es lento, aunque eficaz, y, aparentemente, se lleva a cabo con naturalidad y sin esfuerzo.

b. La adquisición lingüística en el entorno natural es limitada, si la comparamos con la que puede lograrse tras años de estudio y formación escolar y académica. Esta limitación del aprendizaje natural respecto al aprendizaje "cultivado" se refiere a todas las áreas del lenguaje: el vocabulario, la morfología, la sintaxis, el estilo, etc.

Teniendo en cuenta esta realidad, cabe considerar la perspectiva de quienes argumentan que la adquisición de una lengua se favorece e incrementa con el estudio analítico y explícito de esa lengua, es decir, con el estudio de la gramática. En la defensa de esta postura incide significativamente el factor edad, ya que la comprensión del sistema lingüístico, en cuanto que es abstracto, está poco desarrollado en el niño, mientras que el adulto se apoya en él con mayor intensidad y frecuencia. Decidirse por una u otra postura tiene consecuencias importantes para el aula. Quienes optan por la perspectiva más analítica o gramatical darán prioridad a esta faceta. Por el contrario, aquéllos que prefieren seguir las pautas del aprendizaje natural darán preferencia al uso y a la práctica y dejarán en un segundo plano o descartarán totalmente las explicaciones y el análisis. Los materiales de trabajo serán bastante diferentes, como también lo serán los ejercicios a través de los cuales éstos serán presentados a los alumnos.

El método "tradicional" o "de gramática y traducción" pone el énfasis en el aprendizaje de la gramática como medio para aprender una lengua. El sistema escolar ha estado regido mayoritariamente por este enfoque hasta la segunda mitad del siglo XX y nos ofrece un claro exponente de cómo una determinada concepción lingüística condiciona los materiales mediante los cuales los alumnos se enfrentan al aprendizaje de un idioma. Los libros de texto que siguen el método gramatical giran en torno a la memorización y explicación de reglas, siguen con prácticas de construcción que se atienen a tales reglas y acaban con actividades de traducción, que tienen como finalidad agilizar las transferencias de significado de uno a otro sistema. El eje didáctico se cifra primero en el análisis y sólo en una segunda etapa se pasa a la práctica y al uso, aunque sin salirse del marco en el que se ha llevado a cabo el análisis.

Todos los métodos naturales se sitúan en el polo opuesto. El aprendizaje se inicia con el uso en situaciones comunicativas, y las explicaciones teóricas sobre el sistema, o están ausentes o incluso se prohíben. Como consecuencia de ello, los materiales docentes son muestras más o menos reales y auténticas del sistema lingüístico estudiado, no explicaciones sobre cómo funciona el sistema.

El observador atento de lo que ocurre en el aula habrá advertido que con mucha frecuencia estos esquemas didácticos no se dan en toda su pureza. Son muchos los profesores que, aunque partan de uno u otro enfoque, no renuncian a la inclusión de elementos complementarios que compensan la unidireccionalidad de una u otra metodología.

2. Relación de dependencia entre método y selección de materiales

La perspectiva desde la cual se aborda el estudio de una lengua tiene efectos decisivos sobre el método, aunque también podría plantearse el tema en orden inverso: el método condiciona la visión que pueda tenerse sobre la lengua y, como resultado final, también modela el tipo de materiales que constituirán la esencia de la enseñanza. Stern (1983: 152 ss) ejemplifica en Gouin la dificultad y la necesidad de relacionar teoría lingüística y teoría de la enseñanza de lenguas (que acabará concretándose en un método). En su voluminoso libro sobre el tema, Gouin (1892) cuestiona la validez del método que solía usarse en las escuelas de su tiempo y que él mismo había utilizado (el gramatical) porque de esa manera no había logrado los objetivos pretendidos. En sus observaciones y reflexiones, centradas en cómo su sobrino de corta edad aprendía la lengua materna, Gouin se ve en la necesidad no solamente de elaborar una teoría del aprendizaje, sino también de elaborar una teoría lingüística acorde con la anterior. De hecho, llega a la conclusión de que el principio ordenador de los significados de una lengua es de orden lógico y está fundamentado, a su vez, en el principio, también lógico, de *causa-efecto*, que rige en la naturaleza. De ahí que el ser humano, recorriendo este mismo camino, es decir, redescubriendo el orden natural de las cosas y asociando el lenguaje a ese orden, sea capaz de inferir el significado: éste sigue las leyes de la naturaleza, que se rigen por una estricta secuenciación de los hechos. Esa secuenciación, manifiesta en lo que Gouin denomina "series" de frases, permite que el hombre infiera el significado de una palabra o estructura de manera similar a como infiere los efectos que, necesariamente, siguen a una causa, o esa misma causa a partir de los efectos que ésta produce. Probablemente, la teoría lingüística asociada a su teoría del aprendizaje sea excesivamente simplista, pero es suficientemente ilustrativa de cómo ambas teorías se formulan la una al amparo de la otra y ponen en evidencia las estrechas relaciones de interdependencia que las unen.

Son y han sido muchos, también, los profesores que en sus escritos sobre metodología no se plantean ni se han planteado cuestiones sobre la naturaleza de la lengua que se enseña. Pero este hecho no debe inducirnos a conclusiones desencaminadas: los profesores y especialistas que escriben sobre temas metodológicos pueden no plantearse temas de teoría lingüística, si bien esto no significa que carezcan de ella o que aquélla no exista realmente. Las convicciones y creencias sobre qué es la lengua actúan en tal caso como fuerza en la sombra, a pesar de que no se expliciten. Las ideas sobre enseñanza o aprendizaje de lenguas estarán, sin lugar a duda, condicionadas por el conjunto de ideas subyacentes que constituyen la teoría lingüística oculta.

2.1. Las prioridades del método gramatical

En otras obras he argumentado sobre la complejidad del término "método" (Sánchez, 1993, 1997, 2004a). Y debe advertirse al lector sobre este hecho, de manera que no caiga en la tentación de simplificar en exceso este concepto. Pues bien, en la configuración de cualquier método participa de manera decisiva la visión que quien lo formula tiene sobre el lenguaje. No es probable que una actitud descriptivista frente a la lengua derive en un conjunto de materiales docentes que tomen las reglas gramaticales como punto de referencia prioritario. De igual manera, es lógico y coherente concluir que si alguien considera que una lengua debe ser de una u otra manera, la enseñe mediante reglas que se ajusten al modelo preconcebido. El método gramatical se sitúa dentro de este segundo esquema.

Al contrario de lo que hizo Gouin o hicieron los padres de la metodología audio-oral, de base estructural, el método tradicional es conocido no tanto por las formulaciones teóricas que de él hayan hecho sus abogados cuanto en razón de la práctica docente que ha ido asentándose en las aulas durante siglos. La práctica docente no ha sido ni es gratuita, ni ha surgido a partir de la nada, sino que refleja más bien el estado de la cuestión en torno a lo que la mayoría de la gente suele entender o dar por aceptado sobre el tema, que en este caso es la naturaleza sobre la lengua y la manera de enseñarla y aprenderla. Curiosamente, ni abundan ni parece que haya habido interés por disponer de manuales-guía para el profesor del método gramatical. Quizás, el hecho se deba a que tanto los principios como las prácticas o ejercicios se dan ya por ampliamente sabidos y popularizados. Realmente, quien opta por utilizar el método gramatical sabe que el centro de atención o el eje en torno al cual debe girar la docencia ha de ser la gramática. No es preciso explicitar, a continuación, que si lo que se enseña de manera prioritaria es la gramática de un idioma, por esa misma razón se asume, que ésta constituye la esencia del sistema lingüístico, siendo lo demás secundario o circunstancial.

El método gramatical se caracteriza por el énfasis puesto en los aspectos gramaticales del idioma precisamente porque subyace el convencimiento o la creencia de que si se aprende la gramática se aprende la lengua. En realidad, se tiende, a equiparar lengua con gramática. Ahí radica, quizás, su mayor debilidad, ya que el análisis de cualquier idioma no permite llegar a una conclusión tan radical respecto a la función de la gramática en el lenguaje. Siendo como es importante y fundamental, la gramática va acompañada de muchos otros componentes y elementos que la complementan y que, en ocasiones, incluso la suplantan o substituyen (por esa razón es, a veces, posible comprender oraciones gramaticalmente incorrectas). Lo que importa destacar aquí es la ligazón entre los principios de que se parte o las creencias que se tienen y el método resultante a la hora de concretar la enseñanza. El método gramatical o tradicional recibe su savia y su fuerza, consciente o inconscientemente, de todas las creencias al uso en cuestiones gramaticales o lingüísticas.

Cualquier profesor se habrá preguntado más de una vez por qué los libros de texto del método tradicional empiezan la lección primera, de manera casi universal, con el artículo, para pasar, en lecciones posteriores, al nombre, luego al adjetivo, posteriormente al pronombre, más tarde al verbo, la preposición, la conjunción y el adverbio. Desde el punto de vista de la importancia que cada parte de la oración tiene en el sistema lingüístico, lo normal sería empezar con el nombre o el verbo, ya que sobre ellos recae la mayor carga comunicativa. Sería posible prescindir del artículo en los primeros estadios sin que la comunicación quedase seriamente afectada en su esencia, pero no cabría hacer lo mismo con el nombre o el verbo. Además, ¿tiene sentido agotar todas las regularidades e irregularidades morfológicas del nombre antes de pasar al estudio del verbo? El uso lingüístico pone de manifiesto que desde el momento en que tenemos que valernos de una segunda lengua para comunicarnos, precisamos como mínimo de nombres y verbos. No hay, pues, razón para prescindir de ellos ya desde la primera unidad. Y si esto es así, tampoco habría motivo para compartimentalizar el contenido de las unidades docentes de manera tan cerrada. Naturalmente, los métodos de estas características ofrecen oraciones completas desde la primera lección, al menos como ejemplos adaptados a la norma que se pretende ilustrar con ellos. La razón que subyace en la ordenación de los materiales docentes de la manera apuntada no parece tener otra justificación que el orden en que suelen presentarse las partes de la oración en las gramáticas tradicionales. Y éstas, a su vez, se guían por el orden en que suelen aparecer las partes de la oración en una frase "lógicamente" construida. Ese orden, si tomamos el español como ejemplo, aparece nítidamente como:

artículo - nombre - adjetivo - verbo - adverbio - preposición / conjunción

tal cual lo ilustraría la siguiente frase:

El caballo blanco corre velozmente por la pradera.

No sería justo concluir, sin más, que el procedimiento es erróneo o totalmente equivocado. Desde la perspectiva gramatical dominante, es razonablemente lógico. No menos pertinente es la estructuración de cada lección en apartados o secciones diferenciadas, que suelen ser las siguientes:

1.º Explicación de reglas gramaticales, junto con sus excepciones.
2.º Ilustración de las reglas con ejemplos.
3.º Memorización de listas de vocabulario.
4.º Construcción de frases mediante la aplicación de las reglas.
5.º Prácticas de traducción directa e indirecta.

Incluso más: desde el punto de vista de los objetivos que pretenden lograrse, el método no está, en absoluto, desencaminado. La gramática se aprende mejor estudiando gramática, de igual manera que a leer se aprende leyendo y a traducir mediante prácticas de traducción.

He aquí un ejemplo ilustrativo. La *Gramática Española-Inglesa. Sistema teórico-práctico, por un nuevo método (Modificación del Doctor Ollendorff)*, de John G. Brown, publicada en Madrid y Barcelona en 1858, ordena los contenidos principales de las primeras unidades de la siguiente manera:

*Lección 1: El artículo **the**.*
*Lección 2: El artículo **a, an**.*
*Lección 3: Verbo **to be** o estar.*
*Lección 4: Segunda persona del verbo en presente de indicativo. **Some** y **any**.*
*Lección 5: **As-as, as much-as, as many-as... Do** y **did**. No y not en negaciones.*
Lección 6: plural de los sustantivos.
Lección 7: genitivo sajón ('s).

Puesto que el libro pretende seguir el método *ollendorfiano* y adaptarlo, introduce algunas modificaciones en la presentación de la gramática, como es el hecho de tratar el verbo "to be" al principio (lo cual facilita la construcción y trabajo con algunas frases elementales). Pero el peso de la gramática tradicional es evidente. Si nos atenemos a la *Gramática sucinta de la lengua alemana*, del famoso D. Emilio Otto, editada y reformada por E. Ruppert en Barcelona, 1959, la fidelidad de los materiales al método gramatical es también obvia:

Lección 1: El artículo determinado.
Lección 2: El artículo indeterminado.
Lección 3: Declinación de los artículos.
Lección 4 a 10, 12 y 13: Declinaciones de los sustantivos, nombres, clases...
Lección 11: Preposiciones.
Lección 14 a 16: Adjetivos y pronombres demostrativos.
Lección 17 a 27: El verbo y sus clases, conjugación, etc.
Lección 28 a 33: Adjetivos y sus clases.
Lección 34 a 36: Los pronombres.
Lección 37 a 49: Verbos irregulares, voz pasiva, otras conjugaciones verbales, reflexivos.
Lección 50: El adverbio.
Lección 51 a 53: Conjunciones.

Ollendorff, antes de que sus imitadores y seguidores tergiversasen, al menos en parte, sus obras, había puesto el énfasis en la práctica de la lengua, no en la gramática. Quienes se erigen en sus seguidores, aun conservando algunos rasgos de aquél a quien imitan, no dejan de evidenciar sus convicciones y raíces gramaticales, a pesar de que declaran que quieren distanciarse de ellas. El hecho constituye una prueba más de cómo las ideas lingüísticas que siguen actuando en la sombra, salen a la luz de manera espontánea e irrefrenable, aunque el hecho no sea consciente.

Respecto al desarrollo de cada unidad, la uniformidad es la nota más característica que define a todas ellas: las reglas gramaticales y sus excepciones, las listas de vocabulario y los ejercicios de traducción directa e inversa ocupan el total de la lección. De esa manera no hacen sino reafirmar el carácter gramatical de los materiales propuestos para la enseñanza.

2.2. La ciencia lingüística estructuralista invade los libros de texto

Tras la segunda guerra mundial, la enseñanza de idiomas se ve afectada por una revolución profunda y sistemática: es la propiciada por los lingüistas de corte estructuralista. La lengua se entiende de manera diferente a como se había estudiado y analizado anteriormente y, con más convencimiento que nunca, esas creencias se exportan conscientemente al campo práctico de la docencia de lenguas. El estructuralismo lingüístico considera la lengua como un conjunto de estructuras organizadas jerárquicamente. La estructura es, pues, la unidad básica de análisis. La aplicación de estos supuestos teóricos a la enseñanza de lenguas se refleja en dos vertientes:

a. Las unidades de aprendizaje son estructuras lingüísticas, seleccionadas con ciertos criterios de frecuencia de uso. Ese es un trabajo que deben llevar a cabo los lingüistas, los especialistas en la lengua, no los profesores, que son únicamente quienes aplican a la clase lo que los lingüistas han elaborado sobre una base científica y con criterios científicos.

b. Estas estructuras lingüísticas son las que, a su vez, deben contener el léxico que constituye el objeto de aprendizaje. Las estructuras actúan como continente que impone ciertas restricciones a la selección léxica: que las palabras se ajusten en cada patrón a las funciones requeridas para cada una de las posiciones sintácticas.

Junto a los requisitos impuestos por la teoría lingüística, el afán por aplicar métodos científicos en el trabajo profesional aportó, además, algunos otros elementos muy positivos. Entre ellos cabe destacar la selección de los materiales docentes, especialmente el vocabulario, partiendo de estudios experimentales. El carácter experimental se fundamentó en criterios de frecuencia de uso, dentro de determinados contextos. Así por ejemplo, se llegó a la conclusión de que en el nivel elemental la cuantía de palabras que era preciso incluir en los manuales debía cifrarse en torno a las mil (poco más de ochocientas en el *Francés Fundamental* elaborado por el CREDIF, en Francia. Sánchez A., 1997: 175). Para fijar este número se recopilaron muestras lingüísticas de diversa índole y procedencia (especialmente relevantes fueron las recopiladas en contextos de la lengua hablada, uso habitual y diario). Con tales muestras se hicieron listados de los términos más frecuentes, que posteriormente se agruparon en tramos para constituir los niveles ya clásicos en la enseñanza de idiomas: elemental, medio y avanzado (Sánchez, A., 2000).

Los libros de texto que se elaboraron siguiendo la metodología preconizada por el estructuralismo aplicado a la enseñanza de idiomas se acomodaron plenamente a los principios y parámetros descritos. Lo más sobresaliente en este tipo de manuales es el énfasis puesto en las estructuras. El diálogo inicial con el cual se suele abrir cada unidad está condicionado ya por el tipo de oraciones que se deben incluir; éstas deben ser, precisamente, las que contengan unas determinadas estructuras: aquéllas que el autor ha decidido seleccionar a partir de una lista, que, a su vez, han de corresponder al nivel en que se sitúa el libro.

El desarrollo posterior de la lección discurre por caminos similares: las actividades tienen como objetivo repetir una y otra vez el tipo de estructuras introducidas en el diálogo inicial, poniendo en juego, para ello, estrategias acordes con el aprendizaje orientado hacia la consolidación de hábitos lingüísticos.

Queda patente, pues, que la metodología audio-oral responde con fidelidad a los principios lingüísticos –y también de psicología del aprendizaje– en los que está enraizada. La selección de los materiales de trabajo –estructuras lingüísticas– así lo refleja.

2.3. La primacía de la comunicación

El método comunicativo, al decir de algunos, se ha presentado con algunas variantes, de manera que debería hablarse de "métodos comunicativos" más que de "un método comunicativo". Considero, sin embargo, que todas las variantes de esta metodología reúnen suficientes rasgos básicos y comunes para poder identificarla como un conjunto razonablemente homogéneo, y son, por tanto, acreedores de una misma denominación. La metodología *comunicativa*, haciendo honor a su nombre, pone el énfasis en el lenguaje considerado como "sistema de comunicación", es decir, como vehículo a través del cual los miembros de una comunidad de hablantes intercambian información entre sí. Es bien sabido que los seres humanos son capaces de transmitir o recibir información a través de varios canales (todos los sensoriales, por ejemplo), pero la herramienta expresamente creada para este fin es el lenguaje. Al igual que ocurre con toda herramienta que ha sido creada para un objetivo determinado, lo más importante a la hora de analizarla es considerar si cumple o no adecuada y satisfactoriamente esa función. Los mecanismos que la integran han de estar, obviamente, al servicio de la finalidad hacia la que apunta. Todo lo demás es secundario. En consonancia con estas premisas, si el fin último que persigue el lenguaje es transmitir y recibir información de manera fiable, parece lógico concluir que la adquisición o aprendizaje de este sistema de comunicación debe aspirar a objetivos similares. Tanto el proceso docente como el discente han de establecer las prioridades de tal manera que ambos posibiliten el intercambio de información, de mensajes –en definitiva, de contenido–, entre quienes deseen valerse del idioma que aprenden.

De acuerdo con estas directrices, sería equivocado que el profesor insistiese en el aprendizaje de la gramática como fin principal. Lo razonable sería enseñar la gramática en la medida en que ésta hace posible y viable la comunicación, poniendo siempre en primer plano este objetivo. El logro de este fin requiere, entre otras acciones, el uso adecuado de las reglas gramaticales, ya que éstas permiten cifrar y descifrar los mensajes emitidos. No debe olvidarse, sin embargo, que, junto con la gramática, el lenguaje está integrado por otros componentes o va acompañado de otros elementos de los cuales no podemos prescindir (elementos suprasegmentales, el léxico, frases hechas, elementos contextuales y situacionales, elementos socioculturales, gestos, etc.). La comunicación requerirá de todos esos elementos para poder alcanzar la máxima eficacia.

El principio de que un idioma sirve para comunicarnos implica que los materiales de trabajo utilizados en el aprendizaje deben ser relevantes para la comunicación. Ésta es la primera conclusión a la que cabe llegar, bastante distanciada, por cierto, de lo que sería centrarnos en la gramática o en el aprendizaje de estructuras para consolidar hábitos lingüísticos. Muchos de los materiales habitualmente presentes en los libros de texto de corte tradicional o de metodología audio-oral deberán ser sometidos a una profunda revisión para ser adaptados a esta perspectiva. La adaptación afecta a dos componentes:

(a) los materiales lingüísticos seleccionados y
(b) las actividades a través de las cuales esos materiales se activan en clase.

La selección de los materiales lingüísticos ha de estar guiada y presidida por su pertinencia o no a la comunicación y a la eficacia comunicativa. Así por ejemplo, no se ajustaría a este objetivo aprender palabras aisladas, frases desligadas de su contexto comunicativo o estructuras que sirven a una determinada regla gramatical, si al mismo tiempo no tienen relevancia para el contexto comunicativo en que nos situamos. La inadecuación de los materiales seleccionados se haría patente en los listados de palabras no relacionadas con un contexto, en la inclusión de reglas gramaticales no aplicables a ese mismo contexto comunicativo, o en las prácticas orientadas hacia la adquisición de cualquier otro elemento lingüístico que no derive de la situación comunicativa en que hayamos decidido desarrollar la unidad docente.

De no menor importancia para la enseñanza de la lengua desde una perspectiva comunicativa son los criterios utilizados para seleccionar y ordenar secuencialmente los contextos comunicativos. Si partimos de la base de que la enseñanza pretende cubrir las necesidades comunicativas habituales en el entorno en que nos movemos, entonces será preciso llegar a conclusiones fiables sobre cuáles son esas necesidades. Así se ha hecho en la metodología comunicativa. De igual manera, pronto se llegó también a la conclusión de que, además de las necesidades generales, era imprescindible prestar atención a las necesidades específicas. Ciertos grupos de estudiantes tienen necesidad de comunicarse en contextos especiales, como por ejemplo el académico, el empresarial, el médico, el técnico, etc. La enseñanza no puede dejar de lado esa realidad si busca mayor eficacia.

Una de las exigencias que nace de estos criterios es incluir en los libros de texto materiales auténticos, entendiendo por tales muestras lingüísticas no manipuladas con fines didácticos o de cualquier otra índole. Efectivamente, las muestras lingüísticas auténticas ofrecen plena garantía sobre su representatividad respecto a la comunicación real. Y si lo que se pretende es aprender una lengua para comunicarnos, en tal caso parece evidente concluir que lo más eficaz es aprender a partir de muestras extraídas de la realidad comunicativa. Conviene destacar que esta conclusión está muy alejada de lo que era habitual en el método tradicional y, en menor medida, en otros métodos, como el audio-oral, e incluso en los denominados "métodos naturales", cual serían el método de las Series, de Gouin, y el Método Directo. Conviene recordar que tales métodos, en mayor o menor medida, seleccionan y reelaboran los materiales lingüísticos llevados a la clase con el fin de adecuarlos a los objetivos, gramaticales o no, que pretenden alcanzarse.

El uso de materiales auténticos plantea algunos problemas nada despreciables desde el punto de vista de la organización didáctica y de la complejidad que pueden encerrar desde una perspectiva formal. La comunicación más elemental, al mismo tiempo que puede ser sencilla en cuanto al número de elementos implicados, puede ser compleja o poco transparente desde el punto de vista de la organización subyacente. Hay profesores que se resisten a aceptar la inclusión en las primeras unidades del curso de una frase tan frecuente y fundamental en el español hablado y diario como es "*Lo siento, no puedo*" –en respuesta negativa a un ruego– debido a la presencia del pronombre neutro "*lo*", a la irregularidad de los verbos implicados, o incluso al orden sintáctico implicado en la frase. Argumentan a su favor que los elementos mencionados son demasiado difíciles y deben reservarse para lecciones posteriores o etapas más avanzadas del aprendizaje. Tales decisiones se apoyan en razones que tienen poco que ver con las necesidades comunicativas fundamentales y mucho con la complejidad del análisis gramatical que implica dicha frase (pronombre "lo", neutro, antepuesto al verbo, irregularidades verbales). Desde el punto de vista de la comunicación, esta secuencia debe incluirse dentro de lo que podríamos denominar "conjunto de elementos lingüísticos necesarios para la supervivencia en español". Pero desde el punto de vista del análisis gramatical, la explicación de la forma y función que desempeña el pronombre neutro "lo" debería ir precedida de otras explicaciones (las relativas al artículo, a los pronombres personales, etc.); sin éstas –se argumenta–, es difícil captar el valor y el significado de "lo".

Todas las lenguas abundan en casos de este tipo, capaces de distorsionar los principios de que se pueda partir en la selección de los materiales de trabajo. Es importante, por tanto, mantener la coherencia organizativa de cada unidad docente, de acuerdo con los parámetros comunicativos de los cuales emanan los materiales. El siguiente ejemplo de organización de una unidad comunicativa puede darnos una idea más ajustada sobre las diferencias frente a otra unidad perteneciente a una metodología audio-oral, por ejemplo.

Swan y Walter, en su libro *The Cambridge English Course* (Cambridge University Press, 1984), manual plenamente integrado dentro de la metodología comunicativa, organizan así los materiales didácticos en la lección 15 del Nivel II:

La unidad consta de cuatro secciones, interdependientes las unas de las otras e integradas en el conjunto de la lección. En la *Sección A*, el ejercicio primero consta de un texto corto que los alumnos deben leer y entender de manera tal que sean capaces de ordenar adecuadamente cuatro dibujos, situados a la derecha del texto. El ejercicio segundo consta de siete frases presentadas en dos mitades: el alumno ha de relacionar cada frase de una mitad con la correspondiente de la otra. Para ello debe entender el significado, ya que la estructura es similar en todas ellas. El ejercicio tercero pide al alumno que pregunte y responda valiéndose de los modelos sugeridos. El ejercicio cuarto ofrece un texto corto con lagunas, que ha de completarse utilizando palabras del texto ya presentado en el ejercicio primero.

El análisis de las actividades induce a la siguiente constatación: el eje principal en torno al cual está organizada esta sección es lograr una determinada finalidad comunicativa: la comprensión adecuada de los textos y frases introducidos. Los objetivos de comprensión pretenden alcanzarse, además, mediante técnicas habituales en el uso diario de una lengua. Por ejemplo, la actividad primera tiene como fin llevar a cabo una tarea o realizar una función que se materializa en la ordenación de cuatro dibujos adjuntos. Lo que predomina en esta actividad no es ni la gramática, ni la pronunciación, ni siquiera un conjunto definido de palabras. La tarea pretendida se solucionará si el alumno es capaz de comprender el texto en su globalidad, objetivo que se puede lograr, incluso, si alguna palabra o frase no se entienden perfectamente. La actividad se presenta, pues, a la clase de manera similar a como los hablantes de una lengua podrían llevarla a cabo en la realidad comunicativa. Basta con recordar lo habitual que es tener que leer un texto para poder solucionar un problema concreto o para llevar a cabo un trabajo determinado.

Esto no obstante, sería erróneo concluir que el texto presentado ha sido seleccionado al azar: el extracto aportado no solamente apunta a la realización de una tarea de comprensión escrita, sino que también incluye estructuras gramaticales y léxico expresamente buscados por los autores. En cuanto a la gramática implicada, subyace el uso de las formas del pasado en inglés, y especialmente de la estructura con la partícula "ago". Este hecho, que tiene que ver con aspectos formales de la lengua inglesa, se pone de manifiesto de manera expresa en la actividad segunda, aunque de forma encubierta: el alumno trabaja con secuencias que incluyen el uso de frases con "ago", pero su atención debe cifrarse prioritariamente en la comprensión del contenido para enlazar cada mitad de la frase con la otra mitad que le corresponde. De nuevo ha de destacarse que el procedimiento se hermana razonablemente bien con la realidad comunicativa: la finalidad consiste en realizar una tarea cuyo éxito depende de la comprensión de las frases manejadas. Al mismo tiempo que se usan esas frases, se refuerza la adquisición de estructuras lingüísticas con "ago", aunque sea en un plano no consciente.

La actividad tercera se aparta notablemente del proceder comunicativo, ya que pide al alumno que construya frases con "ago", siguiendo el modelo dado y a partir de palabras o sintagmas situacionales no relacionados entre sí más que gramaticalmente, es decir, en la medida en que requieren el uso del tiempo pasado u obligan a ello. Sería más que improbable que dos hablantes se comunicasen entre sí ciñéndose a un diálogo como éste:

– *How long ago was World War I?*
– *About seventy years ago.*
– *How long ago was your first English lesson?*
– *About three months ago.*
Etcétera.

La actividad número cuatro vuelve a imitar una actividad más genuinamente comunicativa. El alumno tiene que completar un texto con lagunas, valiéndose de palabras que ya se han presentado en el ejercicio primero. De nuevo hay que destacar que el éxito en la tarea depende del grado de comprensión logrado. Al mismo tiempo, no puede negarse que se enfatiza el uso de palabras específicas: es necesario identificar un determinado número de voces y entender lo que significan con bastante exactitud para reutilizarlas e insertarlas en el hueco adecuado del texto incompleto.

La clase es en sí misma un entorno artificial, especialmente si la comparamos con los contextos habituales en que suele desarrollarse la comunicación diaria. Estrictamente hablando, es imposible reproducir en el aula el contexto comunicativo que suele darse en la calle. Se trata, por tanto, de aproximarnos a la realidad comunicativa en la medida de lo posible. Y en este sentido se dan grados de aproximación muy diferentes, según los casos.

El esquema de una lección que sigue la metodología audio-oral es un buen ejemplo de otro modelo de aproximación a la realidad del uso lingüístico.

El libro de Alexander, *Main Line Progress A and B*, (Longman, 1974) se inserta dentro de lo que en otras obras (Sánchez, A., 1997: 166) he denominado "Método Situacional de base estructural". *Main Line* corresponde al nivel intermedio y había sido precedido de otra obra similar para el nivel elemental, *First Things First*. Ambos manuales se rigen por una estructura similar. Cada unidad consta de los siguientes elementos:

– La parte I se inicia con un diálogo que pretende ser representativo de una situación de la vida real; en el caso de la Unidad 1, se trata de una fiesta en la casa particular de alguien, a la cual son invitadas varias personas extranjeras. El diálogo se subdivide en seis apartados y a cada uno le corresponde un dibujo ilustrativo a la derecha. Como el autor señala al inicio, "el control de estructuras siempre prevalece sobre el control del léxico". Y así se refleja en las frases del diálogo:

– *Good evening, Jane. Good evening, Frank.*
– *Good evening Mr. Jackson.*
– *How nice to see you both. Come in please.*
– *Have a glass of wine first. Then let me introduce you to some of my guests.*
– *Thank you.*

– *This is Kurt Schmidt. Jane and Frank Sterling (They shake hands)*
– *How d'you do?*
– *How d'you do?*
Etcétera.

– La actividad número dos consiste en una serie de preguntas sobre el texto, mediante las cuales se comprueba su comprensión y se trata de consolidar las estructuras que constituyen el objetivo de la unidad. Las respuestas son predecibles, en términos de estructuras ya introducidas y previstas.
– La parte II de la Unidad 1 consta de diversos ejercicios, todos ellos de repetición de estructuras: un ejercicio de preguntas a las que corresponden respuestas controladas; otro de repetición de sonidos consonánticos; un tercer ejercicio de repetición de estructuras con *both ... and; either ... or; neither ... nor*. Se sugiere un cuarto ejercicio, en forma de juego, en el cual se practican algunas estructuras introducidas anteriormente. La recomendación final hace referencia a la posibilidad de que los alumnos practiquen la lengua escrita mediante deberes para hacer en casa.
Si comparamos ambos libros de texto en lo relativo a los materiales lingüísticos que ofrecen, las diferencias son notorias. La autenticidad de las muestras lingüísticas, por ejemplo, es mayor en *Cambridge English* que en *Main Line*. Algo

similar ocurre con la adaptación de los contenidos a los fines pretendidos. Éstos, en el caso de *Main Line,* se centran en la consolidación de un determinado número de estructuras, mientras que en *Cambridge English*, aunque el objetivo estructural o gramatical no haya desaparecido, queda subordinado al logro de objetivos comunicativos. Estas diferencias, que surgen de puntos de partida diversos, tienen también su incidencia en la manera de trabajar en clase, en las actividades a que dan lugar y, naturalmente, en los resultados que pueden alcanzarse.

3. Materiales lingüísticos y motivación

El libro de Gardner y Lambert (1972), que trata de los factores afectivos y de personalidad y de sus efectos en el aprendizaje de idiomas, ha sido y sigue siendo el referente más importante en los estudios sobre la motivación. Posteriormente, Gardner (1975) diferencia cuatro categorías motivadoras en la enseñanza de lenguas (en su caso, aplicadas al francés):

a. las específicas del grupo (actitud frente a los pueblos y sus lenguas);

b. las relativas al curso (actitud hacia el aprendizaje del francés, hacia el profesor, hacia el curso de francés; actitud de los padres en el proceso; ansiedad de la clase);

c. las indicadoras de motivación (orientación integradora, intensidad motivadora, deseo de aprender francés);

d. las actitudes generales (interés en el aprendizaje de lenguas extranjeras, etnocentrismo, autoritarismo, etc.).

No cabe ocultar la complejidad del tema. Los factores de motivación son tantos y tan variados que es prácticamente imposible enumerarlos o analizarlos todos. En el grupo de los factores y actitudes relativas al curso, la complejidad no se agota con las variantes apuntadas por Gardner. No puede dejarse de lado la actitud positiva, negativa o neutra que suscitan los materiales puestos a disposición del alumno o las actividades mediante las cuales se lleva a cabo el trabajo de aprendizaje en la clase. La actitud generada por la experiencia en el aula incluye todo lo que puede derivar del contacto con los materiales de trabajo o conjunto de elementos lingüísticos que se aprenden. Si, como afirma Stern (1983: 386), muchas conclusiones en torno a la motivación son cuestiones de sentido común, las relativas a las consecuencias motivadoras de los materiales docentes pueden incluirse también en este apartado. Una vez más, se hace necesario destacar la íntima relación que existe entre el tipo de materiales, la metodología que da origen a ellos y la potencialidad motivadora que esos tres componentes son susceptibles de contener.

La motivación está también relacionada con aspectos como la autenticidad de los materiales, el interés que éstos son capaces de suscitar, la variedad que aportan y su proximidad o lejanía en relación con las expectativas de quien aprende. Esas variantes, entre otras posibles, se reflejan en lo que cada metodología propicia y genera a la hora de elaborar libros de texto. El método tradicional, a manera de ejemplo, no se plantea satisfacer ninguna de esas necesidades o posibilidades para elevar el grado de motivación de los alumnos. El interés prioritario se centra en la selección de reglas gramaticales, en la memorización de vocabulario mediante el cual practicar esas reglas y en la traducción directa e inversa sobre textos que las contengan. Si se trata de niveles más adelantados, se aportan también textos de otra índole, especialmente literarios, pero siempre dando prioridad a la corrección gramatical y estilística. Con tales características y criterios todo lo que pueda afectar a la motivación queda prácticamente marginado. Puede que estén presentes algunos elementos que la favorezcan, quizá por azar, quizá por el interés circunstancial del autor o del profesor en complementar los materiales de un libro con muestras lingüísticas especiales. Siempre se tratará, no obstante, de elementos aislados que tendrán una incidencia escasa en el conjunto de materiales.

Algo similar ocurre con los métodos de base estructural: el planteamiento, que sus defensores denominan "científico", requiere la selección de estructuras en razón de su frecuencia en el uso lingüístico y de acuerdo con una cierta gradación de lo más sencillo a lo más complejo. Los textos sobre los que suelen basarse las prácticas repetitivas tratan de reproducir situaciones comunicativas de la vida real, aunque adaptándolas y condicionándolas para que incluyan las estructuras lingüísticas que constituyen el objetivo didáctico en cada caso. La selección léxica responde a criterios de frecuencia de uso. La motivación y los factores que puedan favorecerla tampoco se tienen en cuenta. Debe destacarse, además, que las prácticas repetitivas sobre las que se asienta el aprendizaje no son precisamente las que mejor coadyuvan en el camino de la motivación.

Frente a estos dos ejemplos, el método comunicativo y el método integral (Sánchez, A., 1993; 1997: 183 ss. y 252 ss.) aportan novedades dignas de mención. Tanto el método comunicativo, que se asienta en la prioridad otorgada a los objetivos funcionales y comunicativos de la lengua enseñada, como el método integral, que apunta hacia la integración de todos los elementos que, dentro de un marco comunicativo, intervienen en el proceso de enseñanza / aprendizaje, dan una notable importancia al discente. Precisamente en el análisis de los factores que influyen para que el alumno realice su función de aprendiz con mayor eficacia destaca, entre otros factores, el de la motivación. En consonancia con este supuesto, ambos métodos tienen en cuenta los criterios antes mencionados a la hora de seleccionar, elaborar y presentar los materiales en los libros de texto o en la clase. Se busca la **variedad** de textos porque este factor es susceptible de incrementar la motivación del alumno; se buscan los textos de **actualidad** porque atraen con más fuerza la atención del discente; se realizan estudios de necesidades en torno a los grupos que aprenden porque sabemos que los alumnos se sentirán más atraídos por aquello que **necesitan** o **desean** aprender; se intenta presentar los materiales de manera que agraden y sean **atractivos** a primera vista, porque este factor, generalmente inconsciente, es, sin embargo, eficaz para fomentar el interés y la motivación; se estudia con esmero el modo de presentar los contenidos a través de actividades cercanas a la **realidad comunicativa,** tanto en el procedimiento como en el contenido, porque este rasgo no solamente contribuye con mayor eficacia al aprendizaje de la lengua, sino que atrae la atención más poderosamente de lo que lo harían las actividades artificiosamente elaboradas o construidas.

Ningún método puede ni debe permitirse el lujo de dejar de lado el tema de la motivación. Siendo así que este factor es central en el proceso de aprendizaje, la motivación ha de formar parte del núcleo de características que definan un método o tengan como finalidad ponerlo en práctica. En la clase conviven el profesor que enseña (y el método es un ingrediente prioritario para el profesor) y el alumno que aprende. Ambos son actores y protagonistas, cada uno en su papel, docente o discente. La enseñanza no tiene sentido sin la discencia. Y en el discente deben ser tenidos en cuenta todos aquellos elementos que contribuyen con eficacia al aprendizaje. Para algunos especialistas es precisamente la motivación el factor más decisivo en el aprendizaje (Gardner, 1975). Y así lo recoge el refranero español con el dicho de que "el buen alumno aprende a pesar del profesor", es decir, que los factores externos negativos pueden superarse si quien aprende está realmente motivado para aprender.

El método integral promueve la inclusión en la docencia de todos aquellos componentes que inciden en la enseñanza y en el aprendizaje. Uno de esos componentes es el psicológico. De la misma manera que el componente formal de una lengua no es suficiente por sí mismo para explicar la totalidad del lenguaje, tampoco el método, reducido a un conjunto de directrices didácticas, abarcaría toda la complejidad de ingredientes que participan en el proceso docente y discente. Tanto la personalidad del profesor como la del alumno estarán siempre presentes e incidirán en el proceso, aunque el método no los tenga en cuenta. Lo más sensato y lógico es que el mismo método incluya tales componentes. Para llegar a ese estadio es imprescindible que la selección de materiales didácticos no solamente refleje estas inquietudes con carácter esporádico, sino que las incluya, de manera sistemática, entre los requisitos previos a su selección o elaboración.

Kulturkunde es la palabra que se puso de moda en Alemania en la primera mitad del siglo XX para referirse a los estudios culturales y destacar la importancia que los mismos tienen en relación con la lengua. La historia cultural de un país, según este movimiento, incluye de manera preponderante la lengua de ese mismo país. La cultura en general (geografía, historia, religión, etc.) forma, por tanto, parte integrante de la lengua, de igual manera que la lengua forma parte de la cultura. Con estas premisas es lógico esperar que la enseñanza de lenguas no se separe de la enseñanza de la cultura y de la sociedad en que la lengua toma cuerpo o se materializa. Este camino no quedó marginado en metodología, al menos teóricamente, durante los años del estructuralismo (Lado, 1957), pero ciertamente su importancia quedó disminuida en la práctica docente. Las metodologías de base comunicativa han vuelto a retomar el tema cultural o sociocultural con nuevo ímpetu y con mayor profundidad. Prueba de ello son los numerosos estudios e investigaciones que han surgido sobre este tema en los últimos años (Dueñas, 1997) y la creciente preocupación de editoriales y autores por incluir y cuidar la dimensión cultural en la elaboración de materiales docentes.

Los aspectos culturales relacionados con una lengua son variados y complejos. No solamente se refieren a la lengua en sí, sino también a las situaciones dentro de las cuales se presenta el contenido y a la actitud de los personajes que intervienen en su presentación y desarrollo. Los hablantes de un idioma tienen rasgos distintivos que quedan reflejados en el uso lingüístico. Los españoles, cuando desean invitar a alguien, insisten más de una vez en la invitación y quien es invitado conoce esta costumbre. Por lo tanto sabe que debe esperar a que la invitación se repita para estar seguro de que no es un mero acto de cortesía. En cambio en los países anglosajones la invitación cobra pleno valor ya la primera vez que se formula. Es frecuente el asombro de estudiantes españoles que observan cómo la invitación hecha una vez por sus amigos ingleses o norteamericanos no vuelve a repetirse una vez más, si el invitado la declina cortésmente en esa primera instancia. Por el contrario, desde la perspectiva de un español, el asombro se torna en estupor al comprobar que los amigos anglosajones nunca suelen dudar en aceptar de inmediato la invitación que se les hace, aunque el anfitrión no insista en ella para confirmar que su intención es efectivamente la de invitar. Estas peculiaridades culturales deben quedar reflejadas en el uso lingüístico a través de las situaciones creadas en los textos o en la clase.

Además de costumbres o hechos como el apuntado, la vida diaria de la comunidad de hablantes de una misma lengua abunda en rasgos propios, fruto de una tradición que a veces puede ser incluso milenaria. Tales rasgos se manifiestan siempre a través de la lengua, como es obvio, pero afectan a la historia, a la literatura y a todos los ámbitos objeto de la educación en general. Lo ideal en un curso de lengua para extranjeros es que los materiales se presenten dentro de los "marcos" que correspondan en cada caso. Si la función que se enseña es la de saludar, ésta se presentará, idealmente, no sólo reconstruyendo la situación de la vida real en que se lleva a cabo, sino también valiéndonos de elementos –por ejemplo los literarios– que la reflejen y reproduzcan con fidelidad. En este segundo caso, la enseñanza de la lengua a través de textos literarios cobra una importancia indiscutible. De manera similar, la función de comprar en un mercado –qué se compra y cómo se compra– quedará reflejada más diáfanamente si los textos revelan la psicología, las actitudes y las costumbres que subyacen en la compra y en los compradores.

Desde que las comunicaciones empezaron a ser más rápidas y se abarataron significativamente los costes, se ha intensificado la práctica de visitar el país en que se habla la lengua que se aprende, o de residir en él por algún tiempo. En algunas universidades los alumnos de lenguas extranjeras deben acreditar un curso académico de estancia en el país cuya lengua estudian. El hecho tiene una dimensión estrictamente lingüístico-formal, sin lugar a duda. Pero tiene también una dimensión que sobrepasa lo estrictamente formal: la estancia en el país permite mejorar notablemente el aprendizaje lingüístico en su totalidad gracias al contacto con todos los factores que constituyen la dimensión cultural en que está inserta la lengua objeto del aprendizaje.

Como conclusión a estas observaciones, conviene poner de relieve que las referencias anteriores afectan a los materiales docentes. La mayoría de los estudios de carácter metodológico que tratan este tema, se suelen limitar a estudiar o describir la importancia del componente cultural en el proceso de aprendizaje, especialmente en la medida en que la presencia de estos elementos motivará al alumno, además de reflejar de manera más exacta la realidad de la lengua. En estas páginas pretendo poner de manifiesto la necesidad de que los elementos culturales "se sirvan" ya integrados en los materiales de trabajo, precisamente porque ésa es la condición para que dichos materiales sean más auténticos o se aproximen a la autenticidad deseable.

4. Criterios para la selección de materiales

4.1. Criterios derivados de la metodología aplicada

La ciencia que más ha influido en la enseñanza de idiomas ha sido, en primer lugar, la gramatical y, en segundo lugar, la lingüística. Dado que los profesores de lenguas solían ser estudiosos de la gramática o, más genéricamente, estudiosos de ramas afines (filosofía, retórica...), cuando pasaban a ejercer la docencia no hacían sino transferir a sus discípulos los conocimientos que habían adquirido. "Enseñar gramática" ha estado íntimamente asociado a "aprender gramática". Un movimiento equiparable se dio con el estructuralismo de los años sesenta en los Estados Unidos: se prohibió la enseñanza explícita de la gramática en el aula, pero al mismo tiempo se infundió una especie de "fe ciega" en la lingüística como disciplina clave para organizar y fundamentar la enseñanza de lenguas. Hasta tal punto esto fue así que muchos profesores creyeron haber encontrado el método ideal, quizás mágico, para solucionar de una vez por todas el tema del aprendizaje de idiomas. Lo más sobresaliente es que el éxito del método se cifraba no tanto en la pedagogía cuanto en la "excelente" teoría lingüística que le daba soporte: el estructuralismo. El profesor ya no tendría que ser, necesariamente, un buen profesor; bastaría con que fuese "un buen lingüista estructuralista".

De acuerdo con estos principios, también por vez primera en la historia de la enseñanza de idiomas, la selección y elaboración de los materiales docentes recibe prioridad absoluta y un grado de atención desusado hasta entonces. Deben ser los mismos lingüistas, como técnicos y especialistas, quienes elaboren los materiales, quienes diseñen las actividades y quienes las llenen de contenido lingüístico. El proceso está presidido en todo momento por criterios científicos, tal cual se entendía que debían ser tales criterios en aquellos años.

Es verdad que en la primera mitad del siglo XX se habían dado impulsos de importancia encaminados hacia la selección de las palabras que debían aprender los alumnos que estudiaban inglés. Ahí tenemos el ejemplo de Thorndike (1921, 1932, 1944) y, posteriormente, de Michael West (1953), que intentaron fijar el número de voces más relevantes mediante cálculos de frecuencia. Un impulso decisivo en este sentido fue el derivado de la elaboración del *Vocabulario Fundamental del francés*, trabajo llevado a cabo dentro del CREDIF a partir de 1953. La lista revisada y publicada en 1959 alcanzó el número de 1.222 palabras léxicas y 253 palabras "funcionales" o gramaticales. En total, 1.475 palabras (Gougenheim *et al.*, 1964). Aplicados, luego, algunos factores correctores (ya que determinados términos considerados como básicos no aparecían en el recuento –por ejemplo, algunos días de la semana–), se llegó a una lista final de 805 palabras, que constituyeron el eje central del *français fondamental,* el cual fue modelo y guía en las décadas de los sesenta y setenta. En la elaboración del *francés fundamental* también se tuvieron en cuenta algunos otros criterios no estrictamente léxicos (gramaticales y situacionales). Pero éstos desempeñaron un papel menos relevante.

Como ya apunté anteriormente, toda metodología implica la imposición y aplicación de algunos criterios restrictivos a la hora de seleccionar los materiales de trabajo para la clase. A partir del método audio-oral, este hecho no solamente está presente, sino que se enfatiza y se torna programático. Ahí estriba la diferencia respecto a lo que era habitual hasta entonces. Desde la década de los cincuenta, uno de los distintivos de todo buen manual será el carácter científico que debe presidir la selección de los textos y la elaboración de los ejercicios.

En todos los métodos o variantes metodológicas de base estructural prevalece el concepto de "estructura lingüística". Los materiales de trabajo tienen como eje de organización las estructuras de la lengua o los patrones que rigen el agrupamiento de palabras en la oración. La subordinación a este principio no deja de lado totalmente –tampoco sería posible– el significado. Las estructuras se dan dentro de situaciones comunicativas y éstas constituyen el punto de partida de cada unidad didáctica, ya que las lecciones se suelen iniciar con un diálogo o texto en el cual el uso de la lengua se ejemplifica dentro de un contexto equiparable al de una situación. Sí es importante advertir, no obstante, que dicha situación no suele alcanzar el deseable grado de autenticidad comunicativa, precisamente porque la exigencia de incluir determinadas estructuras lingüísticas limita, a menudo en exceso, la reproducción de la realidad comunicativa.

La vertiente pedagógica asimismo puede coartar de manera significativa la inclusión de unos u otros materiales. El afán por la repetición, preponderantemente mecánica, propio de los métodos estructurales, empobrece notablemente el tipo de frases que el alumno debe aprender o memorizar, además de contribuir a la consolidación de un lenguaje más bien artificioso y pobre en naturalidad comunicativa. En la década de los setenta, las quejas generalizadas de que el método audio-oral generaba "aprendices-papagayo" más que "aprendices de una lengua" se debían, en parte, al hecho de que los alumnos abusaban excesivamente de la repetición como técnica de aprendizaje y, en parte también, al hecho de que se repetían frases o estructuras vacías de contenido relevante o significativo, porque se daban siempre fuera del contexto de uso auténtico y real.

El lenguaje es complejo, como lo es el hombre que lo ha creado y que lo utiliza. Por esa razón es equivocada la estrategia reduccionista, aplicada tanto al análisis de la lengua como a su dimensión pedagógica. De todos modos, complejidad no es sinónimo de dificultad, aunque es verdad que entre ambas realidades existe una relación de dependencia que no hay que olvidar: lo que consta de más elementos es susceptible de ser más difícil de entender y de analizar. Un logro de importancia en la lingüística de nuestros días es el intento de estudiar el lenguaje tal cual es, con toda su complejidad. Ése es, además, el supuesto del cual parte la *metodología comunicativa e integral*. En consecuencia, con el advenimiento de esta metodología y en contraste con lo que era habitual dentro del método audio-oral, los criterios relativos a qué tipos de materiales deben incluir los libros de texto cambian. Al igual que cambian los criterios pedagógicos.

El logro de objetivos comunicativos exige que el alumno se enfrente a textos susceptibles de ser definidos como comunicativos. Ello no significa que las listas de vocabulario, o los elencos de estructuras o las reglas de gramática deban rechazarse. Todos esos ingredientes forman parte de la lengua utilizada en la comunicación. La diferencia estriba en el cometido que se les asigna dentro del sistema. Ninguno de ellos es totalmente autónomo, ni tiene tal grado de autonomía que le permita ser tomado aisladamente como representativo del conjunto al que pertenece. La función de cada elemento es precisamente contribuir a que el idioma cumpla la tarea para la que ha sido creado o diseñado, es decir, posibilitar el intercambio de significado entre la comunidad de hablantes que lo utilizan. Dicha tarea no la cumple plenamente ni el vocabulario por sí solo, ni las estructuras individualmente, ni las reglas de la gramática aisladamente. Pero todos esos componentes, unidos y puestos en acción dentro de los contextos en que los hablantes interactúan, son susceptibles de alcanzar la eficacia comunicativa deseada.

En razón de lo que antecede, la metodología comunicativa promueve la aplicación de criterios diametralmente opuestos a la atomización simplificadora. Tales criterios intentan dar respuesta a la realidad misma del lenguaje en cuanto instrumento utilizado para la comunicación interpersonal. Dicha comunicación está integrada por numerosos componentes y elementos, lejos, pues, de la simplificación hacia la que apuntan las teorías que se centran con exclusividad en uno sólo de esos componentes, cual sería, por ejemplo, el gramatical o el estructural. También es verdad que no todos los elementos de un conjunto tienen igual peso en su formación y mantenimiento. Y no es un tema baladí decidir sobre la prelación o importancia que cada uno de ellos debe tener en el sistema. Si consideramos determinados componentes, como la morfología, la sintaxis, la entonación o el contexto extralingüístico, ¿cuál de ellos tiene mayor relieve o importancia para el funcionamiento del sistema? En cualquier caso, la ausencia de uno de ellos comporta determinadas carencias y es susceptible de provocar malentendidos, es decir, posibles rupturas o lagunas en la comunicación. En conjunto, quizás el componente léxico pueda ser considerado de mayor importancia que el relativo a la entonación. Pero ello no debe hacernos olvidar que es posible mantener una comunicación razonablemente fluida, incluso si uno de los interlocutores desconoce el significado de alguna palabra, de manera similar a como ocurriría en ausencia de un esquema entonativo determinado.

Aún teniendo en cuenta estas salvedades, no parece haber razones suficientes para excluir cualquiera de los elementos que intervienen en la comunicación. Y en esta dirección se mueve la metodología comunicativa y, más especialmente, la integral. El resultado de este proceder conlleva la adopción de planteamientos complejos a la hora de seleccionar los materiales para la clase. Se impone un enfoque "multidisciplinar", como se ha denominado en algunos manuales. La decisión sobre qué materiales seleccionar depende directamente de los criterios manejados. Si éstos son gramaticales, como era el caso del método "tradicional y escolar", el producto es la enseñanza de la gramática y la ordenación secuencial de las unidades docentes siguiendo criterios de naturaleza gramatical. Si, además de criterios gramaticales, utilizamos, asimismo, criterios funcionales, contextuales y culturales, entonces se hace necesario combinar los cuatro puntos de vista para lograr un todo coherente. Lo seleccionado ya no se regirá exclusivamente por la importancia que pueda tener el subjuntivo frente al imperfecto de indicativo, sino también por la incidencia que el subjuntivo pueda tener en el contexto comunicativo en que nos encontremos, por las funciones comunicativas que deseemos desarrollar, o por el marco cultural en que estamos inmersos. El autor de materiales docentes y el profesor que los utilice en clase ya no pueden atenerse a un criterio lineal y simple, sino que deben hacer frente a la complejidad que supone manejar cuatro líneas de actuación simultáneamente, sin que ello conduzca a la disgregación, al desorden o al caos organizativo.

El resultado del trabajo realizado sobre la complejidad que implica el método comunicativo e integral será necesariamente diferente respecto a lo elaborado por otras metodologías. Esto se evidencia en los esquemas de los libros de texto que se alinean con uno u otro método. Lo que sigue es un modelo basado en el método tradicional, de gramática y traducción. Se trata del libro de Martín Alonso, *Español para Extranjeros* (Aguilar 1949-50; Ed. 1968):

Parte primera

Once lecciones para el español hablado

Lección 10. Pronunciación y acentuación.

A) *Práctica de la pronunciación:* 1. Nombre español de vocales y consonantes. 2. Representación gráfica de sonidos. 3. Pronunciación de palabras. 4. Pronunciación de las consonantes *rr, r* fuerte inicial y *r* después de *n* o de *l.* 5. Sonido de las consonantes *ll, c, k, z, j, g* suave y fuerte y *g* con *ü.* 6. Pronunciación de la *d* y *j* finales, *y, ñ, x, ch, y h.* 7. Pronunciación de las vocales *a, e, i, o, u.* 8. Descomposición de vocablos en sílabas. 9. B) *Teoría de la pronunciación: reglas.* 10. Tabla fonética. 11. Abecedario español. Representación gráfica y sonidos. Diptongos y triptongos. Representación gráfica y ejemplos. 12. C) *Práctica de la acentuación*: dictados en el encerado o en la cuartilla. 13. Reglas fundamentales de la acentuación española. 14. D) *Fonética y ortología:* 15 y 16. E) *Diálogos prácticos y formularios*: 17. Vocabulario, fórmulas para preguntas, frases hechas y refranes. 18. Conversación gráfica: la clase. 19. Preguntas al profesor.

Lección 20. La persona que habla y la que escucha.

A) *Prácticas y reglas de los pronombres personales* (yo, tú, él). 20. Análisis. 21. Cuadro general y formas especiales. B) *Dictados prácticos sobre pronombres personales*: 22 y 23. Dictados en el encerado o en la cuartilla. C) *Diálogos prácticos y formularios*: 24. Vocabulario, fórmulas para preguntar y contestar, frases hechas y refranes. Conversación gráfica: los viajes. 26. Preguntas al profesor.

Lección 30. Los pronombres personales con los verbos "ser, estar, haber".

A) *Prácticas y reglas con los tiempos simples*: 27. Análisis. 28. Cuadro general de los tres verbos (tiempos simples). B) *Dictados prácticos sobre los verbos "ser, estar, haber"*: 29 a 30. Dictados en el encerado o en la cuartilla. C) *Diálogos prácticos y formularios*: 31. Vocabulario, fórmulas de cortesía, frases hechas y refranes. 32. Conversación gráfica: las visitas. 33. Preguntas al profesor.

Lección 40. Cómo expresamos las acciones que ejecutan las personas.

A) *Prácticas y reglas con los tiempos simples: verbos regulares.* 34. Análisis. 35. Cuadro general. B) *Ejercicios prácticos.* 36. Algunos verbos más usados en el español.

37. Ejercicios sobre verbos reflexivos. C) *Diálogos prácticos y formularios*. 38. Vocabulario, fórmulas de cortesía, frases hechas y refranes. 39. Conversación gráfica: la visita del médico. 40. Preguntas al profesor.

Lección 50. Los objetos que nos rodean (los substantivos).

A) *Prácticas y reglas con el género y número de los substantivos*. 41. Análisis. 42. Cuadro general de reglas para el género y el número. B) *Diálogos prácticos y formularios*. 43. Vocabulario en el hotel. C) *El menú en el restaurante*. 44. Comer al cubierto. 45. Comer a la carta. 46. Pequeñas preguntas. 47. Fórmulas para preguntas. 48. Frases hechas y refranes. 49. Conversación gráfica: en los cafés (o bares). 50. Preguntas al profesor.

Lección 60. Las cualidades de las personas y de los objetos.

Adjetivos calificativos. A) *Prácticas y reglas sobre los calificativos*. 51. Análisis. 52. Cuadro explicativo de la calificación. B) *Diálogos prácticos y formularios*. 53. Tiendas y compras. 54. Pequeñas preguntas. 55. Fórmulas para afirmar o negar. 56. Frases hechas y refranes. 57. Conversación gráfica: algunas tiendas. 58. Preguntas al profesor.

Se habrá observado que este manual se organiza a partir de la gramática tradicional, de carácter normativo, y que se estructura en torno a las partes de la oración. Así se procede a lo largo de todas las unidades restantes. No obstante, el manual incluye algunos aspectos complementarios que se desvían de lo que es estrictamente gramatical. Se incluyen algunas "prácticas" y algunos "diálogos prácticos" en casi todas las lecciones, se aprenden "frases hechas" y se abordan situaciones o contextos comunicativos habituales en la vida real (*La visita del médico, En la ciudad*, etc.). Conviene observar, una vez más, que estos complementos ya existían desde muy antiguo y, en realidad, se habían hecho "obligatorios" en la mayor parte de los manuales desde el siglo XIX. Esto hace pensar que las necesidades comunicativas que el aprendizaje de un idioma ha de satisfacer encuentran su acomodo de una u otra manera, a pesar de que la metodología imperante trate de imponer determinados criterios restrictivos.

El método audio-oral, nacido del estructuralismo, parte de bases muy alejadas del método gramatical. Así se refleja en el manual de Bolinger, D. L., Ciruti J. E. y Montero H. H., *Modern Spanish*, Harcourt, Brace and World Inc., New York, 1960 (20 ed., 1966). He aquí una muestra del contenido del libro:

1. The first lesson.
2. The sounds of Spanish.
3. La familia de Cecilia.
4. Subject pronouns.

5. Present tense forms of *ser,* to be.
6. Present tense forms of *-ar* verbs.
7. Articles, gender of nouns.
8. Numbers: the plural.
9. Adjectives: agreement with nouns.
10. Numerals.
11. Una conversación por teléfono.
12. Interrogative words.
13. Word order in questions.
14. Placement of *no.*
15. Intonation.
16. Confirmation tags.
17. Present tense of *estar*, to be.
18. *Ser* versus *estar.*
19. El día del santo.
20. Present tense forms of *-er* and *-ir* verbs.
21. Verbs with changes in the stem: *o-ue, e-ie, e-i.*
22. Present tense with future meaning.
23. With-verb pronouns.
24. Possessive adjectives.
25. Possession with *de.*
26. Problemas de una dueña de casa.
27. Present tense of irregular verbs.
28. Direct commands: the *usted, ustedes* forms.
29. Direct commands: the *tú* form.
30. With-verb pronouns in commands. Personal *a.*
    READING: Conversación en un restaurante.
31. Lío de tráfico.
32. Preterit of regular verbs and *dar.*
33. Demonstratives.
34. The conjunctions *e* in place of *y* and *u* in place of *o.*
35. Contractions of *a* plus *el* to *al.*
36. The article with classifying nouns.
37. The article with things possessed.
38. *Saber* and *conocer.*
    READING: The Policeman's Lot.

Se advierte de inmediato cómo la selección del contenido responde a criterios de orden estructural, aunque tampoco está ausente la gramática flexiva, si bien, razonablemente integrada en los patrones estructurales que constituyen el objetivo de cada unidad docente.

La metodología comunicativa integral (Sánchez, A., 1997: 252 ss) constituye una importante variante evolutiva de la metodología comunicativa en los años ochenta. Éste es otro ejemplo de un manual asentado sobre los principios de tal metodología (Sánchez, A., P., Cantos, M. T., Espinet: *Cumbre 1,* SGEL, 1995). La programación del contenido se hace más compleja, en respuesta a los postulados del método. Todo ello se refleja en la tabla de contenidos:

UNIDAD ÁREA TEMÁTICA	APRENDERÁS A...	GRAMÁTICA	LÉXICO	ORTOGRAFÍA Y PRONUNCIACIÓN
0	Introducción: el mundo hispano.			
1 La clase: saludos y presentaciones.	Saludar (formal e informalmente). Presentarse. Identificarse, decir el nombre. Preguntar por el nombre.	*Soy, eres, es. Estoy, estás, está. Me llamo, te llamas, se llama.* Concordancia masculino/femenino. *Tú* y *Usted.* Artículo.	Nombres y apellidos usuales en español. Números: 1 a 10.	Nombres de las letras del alfabeto español.
2 Los amigos se conocen.	Preguntar por nacionalidad, origen. Preguntar por profesión, trabajo. Dar las gracias y responder.	Indicativo de verbos regulares en *-ar.* Pronombres personales. Negación. Plural.	Nombre de países hispanoamericanos y naciones más importantes. Números (10 - 50).	Valor fonético de la *h.*
3 La ciudad (Buenos Aires) y la vivienda.	Preguntar sobre entorno. Identificar y describir espacio exterior, objetos, cosas, lugar donde se vive, casa/apartamento. Expresar sorpresa.	Palabras acabadas en *-e*; plurales. *Hay* + sustantivo. *Este/esto/ese/aquel.* Presente indicativo de los verbos en *-er, -ir. Tener.*	Objetos de la casa y entorno. Números (50-110).	Valores de *c* + *a, o, u* (= [k]). *c* + *e, i* (= [_]).
4 Orientarse en el espacio externo: con una amiga francesa en Madrid. R1	Pedir/dar información sobre el entorno. Pedir información/aclaraciones. Ubicar cosas y personas. Dar instrucciones sobre lugares, dirección. UNIDAD DE REVISIÓN Y AUTOEVALUACIÓN.	*Aquí/ahí/allí.* Algunos presentes irregulares *(poder, venir, ir).* Imperativo. *Tome, vaya, gire...*	Palabras relativas a ciudades, transporte, lugares y edificios públicos. Términos que denotan posición en el espacio (*A la derecha/ izquierda...*).	Sonido [x] y valores de *g/j.*
5 Gustos jóvenes.	Preguntar por preferencias o gustos y responder. Invitar: aceptar, rechazar.	*Me gusta (mucho),* etc. *A mí me... A ti te..., A él/ella le...,* etc. Estructuras para pedir algo (condicional). Verbos irregulares: *o > ue, e > ie. Hacer*	Deportes. Gustos jóvenes habituales.	Contraste [_ / s]. (Grafía *ce, ci, z*).
6 Fecha y hora para el concurso	Preguntar por la hora o fecha y responder. Preguntar por la edad y responder.	Algunos verbos irregulares en presente de indicativo. *Lo, la, los, las* como objeto directo. Estructuras para preguntar por la hora, edad, fecha, día.	Números (cardinales, ordinales). Días, meses, hora, edad.	Entonación en la frase.
7 El tiempo atmosférico. Actividades cotidianas.	Hablar del tiempo atmosférico. Expresar posesión y pertenencia. Referirse a las partes del día y expresar acciones relativas a la vida cotidiana.	Verbos impersonales: (*Hace, Nieva, llueve...*). Formas reflexivas. Posesivo. *Ir a, Venir de.*	Fenómenos relativos al tiempo atmosférico. Acciones habituales y diarias (cotidianas).	Grafía y pronunciación de la *ch* y *ll.*
8 Vestido, cuerpo y salud. R2	Nombrar, describir el cuerpo humano. Hablar del vestido, tallas, colores, materia de que están hechas las cosas. Expresar dolor (relativo al cuerpo). UNIDAD DE REVISIÓN Y AUTOEVALUACIÓN	Condicional (para formular deseos). *Me/le duele. Conozco, conoces, conoce,* etc. Estructuras para describir el cuerpo humano, hablar del vestido, expresar dolor.	Prendas de vestir. Partes del cuerpo humano, medidas, tallas. Colores. Materia de que están hechas las cosas.	Entonación de frases exclamativas.

4.2. Criterios de frecuencia

El índice de frecuencia, como criterio utilizable para decidir sobre qué materiales deben ser incorporados en los manuales para la enseñanza de idiomas, ha estado presente a lo largo de la historia de la enseñanza de lenguas. También es cierto, no obstante, que sólo en la década de los sesenta, con el advenimiento del método audio-oral, el criterio de frecuencia aplicado a la selección léxica se empezó a aplicar de manera casi obligada y llegó a cobrar un notable protagonismo, tanto en los círculos de especialistas como entre el profesorado en general. El criterio de frecuencia es más claramente perceptible en los métodos o materiales alineados dentro de la corriente no-gramatical o conversacional (Sánchez, A., 1992; 1997: 39 ss). En efecto, los diálogos o textos utilizados pretenden responder a las necesidades comunicativas de quienes los van a utilizar. Los diálogos de Erasmo, por ejemplo, a pesar de que se plantean como objetivo enseñar a hablar latín a los alumnos, o los diálogos de Aelfric en el siglo XI –para enseñar latín a los monjes anglosajones– se centran en situaciones no solamente creíbles respecto a su imbricación o inserción en la vida real, sino incluso adecuadas y representativas del contexto al que pretenden ajustarse. Este procedimiento se evidencia con mayor claridad en los libros de diálogos que se popularizan a partir del siglo XVI: cada diálogo tiene como objetivo hacer que el alumno se familiarice con frases, palabras y locuciones propias del contexto al cual se refieren (Sánchez, 1990). La utilidad de los diálogos seleccionados se fundamenta en su alto índice de frecuencia dentro de la realidad diaria y comunicativa. De ahí que también sea posible concluir que la lectura de tales diálogos constituye un buen método para conocer ideas, usos y costumbres de la época en que fueron escritos, afirmación que parece acertada desde cualquier ángulo que se analice la producción de libros de diálogos.

Los manuales del método tradicional o de gramática y traducción son, en principio, los que más se distancian del procedimiento basado en criterios de frecuencia. Ello se deriva del énfasis puesto en los aspectos gramaticales. Sin embargo, los criterios de frecuencia siguen estando presentes, aunque sea de manera inconsciente, especialmente en la selección del vocabulario. No es cuestión de azar que las primeras palabras que se aprenden tengan relación con los objetos de la clase, o con las prendas de vestir, o con la casa, por ejemplo. Aunque todos los términos propios de estos contextos se apliquen a la construcción de frases que obedecen a las reglas gramaticales con las que se practica, el hecho no contradice que las palabras utilizadas se usen con frecuencia. Pero existe una notable diferencia entre valerse de criterios de frecuencia aleatorios e incoherentes, y basarse en estos criterios de manera estudiada y científicamente validada. Advertido esto, no debería menospreciarse la incidencia del componente "frecuencia" o "uso" en la mayor parte de las metodologías, si bien en grados significativamente diferentes. Claro que en cuestiones metodológicas la prioridad dada a uno u otro elemento, a uno u otro punto de partida, es significativa y, quizás, decisiva. Piénsese en el tratamiento que de los criterios de frecuencia se hace en la metodología audio-oral o estructuro-global, tanto en el ámbito del léxico como de las estructuras.

Las razones que abogan por la aplicación de criterios de frecuencia son realmente sólidas: si los métodos tienen como finalidad última la búsqueda de un mayor grado de eficacia, es lógico que se concentre el esfuerzo en el aprendizaje de los elementos que son más rentables en la comunicación. Tales elementos no pueden ser otros que los más frecuentes. En contra del dicho popular de que "el saber no ocupa lugar", la mente humana es limitada en su capacidad de almacenamiento y la realidad del aprendizaje atestigua que ni se puede aprender todo al mismo tiempo ni con idéntica solidez. Se impone, pues, seleccionar el objeto y al mismo tiempo ordenar en orden de preferencia lo que debe recibir o no atención prioritaria. Hacia esa finalidad apunta la aplicación de criterios de frecuencia.

Los estudios relativos a la frecuencia se aplicaron en un principio al vocabulario, luego a las estructuras lingüísticas y, posteriormente, a las funciones comunicativas. De manera menos evidente y con menor intensidad asimismo se han aplicado estos criterios a las situaciones en que se desarrolla la comunicación lingüística. Incluso en el contenido del libro analizado anteriormente (Martín Alonso, 1949), de carácter tradicional, se incluyen situaciones comunicativas habituales en la vida real y cotidiana. No se incluye cualquier situación, sino precisamente aquellas que son más frecuentes, aunque esta decisión se tome de manera intuitiva y sin el aval de una cuantificación científicamente comprobada. Con el advenimiento de los métodos nocional-funcionales se inicia un camino de análisis fructífero no sólo en lo relacionado con la frecuencia de las situaciones, sino también en lo concerniente a las necesidades comunicativas. Éstos están íntimamente relacionadas con la frecuencia de las situaciones a que se refieren: es evidente que se usa más lo que más se necesita. O sea, que ambos procedimientos desembocan en resultados similares. El Consejo de Europa ha desempeñado un papel decisivo en los estudios de necesidades lingüísticas llevados a cabo, el primero de ellos dirigido por Richterich (1977, 1983).

La aplicación de criterios de frecuencia sólo puede basarse fiablemente en datos lingüísticos representativos de aquello a lo cual hacen referencia. Si nos referimos a la frecuencia del léxico, será necesario disponer de listados de las palabras más frecuentes en el uso comunicativo de un idioma. Para obtener tales listados es necesario contar con grandes recopilaciones textuales sobre las cuales realizar cómputos válidos; de igual manera hay que proceder para dictaminar sobre cuáles son las estructuras o frases más usadas, etc. Los primeros intentos en tal sentido se llevaron a cabo en la primera mitad del siglo XX (Sánchez, A., 2000), pero sólo con la incorporación de los corpus lingüísticos y con la ayuda de los ordenadores podemos disponer de resultados realmente fiables y fáciles de manipular. En el siglo XXI la aplicación de criterios de frecuencia ya está al alcance de manualistas y de profesores y no existe disculpa para no aplicarlos cuando sea preciso.

4.3. Criterios de pertinencia o adecuación

Los criterios de frecuencia aplicados en la selección de materiales docentes deben estar ligados a las necesidades lingüísticas de los alumnos. Tales necesidades lingüísticas pueden, aún, estar complementadas o moduladas por otros criterios pertinentes, que ayuden a aquilatar y afinar la selección. Es lo normal en este tipo de procesos: al aumentar la complejidad de algo, se precisan más filtros para tratar convenientemente las peculiaridades y atender mejor a las necesidades de los usuarios. El principio de los criterios "pertinentes" podría formularse con una máxima: *Lo que es necesario es pertinente, pero no todo lo que es necesario es pertinente en igual medida.* De ahí, la conclusión de que para atender mejor al alumno es preciso seleccionar todo lo que sea necesario, pero introduciéndolo en distintos momentos y estadios y con diferente énfasis, de acuerdo con el grado de pertinencia que le corresponda.

El principio no es, probablemente, difícil de aceptar. Pero su puesta en práctica es menos sencilla de lo que teóricamente cabría esperar. Son ya muchos los trabajos e investigaciones realizados en torno a la definición de las necesidades de quienes aprenden una segunda lengua (Richterich, 1983; niveles umbral del inglés, francés, italiano, español, catalán). Y el campo se ha perfeccionado y ampliado con investigaciones sobre el autoaprendizaje, con la enseñanza a distancia, con la enseñanza virtual a través de internet y con la enseñanza para fines especiales. Cada uno de esos campos debe tratarse con prudencia y sin excesos, ya que no hay que perder de vista las limitaciones a que están sujetos. La compilación de las necesidades comunicativas de los discentes parece el mejor punto de partida para elaborar en torno a ellas los materiales docentes. Una metodología que se centra en la enseñanza de la lengua como instrumento de comunicación, debe partir de esa base por definición. No obstante, la descripción de las necesidades comunicativas admite matizaciones importantes. El elenco de necesidades básicas que subyacen en el sistema educativo reglado es muy similar para todos. Las variantes posibles en un entorno de cultura similar no son realmente significativas. En un nivel medio y superior podrían detectarse algunas variantes más, pero tampoco éstas serían muy numerosas. Las necesidades comunicativas serían, sin embargo, más diferentes en grupos específicos, orientados hacia una profesión (administración, medicina, empresa, etc.), es decir, en grupos que pretenden aprender una lengua (inglés, español, ruso...) para usarla en ámbitos comunicativos restringidos, más acotados y bien definidos. Es incluso posible y probable que tales ámbitos den prioridad a una destreza sobre otra o que prescindan casi totalmente de una destreza, lo cual haría todavía más significativas las diferencias en el repertorio de necesidades requeridas.

Los listados de necesidades son, indefectiblemente, abiertos y parcialmente cambiantes. En efecto, las circunstancias y el entorno cambian y, en razón de ello, también cambian las necesidades comunicativas. Aparte de ello, tales elencos de necesidades son abiertos, porque dependen, en su extensión y tamaño, del campo que pretendamos abarcar. Las necesidades para un nivel elemental son menores en cuantía que las que serían precisas para un nivel medio o superior. Incluso dentro de cada nivel, no se debe dar por supuesto que un determinado grupo de necesidades puede universalizarse de manera indiscriminada. Es aquí donde el criterio de pertinencia o adecuación debe entrar en acción.

Como apunté anteriormente, los objetivos docentes en nuestro entorno suelen ajustarse al estudio de necesidades realizado en su día por los expertos del Consejo de Europa. Tales necesidades comunicativas admiten no sólo matizaciones, sino también cambios menores que facilitarán el ajuste más preciso del contenido al grupo específico con el cual se trabaja. El tema y la función de "saludar" están en todos los elencos de necesidades comunicativas básicas, como no podría ser de otro modo. De igual manera que lo está "preguntar por gustos y aficiones", etc. Pues bien, aunque esas funciones sean comunes a todos los currículos, su concreción admite no solamente variantes relativas al contexto en que pueden tener lugar, sino también diferencias respecto a las estructuras lingüísticas y el vocabulario implicados en tales contextos. En la selección de lo más adecuado o pertinente en cada caso participan diversos criterios: desde la edad de los discentes hasta el catálogo de intereses o elementos que más incidan en su motivación. El abanico de posibilidades es notable en cualquiera de los casos que se sometan a consideración.

La función de "saludar" puede llevarse a la práctica en multitud de contextos: entre amigos, entre profesionales, entre gente culta y educada, entre gente de educación deficiente, entre jóvenes, entre ancianos, etc. En todas las circunstancias existen modelos o estructuras lingüísticas que pueden ser neutras y comprensibles para todos: las frases *¿Cómo está Ud.?/¿Cómo estás?* serían un ejemplo de registro formal o coloquial. El logro de una mejor adecuación en la selección implicaría que, además de centrar la función de "saludar" en un colectivo determinado (por ejemplo entre jóvenes), habría que identificar la fórmula lingüística precisa utilizada por ese colectivo, como sería la más genérica y coloquial –*¿Cómo estás?*–, a la más propia de una determinada edad y jerga juvenil -*¿Cómo estás, tío? ¿Cómo estás, colega?* En el sistema escolar reglado, las dos últimas fórmulas encontrarán, sin duda, oponentes declarados y dudas sistemáticas de "conveniencia" en muchos autores de materiales o profesores. La sensibilidad del estamento docente y de la sociedad en general en la definición de lo que "es apropiado" impone ciertas restricciones. Claro que también cabría plantearse la pregunta de si las fórmulas más coloquiales –*¿Cómo estás, tío? ¿Cómo estás, colega?*–, precisamente porque son características de un estrato juvenil muy amplio en nuestros días, no resultarían más atractivas y motivadoras para un grupo de jóvenes que están aprendiendo español. En contra de esta apreciación cabría oponer, sin embargo, que cuanto más se acoten los términos o frases aprendidas, más se restringirá su alcance y rentabilidad, reflexión ésta que quizás sea más convincente a la hora de tomar una decisión.

La aplicación de criterios de pertinencia o adecuación no afecta a lo esencial del currículo, pero sí incide en elementos que pueden adaptarlo al grupo discente. Quizás este tipo de trabajo sería más propio del profesor que adapta los materiales a su clase y no responsabilidad directa de quienes elaboran libros de texto, que dependen de audiencias más generalizadas.

Capítulo IV

TIPOLOGÍA DE LAS ACTIVIDADES

Concepto de actividad

En un capítulo posterior (Capítulo V, 4.) se trata con más detalle la naturaleza de las actividades, al abordar el tema de su evaluación. Baste, pues, con anotar ahora que por actividad se entiende *cada una de las acciones u operaciones unitarias (unidades de acción) mediante las cuales se lleva a cabo la enseñanza en el aula*. Lo más sobresaliente de dicha acción es que consta de dos elementos esenciales: un objetivo (que se persigue mediante tal operación) y un procedimiento o estrategia (mediante la cual se pretenden lograr los objetivos propuestos). El **objetivo** actúa como motor, orientando siempre la acción hacia un fin, mientras que la **estrategia** o **procedimiento** enmarca las actuaciones que se desarrollan para llevar la acción a buen término. Así debe entenderse la estructura y naturaleza de las actividades propuestas a continuación.

Ha de advertirse, además, que no existe una sola tipología de actividades. Los resultados de una ordenación sistemática estarán ligados a la perspectiva o punto de vista desde el cual se lleve a cabo el análisis. En este capítulo se toman como punto de referencia cuatro ejes clasificatorios:

a. su valor comunicativo,
b. su inserción en el esquema organizativo de la clase,
c. su relación con cada una de las cuatro destrezas lingüísticas,
d. su relación con los objetivos gramaticales que persiguen.

1. Tipología de actividades atendiendo a su valor comunicativo

Una de las perspectivas desde la que es posible agrupar las actividades es el *valor y potencialidad* que se les asigna en relación con las *situaciones comunicativas* en que pueden ser utilizadas. Littlewood (1981: 8 y ss.) las clasifica en dos grandes tipos: *actividades precomunicativas* y *actividades comunicativas*. Las primeras se centran en los elementos formales –herramientas– de que se vale la comunicación propiamente dicha; las segundas, ponen el énfasis en el significado que dichos elementos son susceptibles de transmitir. A tal fin, se estructura el aprendizaje en dos estadios:

Estadio 1.º:

El alumno se entrena y practica con ejercicios de carácter típicamente lingüístico y repetitivo. Se trata de una etapa en la que los alumnos deben familiarizarse con el utensilio de comunicación, que está constituido por las palabras y frases. El objetivo en esta etapa es adquirir los elementos lingüísticos necesarios, sin pasar del nivel formal que éstos implican. Littlewood denomina las actividades propias de esta etapa como "pre-comunicativas". Con ellas como bagaje, el alumno podrá luego adquirir las destrezas que se precisan en la comunicación. En la metodología tradicional, prácticamente todas las actividades de la clase eran de este tipo. La pretensión era que el alumno comprendiera y fuera consciente de los elementos que participan en la comunicación, de las reglas que rigen en ella y, a veces, incluso de los contextos en que se inserta el uso de unas y otras palabras, frases, expresiones, etc. Mediante estas prácticas el alumno aprende a relacionar los elementos lingüísticos con el significado que les corresponde, o a practicar y producir frases de manera aceptable y correcta, según detalla el autor. El aprendizaje de estos elementos debe recorrer los siguientes peldaños:

a. comprensión,
b. memorización,
c. práctica,
d. consolidación,
e. re-utilización autónoma en contextos formales o paralelos.

Estadio 2.º:

En este estadio sitúa Littlewood las actividades que él denomina "comunicativas". Este tipo de actividades permite al alumno utilizar los elementos lingüísticos que ya posee o ha aprendido con el fin de comunicarse, es decir para producir significados. El énfasis recae, por tanto, sobre el significado, mientras que en el anterior estadio el énfasis recaía en la forma. La clasificación bipolar de Littlewood es equiparable a la que en estas páginas denomino actividades de *carácter lingüístico* y actividades de *carácter comunicativo* (véase el capítulo V).

No obstante, la frontera entre unas y otras no está claramente delimitada. Así lo apunta repetidamente Littlewood (1981). La realidad del aula, no obstante, hace aceptable y, quizás en ocasiones, necesaria esta clasificación básica, en la medida en que el significado no puede desconectarse de las formas lingüísticas, ni puede activarse sin el dominio previo de éstas por parte del aprendiz. La clasificación de las actividades en dos grandes bloques estancos no permite, sin embargo, afinar suficientemente en la concreción de una tipología rica y variada.

2. Tipología de actividades según el esquema organizativo de la clase

Otra perspectiva desde la cual pueden clasificarse las actividades es la que se fundamenta en su organización en la clase, *atendiendo a los esquemas didácticos que sigue el profesor*. Se han realizado diferentes estudios en torno a cómo se organizan las actividades en el aula (Richards, 1994: 161; Sánchez, A., 2001). De hecho, los profesores concretan sus ideas y explicitan su planificación a través de las actividades que desarrollan. Es útil considerar la tipología de actividades que suelen darse dentro del marco de organización más habitual en el aula:

2.1. Actividades de contextualización o introductorias

Este tipo de actividades se caracteriza por la función que desempeñan en la clase, no por su naturaleza comunicativa o lingüística: todas pretenden contextualizar el trabajo que seguirá a continuación y que ocupará el tiempo de clase. Tal función esconde gran variedad de posibilidades. He aquí algunas:

a. El profesor desarrollará la clase en torno a las flexiones que distinguen el masculino del femenino (por ejemplo, en español). La primera actividad podría adquirir variantes como:
   – El profesor muestra fotos de personas, hombres y mujeres, y las asocia, de manera visual, a las palabras que las designan.
   – Esa misma contextualización puede hacerse con dibujos o fotos de cosas diversas, cuyos nombres impliquen diferencias de género.
b. El profesor lee una poesía sencilla en la cual las diferencias de género son evidentes o notorias.
c. En otra clase, el profesor presenta el vocabulario y las estructuras necesarias para expresar gustos y preferencias. La actividad de contextualización consistirá en que los alumnos digan qué les gusta más, entre una serie de aficiones habituales que el profesor ha escrito en la pizarra.
d. Otro profesor puede contextualizar el tema de los gustos y preferencias proyectando un vídeo en el que se han filmado tres o cuatro actividades deportivas: natación, baile, escuchar música, patinar…
e. Para contextualizar el tema relacionado con "hablar de nacionalidades" el profesor cuenta una anécdota o un chiste relacionado con la diferente percepción que dos o tres personas de distinta nacionalidad tienen sobre un hecho determinado (sobre este tema existen numerosas situaciones jocosas). Otro profesor, que quizás se enfrenta a un grupo de alumnos poco motivados, inicia la sesión con una canción del cantante de moda, en la lengua objeto de aprendizaje. Del texto extrae un par de frases relacionadas con los objetivos léxicos y gramaticales de la clase del día.

Así, podríamos ir concretando un sinfín de posibles variantes en torno a las actividades de contextualización. Conviene destacar que este tipo de actividades tiene poco que ver con la metodología que sigue el profesor o, al menos, no es necesario que estén subordinadas a ella. Su función desborda los límites metodológicos y se sitúa dentro de parámetros mucho más amplios y universales: la utilización de recursos que favorezcan el inicio de un determinado trabajo o que motiven a emprenderlo.

2.2. Actividades de presentación de los materiales de trabajo y de los objetivos propuestos

Pertenece a la naturaleza de la acción docente que quien es enseñado sepa qué va a aprender. Ésta es, probablemente, la razón por la cual las clases suelen incluir siempre entre sus prioridades la presentación del material de trabajo. Este material suele contener los objetivos de la unidad. En este sentido hay una dependencia estrecha entre el tipo de actividades utilizadas en la fase de presentación y la metodología que se pretende seguir. En efecto, los objetivos están íntimamente asociados al método y la consecución de una u otra modalidad de objetivos conlleva la aplicación de estrategias y procedimientos determinados. El uso de una estrategia concreta exige su adecuación a la finalidad perseguida, si realmente buscamos incrementar al máximo el grado de eficacia. Basta con echar una ojeada a los listados de objetivos que contienen los manuales de distintas metodologías para cerciorarnos de las diferencias. Mientras en los métodos basados en la gramática las unidades giran en torno a temas prioritariamente gramaticales (el artículo, el subjuntivo, la comparación, etc.), en los métodos estructuralistas los objetivos promueven el aprendizaje de estructuras, partiendo de las más simples para ir progresando hacia las más complejas. Los métodos comunicativos, por su parte, se organizan en torno a objetivos que pretenden facilitar la comunicación en torno a áreas "nocionales": la expresión de posesión, el saludo, la comparación, etc. Partiendo de estos supuestos, se hace necesaria la variedad en este tipo de actividades de presentación de materiales.

La diversidad de estrategias es también posible dentro del mismo enfoque metodológico. Un programa que dé prioridad a la gramática sería compatible con actividades introductorias como las siguientes:

a. El profesor explica las consecuencias de orden morfológico que derivan del uso de uno u otro género en lenguas como el español, ofrece ejemplos y contrasta este hecho con el propio de la lengua materna de los alumnos (por ejemplo con el inglés, que se caracteriza por un sistema flexivo más restringido). Una vez hecho esto, comenzarían los ejercicios propiamente dichos en torno al tema.

b. El profesor escribe en la pizarra diez palabras y pide a la clase que le ayude a poner el artículo adecuado a cada una de ellas.

c. El profesor da a cada grupo de alumnos un texto corto y adecuado al nivel para que, entre todos, subrayen las palabras masculinas (en azul) y femeninas (en rojo).

d. El profesor escribe un texto con algunos errores de concordancia en el género. Los alumnos deben revisarlo durante unos minutos, discutir o contrastar los resultados con su compañero o compañera y luego comunicar los resultados a toda la clase.

e. Los deberes del día anterior consistían en aprender las reglas de concordancia relativas al género y el profesor comienza la clase pidiendo a algunos alumnos que expliquen tales reglas y las ilustren con ejemplos.

El hecho de que estas actividades comportan objetivos de tipo gramatical no impide reconocer que se basan en estrategias parcialmente diferentes. De ahí que algunas de ellas sean más compatibles que otras con un método determinado, como podría ser el método comunicativo, en contraste con el estructural. Los objetivos y las estrategias para conseguirlos están íntimamente relacionados entre sí y son interdependientes, pero no son lo mismo; cada una de las partes mantiene un cierto grado de independencia.

2.3. Actividades de práctica

Siguiendo las pautas básicas de aprendizaje del ser humano, una vez que se han presentado los materiales y los alumnos están "en contexto", se suele pasar al estadio de las prácticas. Los ejercicios de práctica también comparten el mismo objetivo general: activar los mecanismos de aprendizaje mediante la repetición, más o menos intensa, o parcialmente "encubierta", de los elementos que constituyen el objetivo de la clase. Por lo general, las actividades de práctica implican dos elementos:
   – un *modelo* al cual se ajustan o deben ajustarse los aprendices y
   – la *presencia de un control* posterior que compara el modelo con la producción del alumno.

Tanto el modelo como el control de la producción son indispensables, aunque cabe la posibilidad de que uno u otro no aparezcan con nitidez, al menos para el alumno. Pero siempre deberían estar presentes, de manera consciente, en quien lleva el liderazgo y organización de la clase, es decir, el profesor.

Las actividades de práctica admiten una gran variedad. En la tradición escolar han sido y siguen siendo las más frecuentes. Su posible clasificación gira en torno a ejes como:

a. la destreza que implican o se pretende practicar;
b. el componente gramatical que constituye el objetivo;
c. la estrategia que se aplica en cada caso para lograr lo que nos proponemos.

Es posible tomar como punto de referencia las cuatro destrezas. Si se trata de la *comprensión oral*, los ejercicios de audición pueden revestir numerosas modalidades:

a. Escuchar una grabación en su totalidad.
b. Escuchar esa misma grabación en párrafos, frases o secuencias previamente decididas, aplicando criterios diversos (audición de palabras específicas, frases completas, estructuras acotadas, etc.).
c. Escuchar una grabación con o sin acceso al texto grabado.
d. Escuchar una grabación con acceso al texto grabado, pero habiendo eliminado previamente algunas palabras o secuencias con el fin de atraer la atención del alumno hacia esas lagunas.
e. Escuchar primero para luego repetir sonidos, palabras o frases.
f. Escuchar para consolidar patrones gramaticales concretos (concordancia masculino-femenino, correspondencia entre persona verbal y flexión que le corresponde, etc.).
g. Escuchar para comprender globalmente un texto.
h. Escuchar para extraer significados dentro de un contexto.
i. Escuchar para identificar o buscar la información que se indica, etc.

Un elenco similar de actividades podría elaborarse para el resto de las destrezas o para los distintos componentes gramaticales. La dinámica de la clase tradicional propicia que este tipo de actividades abunde en exceso y consuma gran parte del tiempo disponible en el aula.

2.4. Actividades de aplicación

Mientras las actividades de práctica se centran en el aprendizaje de elementos que no necesariamente están siempre conectados los unos con los otros desde el punto de vista de la comunicación o del uso comunicativo, las actividades de aplicación se proponen lograr que los discentes utilicen lo presentado y aprendido de manera autónoma, quizás creativamente y con un mínimo de soltura y fluidez. Lo que mejor distingue a este tipo de actividades es el creciente grado de exigencia que imponen a los alumnos. Una actividad de repetición requiere que el alumno identifique, capte o reproduzca uno o más elementos controlados e inmediatos en el tiempo, sin que sea preciso añadir nada nuevo. En una actividad de aplicación el alumno deberá ser capaz de integrar elementos diversos y utilizarlos autónomamente, extrayéndolos de fuentes variadas, es decir, del conjunto de conocimientos que ha ido adquiriendo y almacenando a lo largo de su aprendizaje. Es evidente, por tanto, que el salto hacia delante es importante y significativo. Si se trata de prácticas de producción oral, un ejercicio de aplicación sería por ejemplo:

a. pedir que el alumno resuma oralmente el contenido de un texto que previamente ha leído; o

b. exponer a su compañero o compañera la idea principal de un texto; o

c. responder en clase o en grupo a preguntas sobre el contenido del texto leído.

Las actividades de aplicación constituyen el inicio de otra etapa posterior, que consistiría en la producción autónoma dentro de contextos diferentes, pero similares o paralelos a aquéllos con los que se ha estado trabajando (por ejemplo: "pedir información para sacar un billete de tren" sería un contexto paralelo a "pedir información para sacar un billete de avión").

2.5. Actividades de transferencia

El aprendizaje resulta de la acumulación e integración de conocimientos. Lo acumulado hasta un momento determinado es la base de partida o el punto de apoyo para tareas futuras. Sólo en este sentido puede hablarse de "acumulación" o de "aprendizaje lineal". Y si el aprendizaje se entiende así, no sería aconsejable proceder dejando huecos o lagunas intermedias, vacíos que dificultarían, tanto la acumulación y consolidación como el progreso. Esa peculiar concepción lineal y sistemática del aprendizaje queda también reflejada en la organización de las actividades de clase. De esta manera se propicia el uso de lo aprendido en situaciones similares sólo después de que los discentes estén en disposición de manejar, con un mínimo de soltura y fluidez, la situación que les ha sido ya presentada, sobre la cual se han realizado prácticas repetitivas y a la que han seguido ejercicios más autónomos, que dan seguridad al alumno para moverse con confianza dentro de ese contexto. Una vez que la situación discente ha llegado a este nivel respecto a un objetivo determinado, es habitual poner a prueba la capacidad del alumno para recrear algo parcialmente nuevo a partir de lo que ya es conocido, al menos pasivamente. Las actividades de transferencia desempeñan entonces un cometido importante con el fin de activar lo aprendido y ganar en fluidez expresiva.

Activar el uso de lo que se ha adquirido es una tarea muy exigente. En primer lugar, este estadio exige que el alumno sea capaz de integrar lo aprendido. Por "integrar" se ha de entender, en esta etapa, no solamente *manejar o dar unidad a los elementos de un micro-entorno, micro-situación comunicativa o conjunto de componentes lingüísticos propios de una frase o expresión funcional,* sino también *ampliar la capacidad lingüística al macro-entorno o macro-situación comunicativa.* En la medida en que el hablante desea incrementar el campo comunicativo, necesita echar mano de nuevos recursos ligados a la situación, aunque no pertenezcan estrictamente a ella. Dichos recursos, si ya fueron previamente objeto de aprendizaje, han de ser activados ahora. A su vez, los nuevos recursos utilizados estarán ligados a otros, pudiendo constituir el conjunto un entramado complejo que excede con creces el ámbito de una sola función comunicativa, máxime si ésta se presenta fuera de contexto. Del grado de complejidad de las actividades de transferencia puede dar fe el ejemplo siguiente. La actividad diseñada para "hablar de hechos y acciones pasadas" se concreta en un libro de texto de esta manera:

En grupos:

a) Anotad lo que ha hecho cada uno de los miembros del grupo durante la última semana.

b) Ordenad lo que habéis hecho en el grupo, según el esquema:

primero: ....
luego: ....
después: ....
finalmente: ....

c) Comunicad lo que habéis hecho a toda la clase.

d) Con las anotaciones de todos los grupos, escribid el "Diario del día de la clase".

Se trata de un ejercicio en el que los alumnos tienen que poner a prueba los conocimientos adquiridos en torno a la expresión de hechos pasados. No bostante, la producción exigida no se restringe ni se puede restringir únicamente a los elementos lingüísticos necesarios para expresar "acciones ocurridas en el pasado". Las acciones pasadas,

– han de contextualizarse en un ámbito comunicativo más amplio,
– han de referirse a alguien como agente o paciente,
– implican una situación dentro de un entorno, físico o no,
– pueden implicar la expresión de relaciones entre las personas participantes,
– quizás conlleven la expresión de posesión respecto a las cosas mencionadas,
– es probable que los interlocutores deban referirse a fechas concretas (año, día de la semana),
– también es probable que deba expresarse la hora exacta en que ocurrieron los acontecimientos,
– por lo general, es necesario mencionar hechos, cosas, objetos, etc.

Si esto es así, los alumnos participantes se verán obligados a activar reglas gramaticales o de uso específicas, por ejemplo, las relativas al orden secuencial de los elementos en la frase, la presencia u omisión del artículo, la concordancia de las palabras en género y número, etc. Y la selección de palabras o expresiones adecuadas, dentro de las opciones que se presentan, son, con frecuencia, variadas y dispares (piénsese en expresiones fijas, o en léxico de uso restringido). En consecuencia, para llevar a cabo satisfactoriamente la actividad de transferencia anotada anteriormente, debería alcanzarse la capacidad lingüística que permita expresar algo similar a lo que se anota a continuación:

La semana pasada fui al colegio cada día, de 9 a 15 de la mañana. Por la tarde hice muchas cosas.

El lunes estudié con mi amiga en casa, durante dos horas. Luego fuimos las dos a pasear por el parque.

El martes estuve yo sola en casa. Hice los deberes.

El miércoles fui a unos grandes almacenes a comprar con mi madre. Compramos la comida de la semana. Compramos muchas cosas: carne, huevos, verdura, y… algunos dulces. Luego estudié una hora, me duché, vi un rato la televisión, cené y me fui a la cama. Estaba muy cansada.

El jueves me quedé en el colegio trabajando con toda la clase. Preparamos la fiesta de fin de año. Luego fui con mis amigas y amigos a tomar algo. Nos reímos y nos divertimos mucho.

El viernes hice mis deberes durante dos horas. Preparé el trabajo de historia, hice los ejercicios de matemáticas. También escribí una carta en inglés, a mi amiga de Londres. Tenemos un intercambio con un colegio en Inglaterra.

El fin de semana me levanté un poco más tarde. Jugué al tenis y patiné con mis amigas en el parque de la ciudad. Por la noche fuimos a una discoteca y bailamos mucho. Fue muy divertido.

Como puede apreciarse, la realización de una actividad de este tipo difícilmente podrá circunscribirse al uso de las formas de imperfecto o pretérito simple, aunque el objetivo prioritario sea la expresión de hechos o acciones pasadas. Los ejercicios de transferencia obligan a activar mucho de lo aprendido hasta el momento. Además, con cierta frecuencia, obligan al alumno a añadir sus propias experiencias e ideas, sus sentimientos, su visión del mundo. Aunque es verdad que el alumno no será capaz de expresar todo lo que quisiera, su capacidad comunicativa se correlacionará con la capacidad que tenga para activar en cada momento todo lo que haya aprendido. A tal fin, debe poder integrar adecuadamente los elementos que aprendió por separado, y que ahora debe enmarcar en un todo homogéneo y coherente.

2.6. Actividades autónomas y creativas

Por actividades autónomas y creativas debe entenderse un tipo de actividades en que los alumnos son capaces de valerse de la lengua aprendida, recombinando con fluidez y soltura elementos no siempre totalmente previsibles y aportando de su parte algo que permita comprobar el dominio integral y autónomo del idioma. Usar el término "creativo" con un significado más ambicioso en relación con el aprendizaje de segundas lenguas sería ilusorio. No cabe esperar que los alumnos que aprenden una lengua extranjera "creen a partir de la nada", o que produzcan a partir de lo que no tienen, porque aún no lo han adquirido. La posibilidad de generar un "número infinito de frases" (por usar la terminología chomskiana) en el caso de un hablante nativo no está exenta de límites. Las fronteras expresivas no solamente dependen del sistema lingüístico en cuestión, sino también del grado de educación lingüística y de los conocimientos que tenga cada hablante concreto. Con mayor razón hay que concluir que los alumnos de una lengua extranjera están sujetos, como mínimo, a esas mismas limitaciones, aunque más acentuadas, dado que su nivel de competencia suele ser inferior al desarrollado por los hablantes nativos.

Las actividades autónomas y creativas se denominan asimismo, en la tradición escolar, "actividades libres". Ejemplificando en la expresión de hechos pasados, una actividad de este tipo podría ser escribir una redacción, enunciada como:

- *Anota tus menús durante la semana pasada.*
- *Anota lo que ha comprado Isabel durante el mes pasado.*
- *Escribe un resumen del texto en torno a la vida de Picasso.*
- *Escribe tu opinión sobre los Juegos Olímpicos de Barcelona.*
- *Habla sobre lo que ocurrió en tu última fiesta de cumpleaños,* etc.

No se trata solamente de "transferir" lo aprendido en una situación comunicativa a otra similar, sino de activar todo lo que alguien sabe y ser capaz de seleccionar y adaptar lo que sea preciso y conveniente en un entorno en el que el hablante es plenamente responsable de la comunicación, sin contar con la ayuda cercana de un modelo que actúe como guía y al que poder ajustarse con facilidad. Si la repetición es el primer paso hacia la consolidación, y la transferencia es necesaria para ser capaz de activar lo aprendido, la creatividad lingüística significa ser capaz de utilizar cualquiera de los elementos aprendidos y saber adaptarlos al momento y a la situación o contexto en que el hablante se encuentra.

3. Tipología de actividades según destrezas

La referencia a destrezas lingüísticas en el campo de la enseñanza de lenguas es bastante reciente, se remonta a mediados del siglo XX. Su utilidad en el análisis y clasificación de la expresión lingüística es, sin embargo, muy alta. Con las cuatro destrezas podemos referirnos a las cuatro modalidades en que se da la comunicación mediante el lenguaje: comprensión oral y escrita y expresión oral y escrita. Es natural, por tanto, que en la tipología de actividades sean muchos los profesores y autores que han tomado como base organizativa, precisamente, las cuatro destrezas lingüísticas. La clasificación de las actividades por destrezas debe entenderse en sus justos términos y con las limitaciones que le son naturales. Entre otras consideraciones, las destrezas no siempre se activan al margen unos de otros o de manera totalmente independiente: la habilidad de comprensión auditiva suele ir acompañada de la destreza de expresión oral, y viceversa, mientras que la acción de escribir suele darse sin que vaya acompañada de la lectura. Además, es preciso considerar que la actividad comunicativa no se debe equiparar a cada una de las habilidades. Como muy bien se especifica en el *Marco de referencia europeo* (2001: 90 ss.) el proceso de comunicación mediante un idioma exige que quien habla, escribe, escucha u oye sea capaz de desarrollar también determinadas acciones complementarias (pero no menos esenciales). Quien habla, por ejemplo, tiene que planificar y organizar el mensaje que quiere transmitir, luego ha de formularlo en términos lingüísticos y, finalmente, tiene que pronunciarlo, para lo cual también debe articular los sonidos de acuerdo con las reglas propias del idioma que utiliza. De similar manera, escuchar lo que otro dice no es una acción simple: debe ir precedida de la percepción o captación física de las palabras que otra persona produce, debe identificarlas y asociarlas al significado que les es propio, debe integrarlas todas ellas en un todo (que será el mensaje) y ha de ser capaz de interpretar correctamente el mensaje resultante (para lo cual precisa de sus habilidades cognitivas).

Es frecuente hablar de dos conjuntos de destrezas: destrezas *pasivas* (escuchar, leer) y destrezas *activas* (hablar, escribir). Esta denominación es poco afortunada, ya que tanto el escuchar como el leer, por ejemplo, requieren, asimismo, de "actividad" por parte de quien las lleva a cabo (no hay lectura comprensiva, por ejemplo, sin que el lector descifre el código gráfico de una lengua). Es preferible referirse a las destrezas como *receptivas* (escuchar, leer) o *productivas* (escribir, hablar). Los criterios de presentación se fundamentan, con frecuencia, en el orden natural de adquisición de cada una de ellas: las receptivas primero, las productivas en segundo lugar. Los elencos así elaborados constituyen un "banco de actividades" que el profesor puede consultar, seleccionando las que crea oportunas o adecuadas para el esquema de clase que previamente ha estructurado y planificado. Ateniéndonos a una clasificación sistemática, las actividades por destrezas son susceptibles de ser agrupadas en conjuntos como los siguientes:

3.1. Actividades de comprensión oral

3.1.1. Actividades de exposición a la lengua

Exposición global a la lengua oral

La manera más fundamental y básica de exponer a los alumnos a la lengua que se aprende consiste en hacerles escuchar grabaciones seleccionadas, textos escritos y leídos por alguien y, actualmente, programas de televisión que pueden estar al alcance de todos en la misma aula de trabajo. Esta actividad no exige ninguna preparación especial por parte del profesor y es equiparable a la que practican los niños desde que nacen: sencillamente "absorben" el idioma escuchando lo que otros dicen o hablan antes de activarlo ellos mismos. Pero en el aula esta actividad debe utilizarse con moderación, ya que la audición desmedida o escasamente controlada conduce al aburrimiento, al cansancio y, a veces, a la desesperación, al constatar los alumnos que, o no son capaces de entender nada de lo que oyen, o apenas captan alguna idea de las expresadas. No obstante, ésta no sería razón suficiente para excluir totalmente del aula actividades de exposición global al idioma, ya que la habituación del oído a un sistema lingüístico determinado requiere de muchas horas de exposición. Hay que tener en cuenta que primero debe consolidarse un hábito de orden exclusivamente físico, cual es la adaptación del órgano auditivo a los nuevos sonidos y a su especial estructuración en secuencias diferenciadas. El oído está habituado a los sonidos del idioma materno y tiende a dejar de lado u obviar lo que no pertenece al sistema establecido, ya aprendido. De ahí que la "educación del oído" en un nuevo idioma exija muchas horas de exposición, aunque al principio la comprensión sea nula o casi nula.

3.1.2. Actividades de exposición a la lengua e identificación de información o elementos concretos

Exposición global al idioma identificando determinadas ideas o "cantidades acotadas de información"

Este tipo de actividades es susceptible de materializarse aplicando diversas técnicas o estrategias:

a. *Pidiendo al alumno que subraye las oraciones o palabras que se refieran al significado que se busca o que sean representativas de él.*

b. *Dando al alumno la posibilidad de elegir la opción correcta entre varias frases que se le ofrecen,* de las cuales sólo algunas son verdaderas respecto al contenido del texto escuchado o de alguno de sus párrafos.

c. *Ofreciendo varios títulos posibles, entre los cuales uno es el más adecuado o el correcto.*

d. *Ofreciendo varios dibujos o fotografías que tengan alguna relación con el texto escuchado,* de los cuales el alumno debe elegir el que mejor se ajuste a lo escuchado.

e. *Ofreciendo secuencias de dibujos en desorden, que el alumno debe ordenar según el significado expresado en el texto.*

f. *Asociando lo escuchado a un contexto comunicativo adecuado, entre varios que se ofrecen.* Los contextos comunicativos son fundamentales en la comprensión correcta de muchas expresiones o frases no equivalentes en dos idiomas diferentes. Por ejemplo, las frases "*Buenos días, Buenas tardes,*

Buenas noches" se refieren a un contexto parcialmente diferente si se trata del inglés *Good morning, Good afternoon, Good night.* Tales diferencias pueden ejemplificarse mediante situaciones perceptibles a través de dibujos, tiempos horarios, etc.

g. *Asociando expresiones concretas a contextos adecuados, entre varias opciones que se ofrecen.* Por ejemplo, fórmulas de cortesía, expresiones de saludo y despedida, etc.

h. *Pidiendo al alumno que actúe o haga algo, siguiendo las instrucciones que oye:* acciones físicas, dibujar, seguir una ruta sobre el mapa, ordenar o colocar objetos, etc.

i. *Resumiendo un texto escuchado con límites específicos relativos a la extensión o a la modalidad.* Por ejemplo: Escribe en cuatro líneas un resumen del texto escuchado, completa las siguientes frases ya iniciadas, completa un cuadro informativo relativo al texto escuchado, etc.

Actividades de exposición comprensiva al idioma identificando algunas partes del discurso

En este tipo de actividades caben muchas variantes:

a. *Identificar determinadas secuencias de palabras o frases funcionales.* Se trata de un paso más, que idealmente seguiría a la comprensión global. Es importante que las frases o secuencias que deban identificarse sean realmente representativas del significado más sobresaliente e importante. Estas actividades no deberían confundirse con las de carácter gramatical, que persiguen objetivos diferentes, centrados en aspectos formales. Una actividad de este tipo sería, por ejemplo, aquella que pidiera al alumno subrayar o anotar por escrito alguna frase que exprese "el rechazo de una invitación", dentro de un contexto en el cual el objetivo fuese, por vía de ejemplo, la introducción de la función *aceptar/rechazar una invitación.*

b. *Identificar palabras concretas que tengan un peso importante en la comprensión del texto escuchado.* Este ejercicio obliga al oyente a afinar en la discriminación física de los sonidos, así como en la identificación de los significados asociados a las palabras. Téngase en cuenta que, con frecuencia, la captación del significado de un texto depende, prioritariamente, de un reducido número de palabras. De ahí la importancia de esta actividad en relación con la comprensión global de un texto.

c. *Identificar palabras concretas, señalando cuántas veces aparecen algunas de ellas en un texto.* Este ejercicio es una extensión del anterior, pero ayuda a poner una atención especial en aquellas palabras que tienen no sólo un cierto peso en el significado, sino que son la clave para captarlo.

d. *Identificar palabras concretas referidas a un contexto determinado*, el que interese en cada caso (el tiempo, las aficiones, los colores, etc.).

e. *Identificar palabras que el alumno debe escribir y que están asociadas a elementos concretos de algo*, como sería un dibujo, objetos que se ofrecen o aparecen dentro de un conjunto, etc.

f. *Reconocer secuencias de sonidos o sonidos con mayor incidencia en la identificación de ciertas palabras que, a su vez, son fundamentales para captar el significado*. Se trata del último eslabón en la captación e identificación de los elementos más simples que intervienen en el proceso de comprensión oral. Téngase en cuenta que a favor de este tipo de ejercicios está la realidad física que condiciona la audición: el oído humano ha de habituarse a los sonidos nuevos y este hecho requiere práctica.

Actividades de exposición comprensiva al idioma y reconstrucción de algunas partes o elementos del discurso

También en este apartado caben diversas modalidades:

a. *Identificar palabras que han sido eliminadas del texto escrito (texto mutilado) que escucha el alumno*. Lo importante, en este caso, es seleccionar cuidadosamente los términos más significativos para la comprensión del texto o aquéllos que incidan más intensamente en el logro de los fines de comprensión oral que el profesor se proponga en cada caso.

b. *Identificar sonidos o secuencias de sonidos cuya captación sea fundamental para la comprensión de palabras concretas*. De esta manera se llama indirectamente la atención de quien escucha para que capte el significado del conjunto, que es lo que realmente constituye el fin último de la actividad.

c. *Completar lagunas de un texto (palabras, frases) ofreciendo para cada una de ellas varias opciones*. Esta actividad es adecuada no solamente para ayudar en la discriminación de palabras que puedan tener semejanzas y ser, por tanto, objeto de fácil confusión en la comprensión, sino también para reforzar la atención y consolidar la adquisición de los contextos a los que pertenecen dichas palabras.

3.2. Actividades de comprensión escrita

3.2.1. Actividades de identificación de los signos o símbolos gráficos

a. *Identificar y subrayar algunas letras especiales*. Si se trata del español, pedir que se identifiquen las letras específicas de este idioma respecto al idioma materno de quien aprende (por ejemplo *ch, ll, ñ, y, h, x*).

b. *Identificar secuencias de letras*, especialmente aquellas que impliquen diferencias de relieve con otros idiomas (*esp-, -ado,* etc.).

c. *Identificar palabras que se ofrecen dentro de un recuadro y han sido extraídas de un texto determinado.* Tales palabras se han seleccionado previamente en razón de diferencias contrastivas relacionadas con la lengua de quienes aprenden (español, inglés, francés, etc.).

d. *Identificar palabras determinadas dentro del texto,* siguiendo criterios similares a los especificados en *c.*

e. *Identificar frases de especial relieve dentro de un texto.*

3.2.2. Actividades de identificación y reproducción de elementos o símbolos gráficos

a. *Identificar sonidos, secuencias de sonidos o palabras y transcribirlos o copiarlos.* Se pasa, así, de la identificación, que es una destreza receptiva, a la transcripción o copia, que requiere la activación de conocimientos adquiridos.

b. *Identificar frases o párrafos cortos y transcribirlos o copiarlos.*

3.2.3. Actividades de asociación del sistema gráfico al significado que corresponde en cada caso

El objetivo último de todas las actividades de comprensión escrita es precisamente llegar a comprender el significado que encierran los signos gráficos. Este tipo de actividades constituye, por tanto, la etapa final y definitiva que debe superarse y el norte hacia el cual deben apuntar los ejercicios relativos a esta destreza lingüística. Se inscriben en este capítulo actividades como las siguientes:

a. *Asociar las palabras de un conjunto a los dibujos que las representen.*

b. *Asociar las palabras, entre varias, que se refieren a algunos de los dibujos presentados.*

c. *Agrupar palabras en conjuntos semánticamente relacionados, a partir de una lista heterogénea de términos.* El ejercicio puede hacer referencia a familias de palabras, a palabras que designan un mismo género de cosas, a verbos frente a nombres o adjetivos, etc.

d. *Subrayar en el texto las palabras que pertenezcan o estén asociadas a un tema, a una función gramatical,* etc.

3.2.4. Actividades de asociación de frases funcionales o textos a significados en contexto

A este apartado pertenecen actividades como las siguientes:

a. *Asociar expresiones o frases funcionales a dibujos.*

b. *Asociar expresiones funcionales a la situación o contexto que les corres-ponda.* En estos casos es posible describir el contexto mediante palabras, concretarlo en un dibujo, sugerirlo con imágenes de vídeo o insertarlo en un contexto amplio de imágenes filmadas.

c. *Describir un dibujo e identificarlo entre varios.*

d. *Describir una historieta o situación y ordenar una secuencia de dibujos des-ordenados, correspondientes a esa historieta o situación.*

e. *Subrayar en el texto las ideas clave reflejadas en las palabras o frases que las sugieren o contienen.*

f. *Elegir, entre varias opciones, las ideas o idea clave del texto leído.*

g. *Marcar como VERDADERO o FALSO las afirmaciones que se hacen sobre el contenido del texto leído.*

3.2.5. Actividades de reconstrucción de textos mutilados

A esta modalidad pertenecen actividades como:

a. *Completar lagunas en un texto del cual se han eliminado palabras determi-nadas, en razón del peso que conllevan en la comprensión del significado.* Tales palabras se ofrecen en un recuadro, de manera desordenada. El recua-dro puede contener solamente las palabras eliminadas, o éstas más algunas otras que no pertenecen al texto.

b. *Completar las lagunas de un texto con las palabras que correspondan.* Las palabras eliminadas no se ofrecen al lado, sino que los alumnos deben encon-trarlas por sí mismos, partiendo de la comprensión que hayan logrado del texto. El grado de comprensión alcanzado permitirá, en la misma medida, reconstruir el texto.

c. *Completar las lagunas de un texto ofreciendo para cada una de ellas tres o más opciones.*

3.2.6. Actividades de actuación que dependen de la comprensión

A este grupo pertenecen enunciados como los siguientes:

a. *Realizar los dibujos que se sugieren en una serie de instrucciones.*

b. *Llevar a cabo la acción que se describe en un texto.* Por ejemplo, un tra-bajo manual, una operación en el banco, la búsqueda de un lugar en un plano, etc.

c. *Señalar posiciones en el espacio, siguiendo las instrucciones dadas.*

d. *Ordenar secuencias de distinta índole o de diversos objetos siguiendo las instrucciones que se dan o la descripción que se adjunta por escrito.*

3.2.7. Actividades de comprensión global de un texto

En este grupo es posible anotar las siguientes variantes:

a. *Seleccionar el título adecuado de un texto, entre varios que se ofrecen.*
b. *Seleccionar, entre varios, el resumen que corresponde a un texto determinado.*
c. *Completar, en recuadros pertinentes, la información que se solicita a partir del texto leído.* Esta actividad puede llevar consigo algún tipo de producción escrita, que no pertenece estrictamente a la destreza de comprensión oral, pero que la implica como paso previo para poder llevar a cabo la acción. La información que ha de completarse debería reducirse, preferiblemente, a cuestiones que no impliquen un uso excesivo de la expresión escrita, como, por ejemplo, la expresión de cantidades o cualidades, identificación de objetos mediante números, etc.
d. *Reordenar las oraciones en que se ha descompuesto una historieta corta.*
e. *Reordenar los párrafos desordenados de una historieta o texto corto,* siempre que la secuencia venga claramente exigida por cada uno de los párrafos que la integran.

3.3. Actividades de expresión oral

3.3.1. Actividades de repetición

Las actividades de repetición constituían la esencia de la metodología de base estructural. Con el advenimiento del método comunicativo, este tipo de actividades perdió popularidad y en algunos casos fueron dejadas de lado. No obstante, es preciso tener en cuenta que la repetición es un recurso de aprendizaje omnipresente entre los seres vivos. Sería ilusorio pretender prescindir de él en el aprendizaje de idiomas. El argumento a veces esgrimido de "que se aprende trnsmitiendo significado" y de que "el significado es lo que justifica y mueve la comunicación" no excluye el principio del aprendizaje mediante repetición. En todas las destrezas lingüísticas intervienen condicionamientos físicos: en la audición, el oído debe primero acostumbrarse a identificar sonidos o cadenas de sonidos que le son extraños; en la comprensión escrita, la vista debe habituarse a cadenas de símbolos diferentes en relación con la lengua materna; en la expresión oral, los órganos articulatorios, como la lengua, necesitan también adaptarse a las exigencias articulatorias de los sonidos propios del idioma que se aprende. Para llevar a cabo esta adaptación y para ganar en fluidez articulatoria es preciso consolidar los resortes físicos que hacen posible la producción de sonidos. Tal consolidación se logra solamente tras la repetición continuada de los mismos. De ahí que en la adquisición de la destreza de expresión oral tampoco sea posible dejar de lado las actividades repetitivas. Por otra parte, los seres humanos no son meras máquinas repetitivas y la constatación de esta realidad exige dejar abiertas las puertas a prácticas menos mecanicistas. El logro de un sano equilibrio entre ambos extremos, la repetición y la creación libre y espontánea, se ajusta mejor a la naturaleza de nuestro aprendizaje lingüístico.

La simple repetición de elementos lingüísticos se puede ofrecer a través de actividades como las siguientes:

    a. *Repetir sonidos o sílabas propios y distintivos del idioma que se aprende.*
    b. *Repetir palabras o frases aisladamente.*
    c. *Repetir palabras o frases en contexto.*
    d. *Repetir palabras o frases para consolidar patrones acentuales y entonativos.*

3.3.2. Actividades repetitivas con sustitución controlada de algunos elementos

El control de algunos de los elementos que se someten a repetición permite llamar la atención sobre ellos y, en consecuencia, favorecer su adquisición. Éstas son algunas actividades al respecto:

    a. *Sustituir palabras en estructuras o frases funcionales.* Se trata de ejercicios similares a los "drills" o ejercicios recursivos en los métodos estructuralistas. Por ejemplo:

        El libro está sobre la mesa.
        El pan
        El pan está sobre la mesa. Etc.

Este tipo de ejercicios es mucho más útil y práctico desde el punto de vista comunicativo si se toma como base frases funcionales:

        ¿Cómo te llamas?
        Juan
        Me llamo Juan
        Pedro
        Me llamo Pedro. Etc.

La sustitución de elementos puede presentarse en varias modalidades:

– Dejando en blanco el espacio que corresponde al elemento que ha de sustituirse, de manera que el alumno lo complete por su propia iniciativa, ajustándose a lo que pide el ejercicio.
– Ofreciendo una lista con la secuencia de palabras que deben insertarse en cada frase, de modo que los alumnos elijan una en cada caso.

b. *Sustituir frases completas o expresiones funcionales*, que el alumno deberá hacer por sí mismo o con las ayudas que se le proporcionen. La sustitución puede ampliarse a toda una frase funcionalmente relevante, como podría ser *"Me llamo Luis"*, *"Son las diez de la noche"*, etc.

c. *Practicar con el compañero/a microdiálogos de estructuras fijas, sobre la base de modelos dados:*
   – *¿De qué color es tu vestido?*
   – *Es de color verde,* etc.

d. *Practicar con el compañero/a microdiálogos de estructuras fijas, aportando información y palabras que los alumnos deben seleccionar del conjunto que se ofrece.* Un ejemplo ilustrativo sería el siguiente, en el cual se pide al alumno que construya frases similares al modelo con los elementos del recuadro:

En la tienda hay vestidos de color amarillo

en	la	tienda	hay	jerseys	amarillos
	el	grandes almacenes	venden	faldas	verdes
	las			camisas	grises
	los	mercado		zapatos	azules
				medias	blancas
				pantalones	negras

e. *Practicar con el compañero o compañera microdiálogos de estructuras fijas y abiertas.*

Las estructuras fijas podrían ser o la respuesta o la pregunta, y las estructuras libres, o parcialmente libres, las opuestas. Los microdiálogos de carácter funcional son adecuados para esta variedad de actividades:

   – *¿Quieres venir a la fiesta esta noche?*
   – *No, ... (no puedo)*
   – *Sí, con mucho gusto.*
   – *Sí, ¿a qué hora?*

3.3.3. Actividades de expresión parcialmente libre

El paso de actividades meramente repetitivas a actividades de expresión libre se mitiga eficazmente con ejercicios en los que el alumno sólo tiene que crear una parte de la respuesta. De este tipo son los siguientes ejemplos:

a. *Completar las intervenciones de uno de los interlocutores en un diálogo.* El ejercicio permite al alumno activar los conocimientos que tiene dentro de un determinado contexto y su capacidad para desenvolverse adecuadamente en él. No obstante, sus respuestas deben corresponderse con las preguntas o intervenciones del otro interviniente, lo cual condiciona sustancialmente lo que ha de decir en cada caso. Un ejemplo vendría ilustrado por el siguiente diálogo:

> A. *¿Dónde vives?*
> B. ....
> A. *¿Y en qué calle?*
> B. ....

b. *Ofrecer un conjunto de frases funcionales que permitan establecer un diálogo con otro u otros compañeros.* Las frases no se ordenan secuencialmente, de manera que la creatividad de los interlocutores debe incrementarse respecto al modelo anterior. Un ejemplo sería el siguiente.

> – *¿Eres italiano?*
> – *¿Qué haces?*
> – *¿Dónde trabajas?*
> – *¿Dónde vives?*
> – *¿Qué estudias?*

El uso de estas frases define el contexto de comunicación y las pautas del diálogo, pero deja un amplio margen a la creatividad de los participantes.

c. *Elaborar un diálogo o conversación en torno a un texto leído u oído.* Esta actividad permite a los alumnos intercambiar información o preguntar por ella sin que deban crearla ellos mismos. En un estadio inicial del aprendizaje o mientras éste no es aún fluido, este ejercicio ofrece un punto de partida que facilita la conversación. El texto base puede ser tanto un diálogo como una narración. La actividad ofrece variantes de formato:

> – Puede invitarse a los alumnos a establecer un diálogo sobre el texto leído.
> – Cabe la posibilidad de complementar el texto con algún tipo de preguntas, cuadros incompletos, sugerencias de ampliación de información, etc., que encaucen la conversación de los intervinientes. El texto descriptivo puede ir acompañado de tres anuncios, por ejemplo, y preguntar a los alumnos sobre cuál de ellos se corresponde con el texto, explicando los porqués.

d. *Descubrir algo preguntando a otro(s).* Si elegimos el tema de la salud, el alumno debe hacer las preguntas pertinentes con el fin de descubrir si alguien está enfermo y qué tipo de enfermedad tiene.

e. *Hacer las preguntas adecuadas para obtener de otro la información que posee.* Se parte de la base de que uno de los interlocutores desconoce totalmente la valiosa información que el otro tiene. Las preguntas irán encaminadas a descubrir primero el ámbito al que pertenece la información, para pasar luego a determinar de qué tipo de información se trata. Puede complementarse la actividad con formularios o cuadros de información incompleta que uno u otro de los interlocutores debe rellenar.

f. *Cumplimentar una encuesta fuera de clase o en clase.* Los alumnos han elaborado primero las preguntas de la encuesta, lo cual servirá de base para que la actividad se desarrolle con un mínimo de fluidez. Una vez hecho esto, se dan circunstancias muy favorables para establecer una comunicación susceptible de alcanzar un alto grado de naturalidad y realismo.

g. *Informar a otros a partir del conocimiento que alguien ha adquirido sobre un tema determinado.* El tema es fácil de concretar:
   – A través de la información que suministra la prensa del día.
   – Leyendo un informe sobre una cuestión de interés para el grupo (el hambre, la música moderna, el deterioro de nuestro planeta, etc.).
   – Recurriendo a folletos habituales en la vida de los ciudadanos: precios de los productos en un supermercado, oferta de productos diversos, informe municipal de gastos en la limpieza urbana, etc.

h. *Describir oralmente un dibujo, cuadro, conjunto de imágenes,* etc.

i. *Describir las diferencias entre dos o más dibujos, cuadros, situaciones,* etc.

j. *Poner fin a una historieta o recuento inacabados.* Puede hacerse dejando abierto el párrafo final o incluso sugiriendo varias conclusiones posibles.

k. *Hacer averiguaciones con el fin de llevar algo a cabo o de lograr algo.* Un ejemplo ilustrativo sería el de los viajes. Alguien desea hacer un viaje de turismo o de estudios a un determinado lugar o país. A tal fin ha de realizar varias consultas: solicitar información sobre el viaje, sobre los lugares que puede visitar, centros donde inscribirse en un curso intensivo de español/inglés/francés, pedir información sobre precios, sobre las condiciones del viaje en autobús/avión, etc. También es posible llevar a cabo esta actividad ofreciendo previamente un folleto informativo sobre alguno de los temas previstos, como puede ser un enclave turístico, sobre un viaje de cinco días a Sevilla, sobre cursos de inglés en Londres, sobre el clima en las distintas estaciones del año, sobre el país o ciudad que se desea visitar, etc.

l. *Relacionar sucesos, hechos, textos, frases, etc., contrastarlos y extraer consecuencias.* Esta actividad supone un mayor dominio de la destreza de expresión oral, porque exige mayor creatividad y dominio lingüístico por parte de los interlocutores. No obstante, también es posible ayudarse de elementos diversos, como noticias del día en torno a las cuales es posible hacer comentarios comparativos, textos polémicos que suscitan fácilmente la controversia, lectura de los resultados de unas elecciones, que invitan al contraste de opiniones y a la extracción de conclusiones varias. La condición necesaria para que este tipo de actividades resulte provechoso es que todos los participantes dispongan de una información razonable sobre el tema que se discute.

3.3.4. Actividades de expresión libre

Las actividades de expresión libre constituyen el último y deseable peldaño en la consolidación de la destreza oral. Adviértase, sin embargo, que esta meta no es el inicio del aprendizaje, sino más bien el fin esperado del mismo. Este hecho, por demás obvio, no debe ocultar la necesidad de pasar por los estadios previos que facilitan el camino hacia la meta ideal. El tipo de actividades mencionadas en los apartados anteriores son precisamente los requisitos indispensables. Aunque es fácil caer en la utopía, hay que tener presente que lo que es utópico no es, aún, real. El dicho de que "A hablar se aprende hablando" responde a un hecho real en la adquisición de la primera lengua, pero debe tomarse con cautela cuando se trata del entorno escolar.

Las actividades de expresión libre pueden ser muy variadas:

a. *Contar algo: historietas, relatos, sucesos, etc., con la ayuda o no de soporte visual o gráfico.*

b. *Resolver problemas, con la participación de los componentes de un grupo.* Los problemas pueden ser de índole variada: matemáticos, existenciales, vivenciales, de ideas, de aplicación manual y práctica, combinatorios, sociales, etc. El análisis y estudio de un mapa serviría para calcular la distancia entre varios puntos; un cuadro de horarios facilitaría el establecimiento de un horario de desplazamientos para acudir al trabajo; un niño enfermo en la casa exigiría la búsqueda de un médico, un hospital o una ambulancia y cómo proceder para lograrlo. Las posibilidades son, por tanto, ilimitadas.

c. *Descubrir secretos, información, etc., con la participación de dos grupos de trabajo.* En estos casos, uno de los grupos posee los datos necesarios para llevar algo a cabo, mientras el otro grupo debe "extraer" o "robar" esa información mediante preguntas inteligentes. "Descubrir lo que alguien piensa" es otra variante de características similares.

d. *Debatir sobre un tema.* El debate es una actividad clásica en los métodos de la segunda mitad del siglo xx. Esta actividad requiere un buen dominio del idioma para que se dé el grado de fluidez necesario que permita mantener el interés de quienes debaten. Asimismo implica que quienes discuten en torno a un tema estén debidamente informados sobre él.

e. *Dramatizar situaciones de la vida real.* En la clase de idiomas las representaciones o actuaciones dialogadas pueden referirse a un sinfín de situaciones comunicativas: subir a un autobús, pedir información para visitar un lugar, dar información sobre un lugar, hablar sobre los precios de las cosas, comprar/vender en un mercado, etc.

3.4. Actividades de expresión escrita

3.4.1. Actividades de reproducción gráfica de los signos o símbolos del idioma que se aprende

Dentro de esta tipología de actividades es posible anotar las siguientes:

a. *Escribir palabras de un conjunto, de acuerdo con determinados criterios:* por ejemplo, una columna de palabras relacionadas con algo específico (frutas, el tiempo, …), palabras de la misma clase (adjetivos, verbos, ...), etc.

b. *Escribir un texto corto, por ejemplo, el diálogo que se ha trabajado en las lecciones anteriores.*

c. *Completar lagunas en frases o en un texto, con palabras que se ofrecen en desorden y al margen.* Se favorece, así, la reproducción escrita "comprensiva".

d. *Copiar un formulario determinado (por ejemplo, el relativo a los datos de una persona)* y rellenarlo posteriormente con los datos del alumno que lo copia.

e. *Escribir palabras, frases o párrafos siguiendo un modelo predeterminado o introduciendo cambios mínimos previstos en el modelo.*

f. *Escribir al dictado: palabras, frases, párrafos.*

3.4.2. Actividades de escritura reutilizando elementos gráficos ya conocidos

Éstas son algunas actividades dentro de esta categoría:

a. *Escribir en el orden adecuado las palabras desordenadas de una frase.*

b. *Escribir en el orden adecuado las intervenciones de cada interlocutor, en contextos que impliquen diálogos cortos.* En este caso, los diálogos suelen restringirse a frases funcionalmente útiles (el tiempo, la hora, los gustos, etc.).

c. *Escribir frases o párrafos cortos "de otra manera",* valiéndose los alumnos de las palabras dadas, pero reconstruyendo las frases o párrafos con algunas variantes.

3.4.3. Actividades de escritura utilizando elementos parcialmente nuevos

Son actividades del tipo siguiente:

a. *Completar frases con lagunas,* utilizando algunas de las palabras que se ofrecen en un recuadro aparte o al margen.

b. *Completar un texto mutilado,* con la ayuda de los elementos léxicos que se proporcionan, o sin esa ayuda.

c. *Completar formularios, cuadros informativos, etiquetas, etc.,* con o sin ayuda complementaria.

d. *Completar la intervención de uno de los interlocutores en un diálogo sobre temas específicos* (funcionales, descriptivos, informativos...).

e. *Completar la información solicitada* extrayéndola de otros textos que se adjuntan.

f. *Escribir sobre un tema tras haber escuchado un texto en torno a ese mismo tema.* Se trata, en este caso, de una audición que propicia el uso creativo de la expresión escrita.

3.4.4. Actividades de expresión escrita creativa

Entre ellas se cuentan las siguientes:

a. *Escribir cartas a amigos, familiares, etc.*

b. *Describir objetos, personas, dibujos, imágenes en general, situaciones, etc.*

c. *Escribir informes sobre temas concretos:* la salud, la ciudad, el país, el hambre, los jóvenes, etc. La dificultad que encierran estas actividades puede controlarse y modularse eligiendo adecuadamente los temas, ya que la naturaleza de éstos incide en el grado de dominio que debe tener el alumno para desarrollarlos.

d. *Investigar, reunir datos y escribir sobre los resultados obtenidos.* Esta actividad se basa en un proceso o tarea compleja. Escribir un texto de diez líneas sobre "la costumbre de la siesta" en España puede ser un buen ejemplo para ilustrar esta modalidad. Los alumnos deben informarse sobre qué es la siesta (en enciclopedias, a través de internet), sobre el lugar donde este uso es habitual, sobre sus ventajas o desventajas, sobre cómo condiciona el horario diario de la gente, etc. Sólo así podrán llevar a cabo con éxito la redacción solicitada.

e. *Escribir un relato, una historieta, un suceso (real o ficticio).* Con este tipo de expresión escrita se pone a prueba la capacidad del alumno en el manejo y dominio del idioma. Se pondrá de relieve tanto la capacidad para manipular y activar lo aprendido como para utilizar el idioma de manera creativa y personal.

4. Tipología de actividades tomando como referencia los componentes gramaticales de la lengua

4.1. Actividades de ortografía

Los ejercicios de ortografía se centran en la correcta escritura de los signos lingüísticos que corresponden a las cosas o ideas designadas por ellos. Este tipo de ejercicios no tiene como objetivo prioritario la captación del significado. A nadie se le puede escapar, sin embargo, que la mera escritura de los signos, sin significado, sólo cobra sentido en la medida en que esto es el estadio previo sobre el cual se asentará el significado, en primera instancia, y la comunicación interpersonal, en última instancia. Debe tenerse en cuenta, por lo tanto, que los ejercicios de ortografía son no fines en sí mismos, sino medios para lograr los fines comunicativos que el aprendizaje de un idioma necesariamente conlleva. En general, este comentario es aplicable a todos los componentes lingüísticos que se incluyen en esta sección y a las actividades que se sugieren, sistematizadamente, en torno a ellos. Tales actividades serán siempre de carácter formal y se diferenciarán unas de otras, fundamentalmente, en razón de la complejidad que impliquen.

4.1.1. Actividades de reconocimiento de la grafía o acento

a. *Subrayar en un texto las palabras que contengan una letra, sílaba o secuencia determinada de sonidos.*

b. *Subrayar en un texto o conjunto de frases las palabras o frases que el alumno escucha.*

c. *Subrayar o marcar la sílaba que lleva el acento tónico.*

d. *Subrayar la sílaba que debe llevar acento gráfico, en una serie de palabras o en un texto.*

4.1.2. Actividades de escritura para completar lagunas o corregir errores

a. *Completar palabras mutiladas con las letras que faltan.* Al margen o en un recuadro se ofrece el conjunto de letras que deben insertarse. Por ejemplo:

El sa..tea..or de ..amino..	**s l c d**
– ¡Desde luego, ..efe, ..o siempre ..abía pens..do que eso	**h j y a**
d.. "salteador de ca..inos" e..a otra ..osa!	**m c e r**

b. *Completar secuencias de letras en palabras. Al margen o en un recuadro se proporcionan las secuencias de letras que deben insertarse:*

– Y cua .... o regres .... a a mi casa de cam ...., ese loco,	***po nd ab pa***
es .... da en man ...., me robó .... ta el ú .... mo	***o Iti has nt***
cé .... imo.	

c. *Completar palabras en un texto mutilado.* Las palabras eliminadas se pueden señalar en el texto mediante una letra (inicial, media o final):

– ¿Qué tipo de .... sugiere usted?
– Primero se c........ un agujero bien profundo...
después se .... de cangrejos caníbales, se .... con la
misma lámina de...... y finalmente todo para ..... no se
note. ¿Qué l.... parece, jefe? A .... soy mejor que los
...... disimulando trampas.

d. *Poner la coma, punto y coma o punto donde sea necesario.*

e. *Escribir con mayúscula las palabras que deban ir con mayúscula.* Por ejemplo: *Escribe, en el texto siguiente, las diez palabras que deben ser escritas con mayúscula.*

f. *Corregir los errores de grafía en un conjunto de palabras, o en un texto.* Es conveniente centrarse en errores expresamente seleccionados, teniendo en cuenta los contrastes más sobresalientes entre la lengua nativa del alumno y la lengua que se aprende.

4.1.3. Actividades de escritura

a. *Escribir palabras que contengan una determinada letra, sílaba o secuencia de letras.* Por ejemplo: *"-br-, pan-, -do"*, etc.

b. *Completar un crucigrama con el conjunto de palabras que se ofrecen.*

c. *Escribir la palabra que corresponda al contexto de la frase, ofreciendo palabras con problemas de homofonía (vello/bello).*

d. *Escribir el acento, si lo hay, en la sílaba que corresponda.* Se presentan listas de palabras o un texto.

e. *Poner, en un texto, los signos de puntuación que correspondan.*

f. *Escribir frases con las palabras que se ofrecen.*

g. *Escribir al dictado, ya sean palabras, frases o un texto.*

4.2. Actividades de pronunciación

Téngase en cuenta que las actividades de pronunciación se fundamentan en la expresión oral y participan, por tanto, de muchas de sus características. De ahí que muchas actividades aquí reseñadas sean también válidas para la práctica de la expresión oral.

4.2.1. Actividades de identificación de sonidos, secuencias, palabras, etc.

a. *Identificar un sonido o secuencia de sonidos entre varios que se escuchan.* El alumno escucha un sólo sonido o secuencia y debe marcar sobre el papel la opción correcta, entre varias que se le ofrecen.

b. *Identificar una palabra entre varias similares que se escuchan.* De nuevo, el alumno escucha cada palabra, mientras se le ofrecen varias para elegir; debe marcar la que ha oído.

c. *Identificar algunas palabras determinadas en una frase o texto corto.* Conviene que el texto sea corto, ya que la capacidad de retención y atención es limitada y el alumno no es capaz de mantener ésta por largo tiempo.

d. *Identificar patrones acentuales o entonativos en palabras o frases.* Los ejercicios pueden ser de la modalidad *Verdadero* o *Falso*, o bien ofrecer varias opciones al alumno, con los patrones señalados gráficamente en cada una de ellas.

e. *Identificar dibujos de objetos, personas o situaciones, según lo escuchado.* En este caso es posible recurrir a varias opciones, como método para centrar la atención del alumno y motivarle.

4.2.2. Actividades de imitación y reproducción

  a. *Producir sonidos o secuencias de sonidos.*
  b. *Producir sílabas y palabras, preferiblemente leyendo.*
  c. *Producir acentos y patrones adecuados de entonación, en palabras o en frases.*
  d. *Producir frases o expresiones funcionalmente relevantes*, preferiblemente leyéndolas.
  e. *Repetir modelos escuchados, ya sean palabras, frases o párrafos.*

4.2.3. Actividades de comunicación oral parcialmente controladas

  a. *Responder a preguntas con respuesta sugerida, según el modelo dado.* Un ejemplo podría ser el siguiente:

   – *¿Cómo te llamas?*
   Pedro
   – *Me llamo Pedro*

  b. *Responder a preguntas enmarcadas dentro de una situación o contexto,* que encierran respuestas previsibles. También cabe la posibilidad de adjuntar un conjunto de respuestas alternativas. Por ejemplo:

   A. – *¿De qué color es la falda de Luisa?*
       Blanca - rosa - verde - gris
   B. ....

  c. *Completar las intervenciones de uno de los interlocutores en un diálogo:*

   ¿De dónde eres?
   B ....
   A. *¿Y cómo te llamas?*
   B. ....

  d. *Ofrecer un conjunto de frases funcionales que permitan establecer la comunicación entre dos o más interlocutores.* Por ejemplo:

   – *¿Es cara la fruta?*
   – *¿También los plátanos?*
   – *¿Y el pan?*
   – *¿Entonces qué comes?*

  e. *Conversar con otro u otros compañeros sobre un texto que se ha escuchado o leído.* El texto permite recurrir a situaciones muy variadas y ofrece a los alumnos la posibilidad de tener algo de qué hablar.
  f. *Informar a otros sobre lo que alguien sabe en torno a un tema determinado.*

g. *Describir oralmente un dibujo, cuadro, conjunto de imágenes, etc.*

h. *Describir las diferencias entre dos o más dibujos, cuadros, situaciones, etc.*

i. *Poner fin a una historieta o relación intencionadamente inacabado.* Puede hacerse dejando abierto el párrafo final o incluso sugiriendo varias conclusiones posibles.

4.2.4. Actividades de producción oral libre

Las actividades de expresión oral libre admiten una gran variedad:

a. *Contar historietas, relatos, sucesos, con la ayuda o no de soporte visual o gráfico.*

b. *Resolver problemas, con la participación de los componentes de un grupo.*

c. *Debatir sobre un tema, etc.*

4.3. Actividades centradas en la morfología y sintaxis

En este apartado se incluyen las actividades que, por regla general, vienen llamándose tradicionalmente "actividades gramaticales". De manera genérica, por "gramática" se entiende el conjunto de reglas a que debe someterse el uso de los distintos elementos lingüísticos para que los mensajes sean descifrables y comprensibles. En tal sentido, la gramática cubre todas las áreas de la lengua, desde la pronunciación hasta el uso del léxico. También es verdad, no obstante, que la gramática suele asociarse más estrechamente a la morfología (formas) y sintaxis (orden de los elementos). En este sentido restrictivo se aplicará en este apartado.

4.3.1. Actividades de reconocimiento e identificación

Es preciso partir de una definición o delimitación previa del punto o puntos gramaticales que deseamos poner de relieve o enseñar. Una vez hecho esto, las actividades siguientes son fácilmente adaptables al problema gramatical en cuestión.

a. *Identificar el punto gramatical al que se refiere un dibujo, entre dos o más.* Se trata de elegir un dibujo, fotografía o imagen capaz de ilustrar el tema gramatical seleccionado; por ejemplo, el tiempo pasado frente al tiempo presente, el antes frente al después, la obligación frente a la opcionalidad. A continuación se redacta la frase o se describe el contexto que se refiere, sin ambigüedad, a dicho dibujo. Finalmente, debe buscarse otro u otros dibujos que actúen como "distractores" u opciones. Un ejemplo ilustrativo sería el siguiente:
A las diez de la mañana Juana estaba escribiendo.
(Dibujo correcto: Juana escribiendo, con un reloj que marca las diez de la mañana)
(Otros dibujos: Juana escribiendo a las 10 de la noche, a las 10,30 de la mañana...).

b. *Escribir varias frases,* de las cuales sólo una es correcta desde el punto de vista gramatical, y, específicamente, en relación con el punto gramatical que se ha seleccionado.

c. *Detectar errores gramaticales en un texto dado.* Los errores se referirán a uno o más puntos previamente seleccionados y delimitados. No sería tan provechoso introducir errores sin control previo sobre su número y su alcance.

d. *Completar uno o varios elementos de una frase o texto con opciones de respuesta múltiple.* Este tipo de actividades es muy conocido por los estudiantes de lenguas extranjeras desde la época de los métodos estructuralistas. Lo esencial es que cada ejercicio tenga en cuenta, con especial cuidado, las condiciones y exigencias propias de los ejercicios de respuesta múltiple. Aunque la respuesta múltiple es más popular como sistema de evaluación, no debería olvidarse que constituye asimismo un instrumento útil de enseñanza, por ejemplo para llamar la atención de los alumnos sobre cuestiones gramaticales, en especial las de identificación y reconocimiento.

e. *Seleccionar una frase, entre varias, cuyos elementos están correctamente ordenados.*

f. *Ordenar o clasificar un conjunto de palabras o frases de acuerdo con determinados aspectos gramaticales;* por ejemplo, singular frente a plural, presente frente a futuro, tercera persona del singular frente a segunda persona (si el idioma admite variantes al respecto), plural formado añadiendo *-es* frente a plural añadiendo *-s* (aplicable, por ejemplo, al español), etc.

g. *Descubrir un aspecto gramatical concreto (concordancia, formación de plurales, derivados, etc.) en frases o en un texto.* Es un buen ejercicio para que los alumnos presten atención especial a las cuestiones gramaticales que merezcan ser puestas de relieve.

h. *Identificar si lo que se expresa en un texto corresponde o no con alguna de las opciones que se ofrecen.* Es una actividad útil para que el alumno preste atención y discrimine el uso de plurales, tiempos verbales o cualquier otro tema gramatical implicado mediante la presencia o ausencia de determinados elementos. Así por ejemplo:

Lee el texto y luego anota:

	Ocurrió en el pasado	*Ocurrirá en el futuro*
La llegada del tren.		
El encuentro entre las dos amigas.		
El inicio del proyecto, etc.		

4.3.2. Actividades de producción controlada

a. *Completar palabras o frases con elementos que impliquen la aplicación de reglas gramaticales.* Los manuales ofrecen multitud de ejemplos de esta índole: escribir palabras o frases en plural, escribir las formas femeninas de un determinado número de palabras, poner en primera persona de plural un conjunto de formas verbales, transformar una oración en interrogativa, etc.

b. *Transformar oraciones cambiando alguna parte estructural de ellas.* La práctica con patrones, sustituyendo alguno de los elementos que los integran, es bien conocida en los manuales de tradición estructuralista:
    La mesa es grande y alta.
    La silla
    La silla es grande y alta.
    La casa
    La casa es grande y alta, etc.

c. *Cambiar, en una estructura o frase, un elemento que lleva consigo el cambio de otros elementos relacionados.* Es una actividad adecuada para practicar cuestiones de concordancia, correspondencia de tiempos verbales, uso de tiempos verbales, etc. Por ejemplo, el cambio de género del sujeto implica el cambio de los adjetivos que se refieren a él:

    Un hombre alemán.
    Una mujer alemana.

d. *Completar los elementos (por ejemplo, flexiones del plural, género de ciertas voces) que faltan en determinadas palabras presentadas dentro de un contexto.*

e. *Completar un texto con las palabras o combinaciones de palabras que faltan, de acuerdo con determinados aspectos gramaticales que exigen su presencia o ausencia.* El uso de preposiciones, artículos, pronombres o similares es muy adecuado para estos ejercicios.

f. *Responder, oralmente o por escrito, a preguntas con respuesta sugerida, según el modelo dado.* Un ejemplo podría ser el siguiente:

    – *¿Qué hora es?*   Las cinco.
    – *Son las cinco.*

g. *Responder, oralmente o por escrito, a preguntas que se enmarcan dentro de una situación o contexto que conducen a respuestas previsibles.* También cabe la posibilidad de adjuntar un conjunto de respuestas posibles. Por ejemplo:

    A. - *¿De qué tamaño es la sala?*
        Grande - pequeña - mediana
    B. ....

h. *Completar, oralmente o por escrito, las intervenciones de uno de los interlocutores en un diálogo:*

    ¿Qué desea comprar?
    B. ....
    ¿Y de qué color la quiere?
    B. ....

i. *Describir, oralmente o por escrito, un dibujo, cuadro, conjunto de imágenes, etc.* La descripción se orientará hacia el uso obligado de determinados recursos que impliquen aspectos gramaticales seleccionados.

j. *Poner fin a una historieta o cuento intencionadamente inacabados.* Puede hacerse dejando abierto el párrafo final o incluso sugiriendo varias conclusiones posibles. Es una actividad adecuada para practicar el uso de los conectores del discurso.

k. *Completar formularios, cuadros informativos, etiquetas, etc., con o sin ayuda complementaria.* Lo que debe escribirse para completar formularios es fácilmente regulable en torno a objetivos gramaticales.

l. *Completar la información solicitada, extrayéndola de otros textos que se adjuntan.* La información que debe completarse se relaciona con cuestiones gramaticales seleccionadas.

m. *Reescribir frases siguiendo el modelo dado.* El modelo implicará siempre la solución de un problema gramatical concreto.

n. *Combinar dos frases en una o expandir una frase en dos.*

4.3.3. Actividades de producción no controlada o libre

Es obvio que si nos decidimos por este tipo de actividades, no controladas en cuanto a la producción, hemos de ser conscientes de que la selección de cuestiones gramaticales por parte del profesor queda restringida o incluso anulada. Es el alumno quien decidirá, mediante la producción oral o escrita que presente, qué recursos gramaticales y léxicos utilizará. El profesor puede, no obstante, regular u orientar el grado de complejidad en la producción mediante la selección del tema. Por otra parte, la valoración de lo producido deberá abarcar todas las cuestiones gramaticales activadas por el alumno. (Téngase en cuenta que las actividades de producción libre, tanto orales como escritas, se fundamentan en la expresión oral y escrita y participan, por tanto, de muchas de sus características. De ahí que muchas actividades, aquí reseñadas, sean también válidas para la práctica de la expresión oral o escrita).

a. *Escribir cartas a amigos, familiares, etc.*
b. *Describir objetos, personas, dibujos, imágenes en general, situaciones, etc.*
c. *Escribir informes sobre temas concretos:* la salud, la ciudad, el país, el hambre, los jóvenes, etc. La dificultad de estas actividades puede controlarse y modularse eligiendo adecuadamente los temas, ya que la naturaleza de éstos incide en el grado de dominio que debe tener el alumno para desarrollarlos.

d. *Investigar, reunir datos y escribir sobre los resultados obtenidos.* Escribir un texto de diez líneas sobre "la costumbre de la siesta" en España requeriría pasar por esos estadios, lo cual implicaría el uso y consolidación de la L2.

e. *Escribir un relato, una historieta, un suceso inventado.* Con este tipo de expresión escrita se pone a prueba la capacidad del alumno en el manejo y dominio del idioma. Se pondrán de relieve tanto la capacidad para manipular y activar lo aprendido como para utilizar el idioma de manera creativa y personal.

f. *Contar algo: historietas, relatos, sucesos, con la ayuda o no de soporte visual o gráfico.*

g. *Debatir sobre un tema.* El debate es una actividad clásica en las metodologías de la segunda mitad del siglo XX.

4.4. Actividades de vocabulario

4.4.1. Actividades de presentación e identificación de significados léxicos

a. *Relacionar objetos reales, acciones y actuaciones con las palabras que los designan.*

b. *Relacionar dibujos de personas o cosas con las palabras que los designan.*

c. *Contrastar las palabras con sus opuestos.* Ejemplo:

> *grande* como opuesto a *pequeño*;
> *delgado* frente a *gordo*, etc.

d. *Agrupar palabras, siguiendo criterios semánticos o formales*, identificándolas dentro de un conjunto de léxico heterogéneo. Esta actividad es más útil para introducir términos nuevos, ya que permite partir de algo conocido.

e. *Completar lagunas eligiendo la palabra adecuada, entre varias opciones ofrecidas.* Es una actividad que implica identificación y discriminación y es habitual, en forma de respuesta múltiple, en los ejercicios de evaluación. Las lagunas pueden insertarse en frases aisladas o en textos más complejos, a intervalos regulares.

f. *Ordenar palabras de acuerdo con determinados criterios, los cuales implican la comprensión de su significado.* Los criterios de ordenación pueden ser puramente formales o semánticos.

g. *Seleccionar, entre varios, el título adecuado para un texto dado.*

4.4.2. Actividades de asociación y producción léxica condicionada o controlada

a. *Relacionar palabras con los contextos en los que aparecen, ya sean éstos frases o textos más amplios.*

b. *Asociar cada palabra, dentro de un conjunto, al significado que se explicita.* Se ofrecen algunas definiciones, similares a las que contienen los diccionarios, y los alumnos deben asociar a cada una de ellas la palabra que corresponde.

c. *Relacionar palabras que se presentan en dos columnas o relacionar palabras con ciertas frases que describen o definen su significado.* Este tipo de actividades hace posible introducir una gran cantidad de variantes. Las relaciones pueden estar sustentadas en rasgos semánticos, en condicionamientos sintáctico-semánticos o en expresiones fijas que precisan la concurrencia de dos términos.

d. Asociar términos base con algunos de sus derivados mediante sufijos o prefijos. Ejemplo:

> *pan, panadero, panadería, empanar ...*
> *trabajo, trabajar, trabajador, trabajoso ...*

e. *Ordenar las frases desordenadas de una historieta o narración de acuerdo con la trama.*

f. *Encontrar los términos opuestos de un determinado número de palabras.*

g. *Escribir sinónimos de palabras o frases.*

h. *Relacionar las acepciones de una palabra en el diccionario con los significados de esa palabra en un texto concreto que se presenta.*

i. *Parafrasear párrafos, frases, expresiones, etc.*

j. *Escribir frases valiéndose el alumno de un conjunto de palabras dadas.*

4.4.3. Actividades de comunicación integral

Debe hacerse constar que estas actividades integrales, que suponen el uso de elementos gramaticales variados, implican la práctica de una o más destrezas y son, por tanto, válidas para la aplicación de las mismas.

a. *Escribir o encontrar el título adecuado para un texto dado.*

b. *Resumir un texto en una o dos frases, o en un párrafo.*

c. *Reconstruir un diálogo o texto mutilado.* La eliminación de elementos puede referirse a palabras, expresiones o extractos de frases.

d. *Encontrar algunas palabras especialmente seleccionadas a través del contexto.* Las palabras seleccionadas y eliminadas se marcarán mediante signos especiales (————-, por ejemplo) y los alumnos deberán reemplazar dichos signos por una o más palabras susceptibles de restablecer el contexto adecuado.

e. *Responder, por escrito u oralmente, a preguntas.*

f. *Escribir frases o párrafos ampliando el significado de frases o expresiones concretas.*

g. En general, caben aquí prácticamente todas las actividades reseñadas como "de producción libre o no controlada" en cada una de las destrezas lingüísticas anteriormente tratadas. No puede olvidarse que todas y cada una de las destrezas lingüísticas hacen, necesariamente, uso de vocabulario para llevar a buen término la comunicación establecida.

Capítulo V

COMPONENTES DE LA CLASE: INTEGRACIÓN, INTERACCIÓN Y EVALUACIÓN

Como ya se ha dicho en capítulos precedentes, la clase implica un espacio físico (el aula) y gira necesariamente en torno a tres ejes:

a. el profesor,
b. los alumnos y
c. las actividades o ejercicios en que se concreta la acción de la clase.

Sobre estos ejes se centrarán, también, los datos que deben ser recopilados para cualquier tipo de análisis que pretendamos llevar a cabo.

1. El profesor

1.1. La figura y el aspecto del profesor

La figura del profesor sobresale, diríase que por necesidad, en la clase. Sería utópico no contar con esta realidad, derivada de la existencia misma del profesor como responsable último de lo que ocurre en el aula. Y tampoco podemos prescindir del hecho de que la clase está integrada por alumnos y que éstos vienen a aprender algo que no saben, con la ayuda de alguien –el profesor– que les servirá de guía para lograr ese objetivo. Precisamente por ello existen ciertos condicionantes de los cuales el profesor no podrá nunca desprenderse. La figura del profesor atrae y concentra en sí todas las miradas. En consecuencia, su manera de aparecer ante los demás o de ser (primero física, luego también conductual), su manera de vestir, sus gestos, sus comentarios y todas sus actuaciones en general, producirán en los alumnos determinados efectos. Cada uno de los presentes reaccionará con una percepción raramente igual. A unos les gustará el aspecto físico del profesor, a otros no; unos encontrarán en su manera de hablar atractivo suficiente para adoptar de entrada una actitud positiva; otros percibirán que su manera de vestir es reprochable, o quizás encomiable; algunos más estarán encantados por la edad (joven o no tan joven), etc. La variedad de matices sería interminable. En este apartado, la posición del profesor es "comprometida", a pesar de que ciertos elementos son difícilmente controlables por él. Al docente le cabe la posibilidad de observar las características, gustos y actitudes de los alumnos para adaptarse, al menos en parte y en la medida de sus posibilidades, a las expectativas mayoritarias del alumnado al cual está sirviendo.

1.2. La actitud del profesor

La actitud del profesor puede referirse a varios aspectos. En la clase de idiomas ésta es especialmente relevante en todo aquello que se refiere:
– a los alumnos,
– a la lengua que enseña y a todo aquello que va unido a ella (hablantes, país, cultura).

En el profesor cabe una actitud autoritaria o democrática, de respeto o de desprecio hacia los alumnos, participativa o individualista, de colaboración o de abierto rechazo, de comprensión ante la actuación y producción lingüística de los alumnos o de crítica y corrección más o menos despiadada. El docente es posible que adopte una actitud paternalista/maternal o, por el contrario, que considere la clase como algo que le es ajeno; puede involucrarse afectivamente en los problemas no estrictamente profesionales que afecten a los alumnos, o no prestar atención a cualquier otra cosa que exceda los límites del aula. Cada una de estas actitudes se dará con infinidad de matices, dentro de una escala de mínimos y máximos. No debe olvidarse que por parte de los alumnos también se dan expectativas respecto al profesor, así como creencias y expectativas respecto a lo que esperan aprender y a cómo aprenderlo o ser enseñados. La constatación de este hecho significa que cualquiera que sea la actitud del profesor, éste se encontrará con rechazos y aceptación desde el principio. La acción positiva consistirá, precisamente, en lograr que el número de rechazos sea menor y la aceptación se incremente.

1.3. Organización y dirección de la clase por parte del profesor

En la clase ocurren o pueden ocurrir muchas cosas, unas más positivas que otras, unas más eficaces que otras. Por lo tanto, importa que el profesor favorezca o dé paso a las que contribuyan más eficazmente al aprendizaje. Tradicionalmente, en las escuelas de formación de profesorado o en las universidades, se ha favorecido la formación académica e investigadora y la adquisición de conocimientos, pero se ha insistido menos o se ha marginado –especialmente en la Universidad– sistemáticamente el tema de cómo dirigir y organizar una clase de manera eficaz. Este aspecto se ha desarrollado, sin embargo, en las empresas, particularmente en la era industrial, porque se ha comprobado que una mala dirección produce malos resultados y una buena dirección genera beneficios que permiten a la empresa no sólo mantenerse como tal, sino incrementar la producción y el saldo favorable. La clase no es comparable a una empresa en muchos sentidos, pero sí lo es en la importancia que debe darse a la organización y a la dirección. La tradición docente apenas si cuenta con estudios sobre el grado de eficacia o rendimiento de la "empresa educativa", presente en miles y miles de aulas. Tampoco ha sido ésta una preocupación en los ámbitos escolares. ¿Debería serlo? Sin lugar a duda.

Uno de los aspectos que diferencia más claramente el aprendizaje en la clase frente al aprendizaje en un entorno natural (especialmente significativo si se trata del aprendizaje de idiomas) es que el aprendizaje en el aula tiene como finalidad *aprender mucho en un reducido número de horas*. Aprender en un entorno natural o autónomamente es una experiencia bastante más común de lo que sospechamos y está bien documentado en numerosos casos de personas ilustres a lo largo de la historia. En general, sin embargo, el aprendizaje individual y autónomo es menos eficaz desde el punto de vista del tiempo requerido y, en ocasiones, también en relación con la profundidad alcanzada en los conocimientos adquiridos. El aprendizaje en el aula, que es guiado, permite acortar sustancialmente los tiempos, identificando objetivos y apuntando directamente hacia ellos. Si ejemplificamos el caso en el aprendizaje de cualquier idioma, comprobamos que el aprendizaje natural, dentro del entorno social de hablantes nativos, requiere largos años de exposición a la lengua y un dilatado período de práctica balbuceante y frágil. A pesar de ello, los logros de adquisición léxica no son, en muchos casos, tan espectaculares como cabría esperar: un niño apenas si domina mil palabras diferentes a los tres años de edad (Hernández Pina, 1984); cuando empieza la escuela (seis años), la cifra no parece llegar a 5 000, y cuando acaba los estudios primarios (trece-catorce años), su vocabulario de palabras diferentes (flexivas) no excede de 15 000; el léxico potencial medio de los hablantes con una buena educación ronda la cifra de 20 000 vocablos (MEC, 1989; Nation, 2001). En términos generales, puede afirmarse que el hablante nativo va añadiendo a su vocabulario unas mil palabras más cada año (Nation, 2001: 9), al menos hasta alcanzar la media del hablante formado, anteriormente reseñada. Es verdad que el aprendizaje natural es cualitativamente excelente en algunos aspectos (la pronunciación, por ejemplo), pero no en todos (la corrección gramatical, por ejemplo).

Por el contrario, el aprendizaje de una lengua en el aula, para un nivel alto, razonablemente aceptable a efectos comunicativos, está cifrado en unas 450 horas docentes, equivalente a menos de veinte días, con sus noches incluidas o, si se prefiere, unos cuarenta periodos de doce horas. En ese período el alumno debería aprender entre 4 000 o 5 000 palabras, que es el vocabulario aceptable para facilitar un buen nivel de comunicación (las 5 000 palabras más frecuentes de un idioma suelen constituir en torno al 85% de todas las palabras utilizadas en ese idioma: Sánchez, 2001). Pues bien, esta cantidad es equivalente en número a la que domina un niño de seis años. Desde cualquier ángulo que esto se mire, las diferencias en términos de tiempo requerido son muy notorias.

Administrar bien el tiempo, en especial cuando éste es limitado, reviste gran importancia. Una hora de clase 90 veces al año (media de docencia durante un curso académico) no es demasiado tiempo. La pérdida de cinco minutos en cada uno de esos períodos equivale a la pérdida de siete horas y media, es decir, un

8,3%. Esa misma cantidad de tiempo en el aprendizaje natural es irrelevante, dada la extensión temporal en que se desarrolla. La eficacia no solamente se cifra en la pérdida de tiempo, sino también y, sobre todo, en el mal o escaso aprovechamiento que de él se haga. La realización de una actividad en clase, con los fines y las estrategias bien definidas, no supondrá pérdida de tiempo para el profesor o para los alumnos. Una actividad mal planteada o deficientemente desarrollada puede suponer la pérdida de todo el tiempo dedicado a ella. La administración de la clase se percibe claramente en el uso que el profesor hace del tiempo que tiene a su disposición. Pero se extiende, asimismo, a todos los recursos utilizados en el período docente. El buen administrador ha de ser un buen planificador de las tareas de clase. Sin planificación no es posible usar adecuadamente los elementos que están a nuestra disposición.

1.4. El liderazgo del profesor

El profesor es la figura central en la clase. Si desde el punto de vista del aprendizaje, la primacía corresponde a los alumnos, desde la perspectiva de la responsabilidad docente, el protagonismo es inherente al profesor. No hay razón para que el papel del profesor sea degradado de una u otra manera, apoyándonos para ello en lecturas parciales de la realidad del aula. Ni la atención que merecen los alumnos, ni el papel de consejero y guía atribuido al profesor en determinados enfoques pedagógicos justifican su arrinconamiento. La existencia del profesor pertenece a la institución del aula en la misma medida en que a ella pertenece también la existencia del alumno. Ambos son elementos indispensables en la clase, pero cada parte con un cometido diferenciado. Como ya se ha apuntado en varias ocasiones, el profesor tiene una función que cumplir en el aula y ésta se fundamenta en hechos que no es posible soslayar, como son:

a. el profesor ha de facilitar el aprendizaje del alumno y lo ha de hacer más eficaz;
b. el profesor debe dominar el cúmulo de conocimientos sobre los cuales versa su docencia;
c. el profesor es el responsable de dirigir el aprendizaje y de administrar los recursos conducentes a él.

Estas características imposibilitan cualquier intento de disminuir la responsabilidad del docente. Los alumnos no son expertos en enseñanza, aunque sean los primeros usuarios de ella. Tampoco son expertos en aprendizaje, a pesar de que sean los sujetos del mismo. El experto en estas dos materias debe ser el profesor. De ahí nace la obligación de liderazgo, el cual ha de entenderse en el sentido correcto, implicando la organización, dirección y gestión de la clase.

146

1.5. Protagonismo del profesor

Así como el profesor ha de ejercer el liderazgo que corresponde a sus funciones, de similar manera debe ser protagonista en el ámbito que le corresponde. Las corrientes pedagógicas modernas insisten en el protagonismo que el alumno debe tener y asumir. No ha de entenderse que éste vaya en detrimento del protagonismo del profesor, sino que cada cual asuma el que le corresponde. De nuevo hay que resaltar el hecho de que si la función del profesor es propiciar un tipo de aprendizaje más eficaz, a él le corresponde la iniciativa en lo que respecta a poner los medios y señalar el camino adecuado para que los alumnos consigan su meta. Eso implica liderazgo y protagonismo. El protagonismo perjudicial es aquel que no corresponde a las funciones del profesor, cual sería acaparar la palabra en la clase, no propiciar ni permitir la participación de los alumnos en la discusión o planteamiento de problemas relacionados con el contenido que se enseña, arrogarse la posesión exclusiva de la verdad y de la ciencia, etc.

La forma más frecuente e "inocua" en que se manifiesta el exceso de liderazgo o protagonismo por parte del profesor es el abuso en la utilización del tiempo de clase. Bellack (1966) llega a la conclusión de que el profesor suele consumir en torno al 60% del tiempo de la clase. El uso que el profesor hace de ese tiempo es variado: para dar instrucciones, para preguntar, para responder, para sugerir, etc. La utilidad de una u otra manera de "gastar" el tiempo difiere en cada caso, especialmente en la medida en que ello induzca o no al alumno a participar, valiéndose de la lengua que aprende. Aunque no cabe olvidar que si el objetivo es que los alumnos aprendan a comunicarse en el idioma que aprenden, quienes más deben abundar en la práctica oral han de ser los discentes, no el profesor.

1.6. El profesor es claro

La función del profesor –exponer a otros lo que éstos deben o desean aprender– exige claridad en las explicaciones dadas. Los efectos de la claridad expositiva sobre el aprendizaje son tan evidentes que no precisan de ninguna aclaración complementaria. La claridad por parte del profesor supone como requisito previo:

   a. que él mismo posea un entendimiento profundo de la materia objeto de la enseñanza.
   b. que sea capaz de ordenar y clasificar adecuadamente los elementos que expone.
   c. que sepa articular tales conocimientos en actividades operativas y eficaces.
   d. que tenga un dominio suficiente del idioma que enseña, con el fin de que éste no suponga una barrera a la hora de explicitar su docencia.

La claridad expositiva del profesor dependerá, pues, tanto de los conocimientos que posea sobre la materia como de factores genéricamente denominados "pedagógicos", asociados a cualidades o habilidades intelectuales y organizativas.

1.7. El profesor refuerza y corrige

La adquisición de conocimientos no depende solamente de la voluntad de aprender, ni de comprender bien en primera instancia lo que se desea aprender. El ser humano aprende si lo que capta una vez llega posteriormente a consolidarse e integrarse dentro del conjunto de conocimientos que ya posee. Y la consolidación suele ser efectiva principalmente mediante el refuerzo que deriva de la repetición. Parece ser que existen determinados condicionamientos biológicos (bioquímicos) que exigen la repetición de un proceso para que éste quede "grabado" en nuestras neuronas o para que éstas lo reactiven posteriormente.

El aprendizaje, como casi todo en el hombre, resulta de la conjunción de elementos muy diversos, no de la aplicación de un solo factor. No es correcto cifrar el aprendizaje de manera exclusiva en la repetición, como se hacía en la metodología audio-oral, pero tampoco lo es prescindir de los ejercicios de repetición como medio indispensable para consolidarlo.

El equilibrio entre posiciones extremas se aplica, asimismo, al tema de la corrección de errores. Corregir la producción lingüística del alumno presenta dos aspectos. Uno de ellos puede entenderse que equivale a una "especial llamada de atención" sobre algo que no debe hacerse. El otro aspecto tiene una dimensión psicológica, relacionada con el efecto que tal llamada de atención ejerce sobre la personalidad del alumno.

No hay que olvidar que son muchos los alumnos que esperan ser corregidos si hacen algo mal. Es un procedimiento tan asentado en el aula y en el proceso discente que sería poco prudente olvidarlo o dejarlo de lado. El uso que el profesor haga de las correcciones y el método de aplicarlas en clase son, sin embargo, un tema diferente. El alumno que es corregido de manera adecuada, no para ser humillado ni para poner de manifiesto su ignorancia, reaccionará positivamente y la corrección será un reactivo positivo en la construcción de sus conocimientos. Las correcciones que intenten poner en evidencia las debilidades del alumno tendrán, por el contrario, efectos negativos en cuanto que afectarán de manera negativa a su propia estima y autovaloración, bloqueando el aprendizaje o dificultándolo. El alumno espera ser corregido, pero nunca ser humillado.

1.8. El profesor con humor y entusiasmo

Dado que en el aprendizaje el buen ánimo y la motivación de los alumnos constituyen factores decisivos, y en el peor de los casos, factores positivos, es importante contar con la presencia de elementos que contribuyen a la creación de un clima discente favorable: el humor y el entusiasmo. El profesor que no posee estas cualidades por naturaleza se enfrentará a dificultades adicionales en su labor docente. No hay nada más desalentador que el profesor que pretende contar un chiste sin tener éxito en el intento o sin suscitar un mínimo entusiasmo en la clase.

Algunos profesores son entusiastas por naturaleza. El entusiasmo implica también optimismo, tendencia a ver los aspectos positivos de la vida o de lo que se hace y a obviar los aspectos negativos (que ciertamente existen). Las ciencias psicológicas abundan en estudios que avalan la importancia de una actitud positiva ante la vida como medio para favorecer el progreso en todo aquello que se lleva a cabo. El entusiasmo del profesor debe ser capaz de transmitirse a los alumnos y generar en ellos los mismos efectos positivos que generan en él. En ambos casos, es preciso tener en cuenta que el entusiasmo nace y se favorece con actitudes positivas hacia el aprendizaje y hacia lo que se aprende, es decir, hacia la lengua objeto de estudio, hacia la cultura que implica y hacia las gentes que la usan como medio de comunicación.

2. El alumno

El alumno es el segundo de los pilares que debe considerarse en la descripción y análisis del aula, en la misma medida en que es uno de los actores clave de ella. La complejidad del alumno es tan alta como la del profesor, pero apunta en otra dirección: el profesor es la persona "que sabe, que informa", mientras que el alumno es "quien recibe, procesa la información recibida, la asimila y la consolida". Estamos ante un único proceso en el cual existen dos terminales totalmente interdependientes, aunque plenamente interrelacionadas: por un lado el profesor y por otro el alumno. Los factores que afectan a cada una de las partes difieren, no obstante, de manera sustantiva. Éstas son las principales variables que condicionan y afectan al alumno:

2.1. Edad

Cuando observamos el comportamiento del profesor en el aula, el factor edad no es tenido en consideración: se da por supuesto que uno de los requisitos del docente es que ha alcanzado ya la madurez, la cual, a su vez, exige un mínimo de edad. Y eso a pesar de que la experiencia, en cuanto puede ir estrechamente ligada a la edad, podría también constituir un elemento relevante. En cambio, al referirnos al alumno, la edad debe ser necesariamente tenida en cuenta, porque ésta puede variar, sustancialmente, su situación como aprendiz: desde los primeros años hasta la edad adulta o provecta, cada etapa está marcada por el crecimiento biológico del ser humano. Y el desarrollo biológico impone la existencia de condiciones favorables o restricciones en el aprendizaje y en la manera de llevarlo a cabo o de consolidarlo.

En el ámbito de la adquisición lingüística, parece ser que la facilidad para adquirir una nueva lengua decrece proporcionalmente en razón de la edad, es decir, que los niños o jóvenes la aprenden mejor que los adultos. Unos achacan esta realidad a la estructura biológica del cerebro (Lenneberg, 1967); otros

(Krashen, 1981; 1982; Krashen, Long y Scarcella, 1979) aducen nuevos argumentos y razones o cuestionan algunos de los supuestos biológicos. Pero en todos queda patente la importancia del factor edad, a pesar de que las discusiones e investigaciones continúan (Ellis, 1994: 484 y ss.). Conviene tener en cuenta que el tema no es baladí ni en el campo práctico ni en el teórico, ya que algunos modelos teóricos relacionados con la adquisición de segundas lenguas (piénsese en el cometido de la "gramática universal", por ejemplo) quedarían seriamente afectados por las conclusiones.

Las investigaciones en torno a la influencia de la edad sobre el aprendizaje deben centrarse en aspectos concretos para, así, poder ofrecer resultados cuantificables y fiables. Lo realizado hasta el momento dista aún mucho de aportar conclusiones definitivas y no permite disponer de una radiografía sobre el tema. Puesto que el aprendizaje es el resultado de la conjunción de muchos y variados elementos, no es fácil acotar dichos factores en los estudios experimentales, ni tampoco es sencillo llegar a conclusiones diáfanas y bien perfiladas.

Krashen, Long y Scarcella (1979) llegaron a la conclusión de que los adultos aprenden a un ritmo más rápido que los niños. Los resultados estaban en consonancia con los obtenidos por Snow y Hoefnagel-Höhle (1978), referidos a adultos y a niños holandeses representativos de dos tramos de edad. Snow y Hoefnagel-Höhle también detectaron ventajas del lado de los adultos, excepto en lo referido a la pronunciación. Al mismo tiempo añaden que los niños además, incrementan su velocidad de aprendizaje en los aspectos gramaticales a medida que crecen en edad. No hay que olvidar que estas investigaciones se refieren al aula, es decir, al aprendizaje dentro de un contexto de enseñanza formal. En este entorno los adultos parece que salen mejor parados que los niños, con algunas reservas en el área de la pronunciación. Se han llevado a cabo asimismo diversos estudios en torno al nivel de conocimientos lingüísticos alcanzado por niños y adultos (Ellis, 1994: 488 y ss.). A este respecto, destaca la conclusión a la que llega Singleton (1989: 137):

> Quienes inician el aprendizaje de un idioma en la niñez logran, a largo plazo, un grado más alto de aprendizaje que quienes empiezan en edad posterior. En favor de esta hipótesis hay cierta evidencia experimental, mientras que en contra no se dispone de ninguna por el momento.

Queda fuera de estas páginas un análisis detallado en torno a la importancia del factor edad en el aprendizaje de idiomas. Nadie parece poner en duda que la edad constituye un elemento decisivo en ciertos aspectos del proceso. Y queda cada vez más patente que este factor afecta al aprendizaje con diferente intensidad, según se aplique a entornos escolares (enseñanza formal) o naturales (aprendizaje dentro del contexto comunicativo y dependiente de él). Puesto que aquí se pretende describir la clase, nos interesa el entorno formal. Quizás no deberíamos hablar de la edad como período crítico o decisivo para aprender en clase, pero sí como factor que implica ventajas o desventajas importantes, tanto en aspectos relacionados con la gramática como en aspectos relacionados con la pronunciación.

Las investigaciones mencionadas anteriormente se refieren a los resultados. Sería importante investigar, también, los motivos o razones que los originan. ¿Subyacen razones neurológicas o biológicas consubstanciales a la edad? ¿Subyacen razones derivadas del entorno? Los adultos tienen más desarrolladas sus capacidades cognitivas, que favorecen la adquisición de la gramática. Su entorno, asímismo, es susceptible de empujarles con más fuerza a aprender, ya que su vida profesional puede quedar afectada por el éxito o el fracaso.

2.2. La motivación del alumno

Los mecanismos básicos del aprendizaje son muy similares en los adultos y en los niños, ya que se trata de los mismos seres humanos que aprenden. Pero sí debe destacarse la mayor presencia o ausencia de factores que dependen del desarrollo biológico de los distintos órganos corporales, amén de los derivados de los condicionantes genéticos o de otros de índole biológica, como es el caso de la motivación. La motivación es un constructo muy complejo, tan complejo como la multitud de elementos que la definen o generan (sobre la naturaleza de la motivación y los elementos que la integran, véase Sánchez, 1993: 112 y ss). Ese hecho dificulta su análisis o la investigación sobre ella (Gardner y Lambert, 1972; Ellis, 1994). La motivación puede ser externa o instrumental, pero también el resultado de un "interés interno" (tal cual la describen Crookes y Schmidt, 1991), entendido en el sentido de que los estudiantes están motivados *si están implicados en el aprendizaje, mantienen ese interés a lo largo del proceso y no necesitan recibir continuamente ayuda exterior para mantener ese interés.* Cuando los profesores se refieren a la motivación de los alumnos, suelen sentirse obligados a generar en ellos este tipo de motivación. Pero es, precisamente, el área de investigación menos atendida, de momento, a pesar de que a ella se ha atribuido tradicionalmente una gran parte de la responsabilidad o fracaso del aprendizaje. Tratándose de niños y adultos, este factor puede ser tan importante o decisivo como otros de carácter biológico o neuronal.

A efectos descriptivos, la edad se presenta como un factor que incide en la motivación. Pero las investigaciones realizadas en torno a ésta no permiten objetivar con claridad los efectos del factor edad sobre el aprendizaje o su dependencia de él. Este hecho obliga al profesor a ser cauto en el aula respecto a esta variable. Precisamente el campo en que más puede influir la acción docente es el de la motivación interna: los profesores pueden promover o activar los resortes que ayuden en esa dirección. Los niños y los adultos están condicionados no solamente por los años que tienen en su haber, sino también porque la acumulación de años implica la consolidación de centros de interés que pueden ser detectados y atendidos con cierta fiabilidad por el profesional de la enseñanza. En la clase esto es aplicable al tipo de actividades programadas, a los textos con que se trabaja, a los materiales complementarios que se traen a clase, etc.

2.3. El nivel de conocimientos lingüísticos de los alumnos

Los niveles de conocimientos en el ámbito de la enseñanza de lenguas suelen estar diferenciados en tres etapas o peldaños: elemental, medio y superior. Estas fases constituyen el punto de referencia tradicional para clasificar a los alumnos en cada clase o curso. Pero, así como los niveles elemental y medio están razonablemente bien identificados, el nivel superior es menos permeable a la definición: en él caben, genéricamente, los alumnos que tienen buenos conocimientos del idioma, pero el punto terminal está abierto y es susceptible de admitir notables variantes: desde los alumnos con conocimientos aceptables para el nivel superior hasta los alumnos que lo sobrepasan con creces. Si bien este hecho introduce automáticamente una mayor flexibilidad en la docencia, también acarrea consigo una mayor complejidad. Al profesor le requerirá mayor preparación y esfuerzo subvenir a las necesidades de este nivel.

El nivel de la clase está definido en el currículo y en los planes anuales del Centro. Pero el currículo no puede establecer diferencias entre los alumnos adscritos a cada nivel o, más aún, a cada clase, dentro del mismo nivel. Aquilatar la acción docente en este campo es útil, ya que las variantes intra-nivel son muchas y éstas afectan no solamente al ritmo de aprendizaje, sino también al tipo de errores que los alumnos cometen.

2.4. Filtros afectivos: actitud, motivación, entusiasmo, ansiedad

Aprender en clase supone que, de alguna manera, el alumno incorpora en su acervo de conocimientos algo que no tiene y que le viene de fuera. Los pedagogos afirman que los conocimientos se integran en el discente una vez que han sido internalizados, es decir, una vez que han sido hechos totalmente compatibles con lo que ya tiene en su haber. Para que los conocimientos se integren en la persona, es preciso que no haya resistencias ante el proceso o que éstas se reduzcan al mínimo. Una de las fuentes susceptibles de generar resistencia a la incorporación de nuevos conocimientos es la actitud previa de los alumnos. Sabemos que la actitud puede ser el resultado de una postura plenamente consciente, pensada y decidida por el sujeto. También puede ser, sin embargo, de tipo afectivo; en este caso las actitudes serían el resultado de sentimientos y emociones que las producen o generan. Esta realidad pretende ser tenida en cuenta, de maneras diversas, por casi todos los métodos humanistas (Sánchez, A., 1997: 218 y ss.), haciendo hincapié cada uno de ellos en ciertos aspectos que dificultan, impiden o favorecen el aprendizaje. Así, el método de la *sugestopedia* se propone como objetivo eliminar las sugestiones que interfieren en la mente de quien aprende; el método *comunitario*, por su parte, pretende valerse del consejo y la guía "amable" para activar el deseo de aprender de los discentes.

Determinadas actitudes favorecen o entorpecen el aprendizaje de una segunda lengua; existen numerosas investigaciones al respecto (Gardner y Lambert, 1972; Baker, 1988; Ellis, 1994). Como suele ocurrir en el estudio de variables afectivas, se está lejos de haber logrado un diagnóstico claro sobre el cometido exacto de las actitudes en el aprendizaje. Pero sí parece desprenderse de las investigaciones realizadas que las actitudes positivas hacia la lengua estudiada, hacia sus hablantes y hacia su cultura favorecen el aprendizaje, mientras que las actitudes negativas lo entorpecen o impiden.

Las actitudes positivas suelen llevar consigo otros factores afectivos o de personalidad que las refuerzan, favoreciendo así aún más el aprendizaje; ése es el caso de la motivación (que se comentó anteriormente) y del entusiasmo, frecuentemente presente en el alumno motivado y con actitudes positivas frente a la vida. De nuevo hay que destacar que el entusiasmo no es, por sí mismo, suficiente para que se dé el aprendizaje; sobran ejemplos de alumnos motivados y entusiastas con un bajo rendimiento académico. Lo que aquí se pone de relieve es que estos factores incrementan y benefician el aprendizaje, sea cual sea la capacidad intelectual de quien los posee.

Respecto a la ansiedad, los estudios son más escasos, pero parece que su presencia disminuye la capacidad del individuo en el aprendizaje (Pérez Paredes, 1999). El miedo a hacer algo (a usar la lengua, a los exámenes, a hablar en público, al profesor...) debilita la acción y sus resultados.

2.5. La personalidad del alumno

Prestar la debida atención al individuo que aprende sólo es factible si el número de alumnos es reducido. Atender a las peculiaridades de la personalidad de cada alumno en una clase de veinticinco o treinta estudiantes sería una tarea difícil de llevar a cabo. Aunque la generalidad de los profesores considera que la personalidad de cada discente es un factor importante en el aprendizaje, no es fácil definir qué elementos la constituyen. Ellis (1994: 518) resume en un cuadro las investigaciones realizadas y anota los factores tomados en cuenta e investigados por diversos autores en relación con la personalidad. Son los siguientes:

   a. *La introversión y la extraversión*. Los extravertidos se arriesgan más, son más sociables, más activos; los introvertidos son menos activos y gustan menos de las relaciones sociales. Estas características tienen su reflejo en aspectos clave del aprendizaje, como la interacción, la decisión para usar la lengua que se estudia, etc.

b. *Afrontar riesgos*. Quienes no dudan en arriesgarse tampoco dudan en usar la lengua que aprenden, incluso cuando ésta es más compleja y exigente, toleran mejor los errores propios y ajenos y no tienen necesidad de asegurarse sobre la corrección de lo que van a decir.

c. *La empatía*, que consiste en la capacidad de alguien para ponerse en el lugar y posición de otro y comprenderlo mejor.

d. *La propia estima y valoración*. Esta característica afecta al concepto que cada cual tiene de su persona y está estrechamente ligada a la seguridad y confianza en sí mismo que puede tener el alumno. Es uno de los rasgos más estrechamente ligado al aprendizaje.

e. *El retrotraimiento y la inhibición*, que suponen en el individuo la formación de defensas frente al exterior, que no tienen otro objetivo que el de proteger su propio ego y que ejercen, también, un efecto negativo sobre el aprendizaje.

2.6. Interacción del alumno en clase

La mayor o menor participación del alumno en clase está relacionada con determinados factores, entre los mencionados anteriormente. En algunos discentes, la interacción surge precisamente de la presencia de aquéllos. Por interacción no solamente nos referimos a la respuesta propiciada por las preguntas del profesor. Éste es el nivel más pobre de interacción. La interacción plena se da cuando los alumnos se comunican entre sí o con el profesor intercambiando información, es decir, utilizando la lengua en su plenitud y explotando los recursos funcionales y comunicativos que permiten activar el idioma aprendido. De similares características debe ser la interacción en grupo. La cantidad de tiempo dedicada a la interacción es un importante factor con clara incidencia en el aprendizaje comunicativo.

2.7. Uso de la L1 y L2 por parte del alumno

El sentido común de profesores, de alumnos y de cualquier observador externo basta para percatarse de la incidencia que el uso de la L2 tiene en el logro de los objetivos docentes. Los resultados de la aplicación de las distintas metodologías a través de la historia han dejado una huella clara al respecto. Mientras el método tradicional, basado en la gramática y la traducción, no favorecía el uso activo de la L2, especialmente en su vertiente oral, otros métodos, como el *Directo* o el *Comunicativo* sorprendieron, cada uno en su tiempo, por el énfasis que ponían en el dominio de la lengua hablada. La práctica ha sido, es y será siempre reconocida como el camino no ya adecuado, sino necesario para adquirir una determinada destreza lingüística. Si el dominio de una lengua supone poder comunicarnos con otros hablantes, la práctica interactiva es imprescindible. El tiempo utilizado en el uso y práctica de la L2 tiene una relación directa e indiscutible con el grado de aprendizaje alcanzado.

3. Las actividades o ejercicios

Si la lección constituye la unidad en torno a la cual suele articularse la programación anual de la enseñanza, las actividades o ejercicios de clase son los elementos unitarios mínimos en que se concreta cada lección. Desde la perspectiva del profesor, las actividades son los instrumentos de trabajo en los que su acción docente se apoya, de los que se nutre y el medio a través del cual esa misma acción docente cobra realidad y llega a los alumnos. Desde el punto de vista de los discentes, las actividades son la vía principal a través de la cual perciben la acción docente. Desde cualquier ángulo que se analicen, las actividades deben ser consideradas como unidades básicas y sostén capital de la clase.

El concepto de actividad no siempre se presenta al observador de manera clara y transparente. En la metodología tradicional, se utilizaba el término "ejercicio" como equivalente a lo que los libros de texto ofrecían, indefectiblemente, para memorizar reglas de , practicar esas reglas o ejercitar la traducción directa e inversa. La variedad de los ejercicios era reducida y esta misma palabra *(ejercicio*, derivado de *ejercitar)* era un fiel indicador de su función y naturaleza.

La palabra "actividad", más frecuente en la jerga especializada actual, se utiliza con un valor semántico mucho más amplio. Por actividad se entiende aquí:

La unidad de acción que conduce al logro de un objetivo docente o discente mediante la aplicación de una estrategia determinada.

Es importante destacar que las actividades no constan solamente de objetivos (Richards, 1994: 161), sino que implican, además, una determinada manera de actuar o de hacer (estrategia) para lograrlos. Efectivamente, cualquier operación o tarea que pretendamos llevar a cabo necesita de ambos elementos. Los objetivos no se logran por sí mismos; siempre que nos planteamos alcanzar un fin, tenemos que valernos de algunos medios para llegar a él, aunque el planteamiento respecto a los medios no sea un procedimiento plenamente consciente. Los objetivos y las estrategias van necesariamente acompañados de otros dos elementos:

a. el tiempo requerido para lograrlos y
b. los recursos que se precisan para poner en práctica las actividades, recursos que, naturalmente, vienen exigidos por los objetivos pretendidos y por las estrategias aplicadas.

Estos cuatro elementos –objetivos, estrategias, tiempo y medios– conforman la unidad de acción a que me referí anteriormente.

La descripción u observación del aula se enfrenta a diferentes problemas. Algunos de ellos derivan precisamente de la dificultad en la identificación de esas unidades de acción que denominamos actividades. Al contrario de lo que solía ser habitual en la metodología tradicional, los métodos más populares en las aulas de hoy en día (el método comunicativo o integral, especialmente) son mucho más ricos y variados en la tipología de actividades utilizadas. En realidad, en nuestras clases están presentes los ejercicios tradicionales y las actividades estructurales y comunicativas. Con frecuencia se prefiere hablar sólo de "actividades", si bien es preciso admitir que tales "actividades" incluyen también la tipología de ejercicios (en su mayor parte gramaticales) de antaño. Es importante destacar que el concepto actual de "actividad" enriquece significativamente el campo semántico de "ejercicio". Las actividades de clase presentes en el aula u ofrecidas en los actuales libros de texto ya no se reducen a ejercicios de gramática, sino que se caracterizan por una gran variedad de procedimientos, estrategias, medios utilizados y cantidad de tiempo exigido para ser puestas en práctica. El hecho puede ilustrarse comparando un ejercicio como:

Completa con la preposición adecuada, con otros como:

Lee el texto y escribe un título adecuado, o

Vas a celebrar una fiesta de cumpleaños: escribe la lista de lo que necesitas para ofrecer algo de comer a tus invitados, o

Quieres viajar a Méjico: escribe una carta a la Oficina de Turismo pidiendo información sobre tus áreas de interés, etc.

3.1. La definición de los objetivos

Una de las mayores satisfacciones que los alumnos pueden tener al acabar una clase es salir del aula con la creencia y la convicción de que han aprendido algo nuevo. Si este sentimiento fuese universal, en todas las clases y en todos los alumnos, la situación sería ideal desde el punto de vista escolar. Es preciso admitir que en ocasiones los alumnos llegan a la conclusión de que han aprendido algo nuevo sin que lo aprendido coincida con los objetivos que el profesor había planificado. Sin embargo, lo más normal es que se dé una coincidencia entre lo que el alumno aprende y lo que el profesor pretende enseñar. En todo caso, éste sería el ideal.

El logro de este ideal depende en buena medida, por parte del profesor, de una correcta y clara definición de objetivos. En los manuales clásicos para la formación de docentes se distingue entre objetivos generales y específicos, mediatos o inmediatos. Lo que interesa en el ámbito de las actividades es la concreción de los objetivos específicos. Éstos, a su vez, deben estar debidamente insertos en el conjunto de la acción docente y ser acordes con los objetivos generales delineados para el curso y para cada lección. Se da, pues, por sentado que los objetivos de cada actividad son claros y precisos y que no necesitan de una ulterior elaboración para ser captados. Deberían ser también asequibles a los beneficiarios últimos de la actividad, es decir, a los alumnos.

En los "ejercicios" que aquí he denominado clásicos o tradicionales los objetivos eran fácilmente identificables. Un enunciado como *Completa con la preposición adecuada* hace pensar de inmediato en una práctica relacionada con el uso correcto de las preposiciones. Las actividades habituales en los manuales de hoy, precisamente porque son más ricas en contenido y en variedad, pueden no ser tan transparentes. Así, por ejemplo, una actividad enunciada como *Lee el texto y ordena los dibujos correctamente* no sugiere de manera directa que se persigue un objetivo de comprensión lectora global. Una actividad enunciada como *Vas a celebrar una fiesta de cumpleaños: escribe la lista de lo que necesitas para ofrecer algo de comer a tus invitados,* requiere que el alumno o el grupo investigue y encuentre las palabras referidas a comidas o bebidas habitualmente utilizadas en las fiestas de cumpleaños (pastel, naranjada, refrescos, cerveza, bocadillo, etc.). El aprendizaje del léxico –objetivo de la actividad– queda parcialmente "disfrazado" por la forma en que el ejercicio se lleva a cabo.

Algunos pedagogos están a favor de que el profesor inicie la clase informando a los alumnos sobre los objetivos de cada unidad, e incluso de cada actividad. Quizás esto no era necesario en los ejercicios tradicionales, pero sí puede resultar de utilidad en metodologías más complejas (como son las utilizadas en nuestras aulas actualmente), que conllevan, además, actividades con objetivos menos evidentes o transparentes. El hecho de que el alumno sea consciente de lo que va a aprender puede que no estorbe, sino que ayude a lograr las metas del aprendizaje.

3.2. La planificación y puesta en práctica de estrategias adecuadas

Como ocurre en cualquier actividad o actuación de la vida real, la consecución de objetivos diferentes suele exigir la aplicación de estrategias diferentes. Por otra parte, no todas las estrategias utilizadas para lograr un fin son igualmente eficaces o adecuadas. En la aplicación de estrategias se da, también, una escala de gradación, de más a menos. Es de gran importancia que en el diseño de cualquier actividad se logre la mejor correlación entre los objetivos perseguidos y la estrategia sugerida o puesta en marcha para llegar a ellos.

Volviendo de nuevo a los ejemplos anteriores, la actividad enunciada como *Lee el texto y ordena correctamente los dibujos* persigue el objetivo de practicar la comprensión global de un texto, aunque no se identifique exactamente el valor de algunas palabras o no se consiga descifrar el significado exacto de alguna frase. La estrategia utilizada es "ordenar una secuencia de dibujos o fotos, que exige haber comprendido el texto". En este caso la estrategia de "ordenar los dibujos" parece adecuada porque lo que tiene que hacer el alumno corre paralelo con el objetivo pretendido: ordenar los dibujos correctamente requiere que el texto sea comprendido en su globalidad, pero asimismo permite que el fin se obtenga sin haber captado todos los detalles de la comprensión.

Las estrategias diseñadas para cada actividad no solamente han de estar íntimamente relacionadas con los objetivos que se persiguen, sino que deben estar subordinadas a ellos. Conviene tener en cuenta, no obstante, que en el diseño de estrategias es útil tomar en consideración otros elementos de importancia en el aprendizaje, cuales son:

a. la motivación y

b. las estrategias de aprendizaje de que suelen valerse los alumnos.

La razón estriba en que no todos los procedimientos son igualmente atractivos para los alumnos y, como consecuencia de ello, no todos los procedimientos motivan de idéntica manera. La importancia de los procedimientos en la actuación docente ha cobrado relieve en las últimas décadas, especialmente a raíz de la programación basada en los procesos, estrechamente ligada a la metodología comunicativa.

El estudio de las estrategias puestas en marcha por los discentes nos demuestra que no todos se valen de los mismos procedimientos. Es ilustrativo y útil identificar qué estrategias aplican quienes tienen mayor éxito en el aprendizaje, porque las conclusiones nos orientarán sobre el grado de eficacia de uno u otro procedimiento. Los resultados a que se llegue han de pasar todavía por un segundo filtro. Si bien unas estrategias son más eficaces que otras, hay que reconocer que no todos los alumnos, en razón de sus características y peculiaridades, comparten las que son más eficaces. Incluso podemos decir más: las estrategias que para unos son eficaces no lo son para otros. La investigación nos orientará, pues, hacia la identificación de los elementos compartidos por la mayoría de los alumnos, así como hacia su relación con las cotas de eficacia logradas. Sería erróneo sobrepasar esas conclusiones y desembocar en generalizaciones no suficientemente representativas.

Las estrategias que ponen en marcha los discentes no sólo pueden ser diferentes, sino que están sujetas a las experiencias de éxito o de fracaso que cada uno haya acumulado en su "carrera como aprendiz". Al mismo tiempo, es probable que las prácticas a que se ven sometidos en el aula influyan en sus decisiones "estratégicas". Es necesario considerar que el enfoque metodológico aplicado define en gran medida el tipo de actividades y estrategias utilizadas en clase. Las relaciones entre metodología y actividades son muy estrechas y se ponen de manifiesto en ejemplos como los expuestos a continuación. La metodología estructuralista abundaba, especialmente, en ejercicios de tipo repetitivo y mecanicista, de este tenor:

Desear	*¿Qué desea usted?*
1. cantar	....
2. viajar	....
3. estudiar	....
4. comprar	....
etc.	....

La técnica de repetición es útil e incluso necesaria en el proceso discente, pero induce al cansancio, al aburrimiento y a la pérdida de atención, una vez transcurridos los quince o veinte minutos iniciales. La metodología comunicativa no excluye totalmente la repetición, pero ésta queda parcialmente diluida añadiendo elementos que exigen un mínimo de atención y la toma de decisiones por parte del alumno. Así lo refleja este ejemplo:

Describe tu ciudad:

    A. *En mi ciudad hay dos cines.*
    B. *Mi ciudad es antigua.*
    C. ....

El	parque	es	bonito
La	barrios	son	bonita
Los	iglesia		tranquilo
Las	calles		tranquila
	cine		agradable
	discotecas		nuevo
			nueva
			alto
			alta
			ruidoso
			ruidosa

O este otro, en el cual se combina la capacidad de comprensión con la expresión escrita no creativa:

¿Qué hace Juan cada día? Escucha y completa:

Juan	se levanta	a las	....
	come		....
	va a la oficina		....
	entra por la tarde		....
	se acuesta		....

El carácter repetitivo puede también ser totalmente reemplazado por estrategias fundamentadas en una plena comprensión del mensaje, como se refleja en esta actividad, cuya resolución supone la adecuada y correcta captación del significado, tanto en su conjunto como en cada una de sus frases:

En parejas leed estas frases y reconstruid el diálogo entre Lola y Carmen:

---

1. Carmen: Pero son tus patines, ¿no?
2. Lola: A mí no me gusta la lluvia.
3. Lola: Sí, porque éstos son viejos y un poco pequeños.
4. Carmen: Ya lo veo. Pero tampoco te gusta mucho patinar.
5. Lola: Sí, patinar sí me gusta, pero estos patines me molestan un poco.
6. Carmen: ¿De veras?
7. Carmen: Lo siento mucho. Eres una amiga excelente.
8. Lola: Bueno, mis patines los tienes tú...

Las estrategias y procedimientos puestos en práctica desde el exterior influyen también, a veces decisivamente, sobre resortes tan importantes como el de la motivación. Es bien sabido que la repetición, como ya se ha dicho, es útil para favorecer la retención, pero además puede ser perniciosa en el ámbito de la motivación.

Las estrategias de aprendizaje constituyen actualmente una de las áreas de investigación más fructíferas (Wenden and Rubin, 1987; Tarone y Yule, 1989; Ellis, 1994; Manchón, 2001). Al estudio de las estrategias personales que pone en marcha el alumno, puede aún añadirse el estudio de la influencia que las estrategias externas ejercen sobre él, así como sobre los mecanismos internos que le llevan a elegir uno u otro tipo de procedimiento en el ámbito del aprendizaje. Las estrategias que implican las actividades contienen otro elemento importante: el relacionado con el grado de exigencias a que debe enfrentarse el alumno o con el reto que tales exigencias suponen respecto a las posibilidades de tener o no éxito en la realización de cada tarea. Las contradicciones, al menos aparentes, surgen de inmediato al considerar ciertos aspectos: las actividades repetitivas en general (de estímulo-respuesta, por ejemplo) contienen elementos positivos que refuerzan la autoconfianza del alumno; éste puede controlar la respuesta con relativa facilidad, ya que los patrones de realización son estándar y fijos. Las actividades que introducen mayor variación en el tipo de respuesta esperado, dificultan que el alumno pueda controlar fácilmente la respuesta esperada. Este hecho es susceptible de generar inseguridad y, sobre todo, ansiedad (Pérez Paredes, 1999). Frente a las actividades de respuesta abierta, los ejercicios cerrados o de respuesta previsible propician en el alumno la sensación de control sobre lo que hace y sobre el producto de tal acción.

3.3. La naturaleza de las actividades

Se ha constatado que muchos profesores siguen aferrándose a técnicas y ejercicios propios de una metodología determinada, aunque afirmen que aplican otro tipo de metodología, como puede ser la que está prescrita en el currículo o la que está de moda en un momento concreto. Ha sido habitual durante las décadas de los setenta y ochenta observar que en el aula abundaban o predominaban las actividades de repetición, sustitución, recursivas, etc., propias de la metodología audio-oral; los profesores, sin embargo, no se recataban en declarar que ellos pretendían seguir una metodología comunicativa (Pallarés, 1988). Con el fin de evitar estas contradicciones, se hace necesario clarificar primero qué se entiende por actividad, para luego tratar de identificar los distintos tipos de actividades, sean éstas comunicativas, estructurales, tradicionales, etc. No es tarea fácil, dada la complejidad del tema (Breen, 1987; Candlin, 1987; Nunan, 1989). Uno de los retos estriba en partir de principios claramente descriptibles e identificables.

¿Qué se entiende por actividad en la enseñanza de idiomas? Una actividad es *cada una de las acciones unitarias (unidades de acción) mediante las cuales se lleva a cabo la enseñanza en el aula.* Dicha acción está integrada por dos elementos que se necesitan mutuamente: los objetivos de tal acción y los medios a través de los cuales se pretende lograr esos objetivos. Ambos elementos constituyen la naturaleza o esencia de una actividad:

a. el **objetivo** actúa como motor, orientando siempre la acción hacia un fin;
b. la **estrategia** o **procedimiento** enmarca las actuaciones que se desarrollan para llevar la acción a buen término.

Objetivos y estrategias deben estar íntimamente relacionados, porque de hecho son interdependientes. La única razón de ser de una actividad en la clase es la de facilitar y hacer más eficaz el aprendizaje, fin último en que se integran los objetivos especiales o parciales de cada actividad (objetivos que pueden consistir en aprender a utilizar modelos lingüísticos necesarios para saludar, para preguntar por el nombre, para informar sobre el tiempo, etc.). La actividad constituye, por tanto, el último eslabón en el que los objetivos generales se desmenuzan en elementos identificables y manejables. En este sentido debe ser considerada como la unidad básica de trabajo eficaz. Por otra parte, la concreción del objetivo es necesaria para determinar la estrategia más adecuada que permita alcanzarlo. Lo contrario carecería de lógica y conduciría a la dispersión. Por regla general, la finalidad u objetivo de una actividad viene reflejado directamente en el enunciado. Así por ejemplo, enunciados como:

Lee el texto y ordena los dibujos adecuadamente.
Completa el texto con la preposición adecuada.

permiten deducir que en a) se apunta hacia la comprensión del texto en su totalidad o globalidad, mientras que en b) se pone a prueba y se practica el uso de las preposiciones. También es verdad que en ocasiones los objetivos pueden ser más de uno y estar encadenados entre sí, subordinados los unos a los otros o implícitos unos en otros. La comprensión global de un texto como fin último implica, necesariamente, la comprensión de vocabulario específico, el uso de estructuras determinadas, según el ámbito en que se desarrolle la comunicación, etc. Y cualquiera de esos elementos es, asimismo, susceptible de convertirse en objetivo de segundo, tercer, etc., orden.

¿Deben explicitarse los objetivos con claridad también para el alumno? La respuesta a esta pregunta no es unánime. Sin lugar a duda, algunos alumnos prefieren que se les enuncie con claridad qué se va a hacer, para qué y por qué. Otros se ponen plenamente en las manos del experto, que es el profesor. Éste, a su vez, actúa de maneras diferentes. Mientras unos optan por iniciar las actividades directamente, sin más preámbulos, otros explican lo que se pretende con la acción que se va a emprender, o aclaran en qué medida ésta puede beneficiar al aprendizaje o en el examen final, o cómo la actividad actual se relaciona con lo que se ha aprendido o tratado previamente. A veces se pregunta a los alumnos qué han aprendido después de haber finalizado la actividad. La incidencia de cómo el conocimiento previo de los objetivos de cada ejercicio puede influir sobre el grado de aprendizaje de los alumnos es aún una laguna en el ámbito de las investigaciones experimentales.

El profesor no puede desconocer, explícita y detalladamente, los objetivos que implica cada actividad desarrollada en la clase. Este conocimiento es parte esencial de su labor docente. Entre otros motivos, porque conocer las razones de sus acciones en clase es imprescindible para delinear la estrategia o procedimiento más adecuado. El objetivo del enunciado a), anteriormente mencionado, que apunta hacia la comprensión global del texto, admite varias posibilidades en cuanto a las estrategias que podemos poner en acción para lograrlo. Una de ellas es la que consta en el enunciado (*Ordena los dibujos adecuadamente*); pero, además, podríamos sugerir otras que implicasen objetivos similares o idénticos, como:

– *Empareja cada párrafo del texto con el dibujo que le corresponda.*
– *Elige el título más adecuado entre los que se ofrecen a continuación.*
– *Escribe un resumen del texto en cinco frases.*
– *Subraya las diez palabras clave del texto, o las diez palabras más representativas del conjunto.*
– *Completa el texto adecuadamente.*
– *Lee el texto y responde a las siguientes preguntas, etc.*

Los objetivos pueden y deben cubrir un amplio espectro. Así lo exige la gran variedad de elementos que integran el aprendizaje de un idioma. Por razones prácticas se hace necesario desglosarlos en unidades manejables, debidamente organizadas y jerarquizadas. Esa organización se ha hecho desde distintas perspectivas, de ahí que los resultados sean muy variados. Los criterios más habituales han partido, tradicionalmente, de la gramática o de la lingüística. No es de extrañar, pues, que los objetivos lingüísticos hayan constituido el componente más abultado en casi todos los currículos elaborados para la enseñanza de una lengua. De naturaleza lingüística son, por ejemplo, los objetivos que se centran en las cuatro destrezas lingüísticas *(comprensión oral, comprensión escrita, expresión oral, expresión escrita)*, o los referidos a los principales componentes de la gramática tradicional *(gramática, pronunciación, ortografía, vocabulario)*. Sólo en la segunda mitad del siglo XX han empezado a cobrar fuerza objetivos cuya naturaleza no es estrictamente lingüística, aunque, evidentemente, siempre se precisen elementos lingüísticos (formales) para conseguirlos. Como objetivos no-lingüísticos se consideran todos aquellos que constituyen el "hábitat" natural del ejercicio lingüístico, cual sería:

a. la cultura de los hablantes de una lengua, necesaria para comprender plenamente numerosos usos lingüísticos;
b. la motivación que mueve a los hablantes a comunicarse y a aprender;
c. los procedimientos (proceso) de que nos valemos para lograr los objetivos comunicativos;
d. el contexto dentro del cual se desarrolla la comunicación lingüística.

Es posible valerse de diferentes estrategias para alcanzar mayores cotas de eficacia, la cual es el objetivo último de la docencia. De ahí que la aplicación de una u otra estrategia obedezca, también, al intento de lograr una mayor efectividad en la consecución de los objetivos, primero en cada actividad, luego en la docencia y discencia en general. Esta relación necesaria entre objetivos y estrategia exige que ambos componentes estén debidamente coordinados. El procedimiento aplicado ha de estar subordinado a que el logro del objetivo se torne más fácil y sencillo. No se trata, por tanto, de idear estrategias ingeniosas, rebuscadas o floridas, sino más bien de estructurar estrategias eficaces. La eficacia de cualquier estrategia se cifra en lo que es capaz de suscitar en el alumno, su receptor natural, y en los resortes cognitivos que puede activar en quien la pone en práctica. Se sabe, por ejemplo, que las estrategias aumentan su eficacia si incrementan la motivación de los alumnos. Por su parte, la motivación depende, entre otros factores, de la variedad de los elementos utilizados, del interés que los temas tratados son capaces de suscitar, del reto que plantea la tarea que se realiza, etc. La consideración de estos factores es indispensable para que objetivos y estrategias cumplan con su cometido.

3.4. Actividades lingüísticas y actividades comunicativas

Es de gran utilidad diferenciar dos tipos básicos de actividades, según los objetivos que se persigan en cada caso: *actividades lingüísticas y comunicativas*. No debe entenderse esta clasificación como si implicase oposición o contradicción entre ambas modalidades. Las dos persiguen objetivos finales idénticos (el aprendizaje o la adquisición lingüística), aunque enfatizan aspectos y, a veces también procedimientos, diferentes.

Las actividades de *carácter lingüístico* son aquellas que dan prioridad al aprendizaje de los elementos formales de la lengua. Las formas lingüísticas, tanto las referidas a la gramática como las referidas al léxico, tienen todas ellas importancia en el uso comunicativo de la lengua: la comunicación precisa y se vale de las formas lingüísticas para ser viable. No debe minusvalorarse, pues, este tipo de actividades.

Las actividades de *carácter comunicativo* dan prioridad al contenido o mensaje, dejando en segundo plano el continente o las formas lingüísticas que lo posibilitan. Esta afirmación ha de entenderse en su justo término: el mensaje no puede prescindir de las formas que lo hacen posible. La precisión y exactitud del mensaje dependerá de la precisión y exactitud de las formas utilizadas para explicitarlo. No obstante, las diferencias entre ambos tipos de actividades son notables y no se reducen a una mera cuestión de matices.

Conviene analizar primero cuáles son los rasgos distintivos de la comunicación lingüística, que es compleja y desborda fácilmente las limitaciones de un análisis como el que aquí se pretende hacer.

La comunicación mediante el lenguaje puede identificarse, al menos, por los siguientes rasgos:

a. Su **función** primordial es la transmisión de un mensaje a otra u otras personas. Si esta finalidad no existe, normalmente ni siquiera se inicia el proceso.

b. En la vida real, la comunicación tiene lugar cuando uno o más de los interlocutores tienen **necesidad** de llenar algún vacío informativo, ya sea para transmitir a otro lo que éste debe saber, o para satisfacer él mismo la necesidad de dar respuesta a una pregunta.

c. En cualquiera de los dos casos anteriores, quienes se comunican lo hacen en razón del **contenido** (mensaje o información que se da o se recibe), pero no por razones de la forma. La práctica o uso de determinados elementos lingüísticos nunca constituye el objetivo de la comunicación. La comunicación que tuviera como finalidad practicar, por ejemplo, un tiempo verbal provocaría extrañeza, hilaridad o, cuando menos, asombro, por lo inusitado.

d. El desarrollo de una situación comunicativa es más un **proceso de acción** que un proceso de abstracción. De ahí que el uso de la palabra *tarea*, aplicada al desarrollo de una actividad comunicativa, esté suficientemente justificado: este término es utilizado en la vida real para hacer referencia a los trabajos y acciones que necesariamente conlleva la vida cotidiana de cualquier ser humano.

e. La comunicación entre seres humanos se desarrolla en su mayor parte mediante el sistema lingüístico, si bien es cierto que nos valemos de otros elementos complementarios (que generalmente ayudan a lo que es estrictamente lingüístico), como son los **gestos** o el **contexto extralingüístico** en general. De este hecho se desprende que la denominada *competencia comunicativa* se fundamenta mayormente, pero no únicamente, en el sistema de signos lingüísticos.

f. El **sistema lingüístico** se basa, a su vez, en un conjunto de reglas o normas jerarquizadas e interdependientes, de gran complejidad y cuantía, las cuales funcionan a varios niveles (fonológico, sintáctico, morfológico, grafológico y semántico).

De las afirmaciones que anteceden se deducen varias conclusiones de gran utilidad práctica. Entre otras destaca, especialmente, el hecho de que la competencia comunicativa incluye los elementos lingüísticos, pero no se agota con ellos. Por tanto, si la realidad comunicativa es así, debe ser posible establecer alguna diferencia entre los distintos componentes que la constituyen. En consecuencia, cabría la posibilidad de diferenciar entre una *actividad comunicativa* y una *actividad lingüística*. No obstante, es preciso no perder de vista que las actividades lingüísticas no están reñidas con la finalidad comunicativa para la cual han sido creadas. En otras palabras, el uso de la lengua está inserto dentro de las actividades comunicativas. Siempre que se consigue la consolidación de una estructura lingüística, se adquiere también potencialmente la capacidad para utilizarla en una situación comunicativa real. Es decir, los elementos lingüísticos son siempre susceptibles de ser utilizados en la comunicación; de ahí que pueda decirse con propiedad que son *potencialmente comunicativos*. Las actividades lingüísticas (con finalidad lingüística) no son nunca inocuas o indiferentes respecto al proceso comunicativo, puesto que son susceptibles de facilitarlo o hacerlo posible. Otra cosa es, sin embargo, que su finalidad primera se centre o no en la comunicación real. Estructuras del tipo:

El libro está sobre la mesa.
El lápiz está sobre la mesa.

pueden ser frases adecuadas para responder a una pregunta pertinente y comunicativamente significativa, como:

¿Dónde está el libro (que te compré)?

Solamente se precisa insertarlas adecuadamente en la situación o contexto comunicativo que posibilite o exija la utilización de estos elementos lingüísticos. No obstante, tampoco se ha de llegar a conclusiones que sobrepasen estos límites. Lo normal, comunicativamente hablando, respecto a frases como las anteriores, es que se utilicen para responder a una pregunta, pero no para concienciar al interlocutor sobre temas gramaticales concretos. Si así fuera, estaríamos cambiando la finalidad para la cual han sido diseñadas estas estructuras. Las actividades comunicativas se valen de formas lingüísticas, pero no se limitan a ellas. La forma tiene un mero carácter instrumental en la transmisión del mensaje.

Partiendo de estas premisas, es posible elaborar un elenco de características identificadoras de las actividades comunicativas, tal cual se concretan en el siguiente cuadro:

Actividades comunicativas:

1. La actividad se establece con intencionalidad comunicativa.
2. La actividad se centra en el contenido, no en la forma a través de la cual éste se recibe o se transmite.
3. La actividad implica la transmisión de información del emisor al receptor o viceversa.
4. Una de las partes carece de la información que recibe o solicita.
5. La información objeto de la actividad llena un vacío existente en una de las partes que intervienen.
6. El emisor o receptor puede estar o no presente en el momento en que se desarrolla la actividad, dependiendo ello de la destreza en que se codifique el mensaje (destrezas orales o escritas).
7. La actividad comunicativa puede desarrollarse en cualquiera de las cuatro destrezas lingüísticas: hablando, oyendo, escribiendo, leyendo.
8. La actividad comunicativa exige que el emisor y el receptor se atengan al código que rige el uso del sistema utilizado (en general, de carácter lingüístico).
9. El código o reglas del sistema comunicativo puede romperse o no respetarse en parte sin poner en peligro la información, siempre que los demás elementos en que se contextualiza la actividad suplan esas deficiencias.
10. La actividad comunicativa se vale de un sistema formal, pero éste es un medio, nunca el fin de la actividad.

Si una lengua se aprende como lo hace el niño, desde la infancia, o como lo suelen hacer los emigrantes, es decir, sin asistir a clase, hablando con la gente y construyéndose los aprendices sus propias hipótesis lingüísticas, en tal caso las actividades desarrolladas son auténticamente comunicativas: su finalidad es estrictamente *recibir o dar información con propósitos funcionales (para expresar un deseo, para pedir determinada información, etc.).* La clase constituye, por el contrario, un entorno artificial desde el punto de vista de los procesos comunicativos habituales. El tipo de actividades comunicativamente auténticas que cabe esperar en el aula es reducido en número y en variedad (por ejemplo, *saludarse o conocerse* en los primeros días*, dar directrices sobre la clase...*). Difícilmente se podría cubrir con ellas la gama básica de actividades lingüísticas descritas, por ejemplo, en los *niveles umbrales*. Referirnos a actividades comunicativas para la clase implica, pues, ciertas restricciones que es preciso tener en cuenta y asumir en su justa medida. No es posible esperar que la mayor parte de las actividades que se desarrollan en el aula sean auténticas; más bien serán simuladas, desde el punto de vista de la comunicación. Además, el carácter comunicativo de una actividad admite gradación, dependiendo del número de características comunicativas identificadoras presentes en la actividad desarrollada.

3.5. Reducción de la "potencialidad comunicativa" a un coeficiente o indicador numérico

Sería utópico pretender que el carácter comunicativo de las actividades para la clase fuese total o fácilmente reducible a una escala numérica, precisa y bien delimitada. La cuantificación de lo que no es mensurable de manera directa impone restricciones notables; pero cabe la posibilidad de elaborar una escala o banda que nos sirva de *termómetro comunicativo*. Una escala de este tipo será, además, ilustrativa respecto a la relación que puede darse entre el carácter lingüístico y el carácter comunicativo de las actividades de clase.

Supongamos que la escala consta de dos ejes con diez tramos (correspondientes a las diez "características potencialmente comunicativas" mencionadas anteriormente). En uno de los ejes se anotan los rasgos aplicables en concepto de *carácter comunicativo* de la actividad; en el otro se representa, también con referencia a los mismos rasgos, el *carácter no comunicativo*, que denominaremos *lingüístico*, por ser éste el que más claramente se opone al carácter comunicativo. Las escalas de medición se pueden ajustar a lo expuesto en el cuadro siguiente:

Carácter comunicativo		Carácter lingüístico	
	+	-	
10	|-	-|	1
	|-	-|	
	|-	-|	
	|-	-|	
	|-	-|	5
5	|-	-|	
	|-	-|	
	|-	-|	
	|-	-|	
1	|-	-|	10
	-	+	

Escala para la medición del carácter comunicativo o lingüístico de las actividades en clase

Se observará que los valores de ambos ejes se contraponen, de tal manera que *al máximo de potencialidad comunicativa corresponde el mínimo de carácter lin-*

güístico. Una actividad concreta puede alcanzar, quizás, un cuatro en potencialidad comunicativa. La escasez de rasgos comunicativos se debería al hecho de que el ejercicio fija sus objetivos en aspectos formales o lingüísticos, o porque el contexto comunicativo se aleja excesivamente de la realidad comunicativa. El carácter lingüístico, en consecuencia, prevalecería y la puntuación en esta escala sería alta, de seis. Interesa destacar, por tanto, que el carácter lingüístico y comunicativo, aunque forman parte de la misma unidad, se contraponen siempre que uno de ellos enfatice lo que le es más propio y natural –el contenido de la comunicación o la forma como ésta se transmite o se hace posible.

Lo que aquí se está analizando es una realidad extremadamente compleja. De ahí que cualquier tipo de análisis implique un cierto grado de simplificación. Cabe, sin embargo, preguntarse, si en ocasiones tal simplificación no es excesiva. Littlewood (1981) se refiere a las actividades para la clase de lengua como *precomunicativas* y *comunicativas*. Quizás ésta sería una simplificación excesiva, aunque pueda ser de utilidad para la comprensión del tema, especialmente para el profesor que actúa en el aula. Littlewood (1981: 10) afirma que no se puede privar de un cierto carácter comunicativo a las actividades típicamente estructuralistas. Esta afirmación encierra parte de verdad y añadiría peso a la propuesta aquí delineada, que aboga por el análisis de las actividades en términos de *gradación*, no en términos absolutos. De esta manera, podríamos disponer de un instrumento fácilmente manejable y razonablemente objetivado para medir el carácter comunicativo o lingüístico de las actividades usadas en la clase. El tema tampoco es baladí desde el punto de vista del análisis metodológico aplicado al aula o al libro de texto. Un análisis de este tipo facilitaría información muy valiosa para dictaminar en qué dirección se orienta uno u otro. En último término, tanto los manuales como los profesores, concretan sus ideas y propósitos en actividades y su análisis constituye el mejor punto de partida para extraer información metodológicamente relevante. Adviértase, no obstante, que esta *medición* no debe asociarse a la eficacia que pueda derivarse de la aplicación de una actividad concreta en la clase. La eficacia real de una u otra actividad depende de un conjunto de variables que en modo alguno se limitan al carácter comunicativo o lingüístico.

4. Análisis y evaluación de la clase

Dado que los elementos que integran la clase de idiomas son muchos y muy variados, su valoración será especialmente compleja. De ahí que sea necesario proceder ordenada y analíticamente. Tradicionalmente, la evaluación se ha venido haciendo mediante observadores externos. Un observador asistía a clase, observando con atención la actuación del profesor y de los alumnos y anotando los datos que previamente se habían considerado necesarios o útiles. El perfeccionamiento de la técnica evaluadora se logra elaborando previamente un cuadro o matriz con las características más importantes que deben ser tenidas en cuenta, de modo que así es posible recopilar datos objetivos sobre los cuales posteriormente se hace una valoración fundamentada y más pausada. Ha de tenerse en cuenta que los eventos de una clase transcurren con rapidez y sin pausas, lo cual dificulta la evaluación en el mismo acto en que se desarrolla la acción docente. Esta técnica de recopilación de datos sigue siendo válida, pero puede ser complementada o incluso sustituida por la grabación en vídeo. La grabación audiovisual no elimina la recopilación de datos, ni el uso de matrices en las que se anotan los hechos relevantes, pero hace posible analizar la clase una y otra vez, repitiendo escenas o tramos que planteen mayor dificultad o dudas, o hacer pausas siempre que lo deseemos, para analizar con mayor detalle tramos determinados. El análisis de la clase constituye el mejor instrumento del que disponen los docentes para valorar, diagnosticar y mejorar su acción docente. El conocimiento exacto de cómo se actúa es el peldaño fundamental sobre el que descansa la acción de quien pretende seguir avanzando en su perfeccionamiento profesional.

El análisis de la clase parte, pues, de la observación de la clase. Esto significa que, de alguna manera, la evaluación así entendida no es ajena a lo que actualmente suele denominarse "investigación en el aula". Ambos procedimientos difieren en sus fines inmediatos y, al menos parcialmente, en los instrumentos y medios de que se valen, pero confluyen, en general, hacia un mismo fin último, que es mejorar el conocimiento de lo que ocurre en el aula para así llegar a un diagnóstico acertado y poner remedio a las posibles deficiencias detectadas.

La complejidad de lo que ocurre en el aula hace que ésta sea inabarcable en todos sus aspectos. Se imponen, pues, limitaciones y realismo: es imposible anotar todo lo que ocurre en ella durante una hora, pero es posible y resulta eficaz captar aspectos concretos, parciales y objetivables. Con estudios de este tipo se evitan las valoraciones sesgadas, subjetivas o intencionadamente parciales. Se gana, por tanto, en fiabilidad.

El análisis ha de fundamentarse en los elementos constitutivos de la realidad del aula. Una radiografía de la clase nos revela, al menos, la presencia de los siguientes componentes:

4.1. El espacio físico

El aula se concreta en un espacio físico del cual no se puede prescindir. El espacio del aula será grande o pequeño, confortable, luminoso, frío; estará adornado con elementos decorativos (mapas, pósters…) o no; dispondrá de asientos y mesas cómodos, pequeños o grandes, anatómicamente bien estudiados, distribuidos en paralelo (uno tras otro), o en forma de herradura; los asientos estarán fijos al suelo o serán movibles (pudiendo el profesor conformar distintos esquemas organizativos en lo que se refiere a la ubicación de los alumnos). Los colores que predominan en la clase pueden ser cálidos, claros, oscuros, relajantes o estresantes; el aula contará con grandes ventanales o simplemente con ventanas normales o pequeñas. El profesor estará situado sobre un estrado notoriamente elevado, de modo que los alumnos aparecen ante él a un nivel claramente inferior, o ante un estrado situado ligeramente por encima del nivel de la clase, o, sencillamente, al mismo nivel que los alumnos, es decir, sin estrado. Cada una de estas realidades físicas, y en último término, el conjunto de ellas, contribuyen a formar en los alumnos un determinado estado de ánimo, una actitud o una predisposición motivadora/no-motivadora que imprimirá su huella en el aprendizaje e influirá en él. La "regla de oro" respecto al entorno físico de la clase será que éste no distraiga al alumno y no provoque en él efectos negativos. Si el alumno se siente inmerso en un entorno agradable y confortable, se ha dado uno de los primeros pasos para que la discencia se desarrolle favorablemente. Los elementos relevantes o más relevantes de este apartado serán objeto de anotación para el observador en el aula a efectos analíticos.

4.2. El profesor

El profesor es el centro de la clase. El proceso docente hace del profesor el punto de referencia de todo lo que ocurre en el aula, además de constituir el punto de mira de los alumnos, incluso en su dimensión física. El profesor es el encargado de organizar y gestionar la enseñanza, de activar la actuación de unos u otros, de seleccionar los materiales, de aportar dinamismo, de valerse de medios auxiliares o no, en definitiva, de poner o no los medios precisos que conduzcan al éxito del trabajo en que está embarcado.

Debido a la "centralidad" del profesor, todo lo que le distingue o caracteriza es relevante. Es importante su aspecto externo, su manera de presentarse, la ropa que viste, sus gestos, su discurso, su actitud, su humor, sus reacciones. Todo lo que hace es susceptible de influir positiva o negativamente en la acción que desarrolla. Para la clase, el profesor es un modelo, y como tal, se espera de él un grado de perfección que, por desgracia, no está al alcance del ser humano. Para llegar a conclusiones útiles, sería necesario contrastar las características del profesor con las expectativas de los alumnos, y de ello inferir las consecuencias positivas o negativas que un determinado comportamiento puede generar. No existen comportamientos universalmente válidos en una u otra dirección. Pero desde el punto de vista del análisis, es preciso tener en cuenta y anotar sistemáticamente todos los datos referidos al profesor, y valorarlos luego según su incidencia en la actitud de los alumnos respecto al aprendizaje. Un profesor considerado simpático por sus alumnos, mediante este simple hecho, ha accionado ya en ellos un resorte positivo para acometer el estudio con entusiasmo. Un profesor que atrae y no produce rechazo, ha propiciado, asimismo, otro elemento motivador que se añadirá al anterior. Y así sucesivamente. La suma de elementos de esta índole acabará conformando un constructo positivo, en grado variable, para la docencia y la discencia.

4.3. El alumno

En la clase participan dos actores: el profesor y los alumnos. La responsabilidad mayor recae sobre el profesor, porque es la parte profesional en el proceso y porque de él dependen hechos fundamentales, como son la selección de los materiales docentes, la organización de la clase o el diseño de actividades y ejercicios que inciten al aprendizaje o lo favorezcan. Pero esta mayor relevancia del profesor no debe dejar de lado otra realidad básica: *quien tiene que aprender no es el profesor, sino el alumno.* La responsabilidad discente, por lo tanto, recae en último término sobre éste. A pesar de todo, la insistencia en el cometido del profesor, en los aspectos metodológicos ligados a él, en los factores externos que inciden en el aprendizaje, etc., todo ello no debería ensombrecer el papel y la responsabilidad del alumno.

Las utopías son agradables al oído y placenteras para quien quiere desconectarse de la realidad. Pero como actor de la clase, el "factor alumno" no ha de enfocarse hacia la utopía. Téngase en cuenta que el alumno tiene su cuota de responsabilidad en el aula y que, aunque el profesor desarrolle un excelente trabajo en la clase, todavía queda la posibilidad de que el alumno no aprenda o no aprenda todo lo que debería o podría aprender.

Los alumnos no son, sin embargo, un bloque uniforme y homogéneo. Hay alumnos que tienen mayor capacidad intelectual que otros; unos ya vienen a clase motivados, otros acuden al aula por obligación; unos sienten el deseo de aprender, mientras que otros carecen de este "gusanillo" interno que empuja a adquirir nuevos conocimientos; unos son extravertidos y se prestan fácilmente a la interacción, otros son tímidos y reservados y tienden al aislamiento, o prefieren el trabajo en grupo, porque así pasan más desapercibidos. La tipología de los alumnos es prácticamente inagotable en número y no es fácilmente reducible a esquemas predeterminados para una clase en concreto. Este hecho es fuente de importantes problemas. La variedad de alumnos, de sus actitudes, de su motivación, de sus intereses o de su capacidad obliga al profesor a diseñar acciones que satisfagan al conjunto, a sabiendas de que no podrán ser plenamente del agrado de todos debido a sus diferencias o especificidades. Si las mismas cosas motivasen por igual a un grupo de alumnos, sería relativamente fácil diseñar actividades motivadoras para ellos. No siendo éste el caso, el profesor –o los autores de manuales– se ven obligados a transitar por "caminos medios" que, sin ser del agrado de todos, se ajustan de alguna manera a las necesidades de la mayoría.

Las muchas y variadas investigaciones que se han llevado a cabo durante los últimos años han tenido como objeto el aprendizaje por parte de los alumnos: cuánto aprenden, cómo aprenden, qué contextos favorecen más el aprendizaje, qué variables lo estimulan, etc. Muchos de esos estudios son meramente indicativos, ya que el número de casos o de muestras es insuficiente para llegar a generalizaciones universalmente válidas. Pero sobresalen algunas conclusiones que refuerzan lo mencionado anteriormente (véase, por ejemplo, Ellis, 1990). Entre ellas destaco una de especial relieve: *la enseñanza no siempre produce en el alumno los efectos de aprendizaje deseados.* Y a menudo, si los produce, los resultados permanecen en el discente solamente durante un corto período de tiempo. Si bien estas conclusiones son matizadas más positivamente en algunas investigaciones, el profesor ha de tener presente en su acción docente que los objetivos pretendidos no siempre son alcanzados y que esta realidad no es sólo achacable a su trabajo, sino también –a veces exclusivamente– a lo que ocurre en el alumno o sujeto que aprende.

Por otra parte, también ha quedado demostrado en diversas investigaciones (Ellis, 1990: 166 y ss.) que los efectos de la enseñanza son más reales y duraderos si ésta se ajuste a determinadas condiciones. Una de ellas es la claridad y la sencillez de lo que se transmite. El alumno, por lo general de manera inconsciente, deja de lado o tiende a obviar aquello que le resulta opaco o poco transparente. Los objetivos complejos o enrevesados resultan poco eficaces. Realidades de esta índole aconsejan al profesor determinados procedimientos y una adecuada preparación de los materiales y de las actividades a través de las cuales pretende transmitir los conocimientos a la clase.

El alumno, como persona e individuo diferenciado, tiene, asimismo, características propias en ámbitos que afectan directamente al aprendizaje. Una de esas características es su estilo de aprendizaje. En el último decenio han abundado las investigaciones sobre "estrategias del aprendizaje". Con ellas se ha puesto más de relieve, si cabe, una realidad que siempre está presente en el aula, aunque el profesor no preste atención al hecho. Las estrategias que cada alumno pone en acción pueden responder a diversos motivos, algunos de los cuales es posible que actúen a nivel inconsciente. Como regla general, el alumno aplicará aquellos resortes que en su experiencia pasada le han dado buenos resultados. Y es probable que siga haciéndolo, a pesar de que el profesor le señale otro camino. Los métodos implantados en clase topan frecuentemente con este problema: mientras el profesor se esfuerza por aplicar una metodología –por ejemplo, la comunicativa–, una buena parte de los alumnos quizás siga recurriendo al aprendizaje de la gramática o del léxico descontextualizado. Probablemente ésta ha sido su experiencia anterior como aprendices.

Por otra parte, las experiencias discentes no son homogéneas. Y los recursos de los alumnos tampoco son iguales. Cada cual se valdrá de lo que le es más útil y rentable, descartando cualquier otra opción. De ello se deduce que la valoración del aprendizaje y trabajo por parte del alumno es necesariamente compleja. La evaluación deberá tomar en consideración los rasgos más sobresalientes de esa complejidad.

4.4. Las actividades

A través de las actividades se concreta la acción pedagógica del profesor en clase. Su análisis y evaluación constituyen, por tanto, uno de los recursos más adecuados para evaluar la clase en su conjunto. Las actividades son el exponente de cómo aplica el profesor los principios y directrices metodológicas reseñadas en el currículo. Si su desarrollo se ajusta o no a las previsiones metodológicas, podrá comprobarse a través del análisis de las estrategias que las actividades ponen en marcha y de la naturaleza que las define. Como ya se explicitó en el capítulo III, tanto la naturaleza de una actividad como las estrategias que se aplican han de ir parejas con los requisitos de una determinada metodología. La recogida y análisis de datos deberán, pues, incluir estos dos extremos. De no menor relevancia (y este aspecto pertenece a las estrategias) es la anotación de la interacción entre profesor y alumnos o entre los mismos alumnos.

4.5. Los materiales utilizados

Los materiales de trabajo utilizados en clase deben ser plenamente compatibles con la metodología especificada y seguida. Las características de los textos seleccionados o de los diálogos elaborados para practicar una u otra destreza lingüística han de ser coherentes con el planteamiento metodológico, aunque ofrezcan matices variados. La evaluación de este componente tiene como función detectar si el lenguaje que sirve de base en la docencia se adopta a los principios del método propuesto y a los objetivos propiciados por éste. Un método de base comunicativa no se hermanaría bien con la utilización de textos artificiales o no extraídos del uso real de la lengua, como tampoco se hermanaría con textos centrados en cuestiones gramaticales. El énfasis en la transmisión de información relevante, por el contrario, sí respondería adecuadamente a esta metodología.

Como se ha anotado en varias ocasiones, la cuestión del método no tiene una respuesta única y absoluta. No hay métodos buenos o malos en términos absolutos, sino sólo en términos relativos, es decir, en relación con los fines que pretendamos lograr. Un método puede ser el ideal para lograr un determinado objetivo, mientras otro no lo será tanto, o no lo será de ninguna manera. Por idénticas razones, los materiales de trabajo se adecuarán en mayor o menor medida al logro de una u otra finalidad (comunicativa, gramatical, funcional).

4.6. Medios auxiliares

En la mayoría de las clases de idiomas se utilizan medios auxiliares o recursos diversos. La gama es extensa: radio-casetes, proyector o retroproyector, vídeo, ordenador, carteles, recortables, libro de ejercicios complementarios, películas, dibujos variados, recursos extraídos de Internet, recopilaciones textuales, etc. No cabe duda que todos estos elementos son útiles y ayudan frecuentemente a la motivación, además de aportar muestras lingüísticas de gran valor y actualidad. Pero importa evitar un peligro: que dichos elementos no interrumpan o interfieran en la secuenciación lógica y coherente que debe darse en toda acción docente. Además, si se sigue un libro de texto, es necesario que los complementos no sólo no estén reñidos con las características del manual, sino que más bien lo complementen, llenando las posibles carencias o acercándolo más a las necesidades de los alumnos. Esta es la escala de valores que debe aplicarse a la valoración de los materiales complementarios.

4.7. Utensilios de recogida de datos y valoración

Puesto que la clase constituye un período de tiempo delimitado que transcurre con rapidez, la evaluación de lo que ocurre en él exige atenerse a las restricciones que impone la sucesión de eventos en el tiempo: lo más necesario es registrar los hechos, y para ello es preciso planificar la acción y valerse de los utensilios adecuados. En el caso presente es preciso elaborar previamente un esquema de recogida de datos relevantes. La elaboración de tal esquema requiere no solamente una planificación concienzuda, sino también un análisis de la realidad de la clase y de lo que ocurre en ella. Los temas tratados en esta obra pueden servir para detectar qué es lo más importante, qué es lo que debe tenerse en cuenta y, en consecuencia, diseñar una matriz que permita anotar con rapidez y eficacia todo aquello que pueda incidir en la definición de la clase "ideal". El cómputo posterior de los datos constituirá la base imprescindible y objetiva para elaborar un dictamen razonado y fundamentado. Teniendo en cuenta lo tratado hasta ahora, ofrezco, a continuación, un modelo orientador para la recogida de datos susceptibles de análisis y valoración posterior.

Profesor		Alumno		Actividad		Aula / espacio físico		Materiales auxiliares	
Aspecto	Agradable	Lengua usada:	L1	Estrategia:		Luz y color	Muy bien	Cuántos:	
	Neutro		L2				Aceptable		
	Desagradable		Ambas				Mal		
Gestos	Adecuados	Interacción:	Al-P	Objetivo:	Lingüístico	Conforta-bilidad	Alta	Naturaleza:	Comunicativa
	Inadecuados		Al-Al		Comunicativo		Baja		Lingüística
Claridad de explicaciones	Buena	Atención:	Alta	Adecuación a método	Alta	Distribución alumnos	En filas	Objetivo	Lingüístico
	Regular		Media		Mediana		Herradura		Comunicativo
	Mala		Baja		Pobre		Móvil		Ambos
Correcciones:	Muchas	Motivación:	Alta	N.º de actividades por clase		Adornos	Muchos	Adecuación a método	Alta
			Media				Alguno		Media
	Pocas		Baja				Ninguno		Baja
Tiempo consumido:		Tiempo consumido:	En grupo / parejas	Naturaleza	Interactiva	Ambiente cultural	Sí	Tiempo consumido	
			Individual-mente		No interactiva		No		
Humor:		¿Clase participativa?	Mucho	Tiempo consumido por activi-dad (en minutos):	1ª 2ª 3ª 4ª			Interacción requerida	Alta
			Bastante		5ª 6ª 7ª				Media
			Poco						Baja
Uso L1									
Uso L2									

Capítulo VI

SECUENCIACIÓN Y RITMO DE LAS ACTIVIDADES EN CLASE

1. La secuenciación de actividades

En otras publicaciones (Sánchez, A., 1993; 2001) he tratado el tema con mayor abundancia. La secuenciación de actividades ha recibido escasa atención en los estudios e investigaciones sobre la adquisición de lenguas y el trabajo docente y discente en el aula. Una excepción parcial a este respecto la constituye el método o enfoque "por tareas". Las decisiones curriculares, en general, y las específicas, relativas a su desarrollo concreto en cada hora docente, obligan a plantearse si una tarea –que suele llevar consigo varias actividades de complejidad diversa– puede o debe ser introducida en cualquier momento del currículo, o si, más bien, la complejidad implicada por las tareas exige plantearse restricciones en su secuenciación o pautas para tomar decisiones sobre cuáles deben introducirse en primer lugar, en segundo lugar, etc. (Skehan, 1996, por ejemplo). Si este planteamiento es correcto en el caso de las tareas, nada impide concluir que también lo debe ser en el caso de las actividades individuales que configuran cualquier período docente.

La secuenciación a que se hace referencia en el método por tareas se sustenta en la complejidad que éstas encierran y en la necesidad de modular y adecuar de alguna manera dicha complejidad al ritmo de adquisición lingüística o a las necesidades comunicativas de los discentes en cada momento del currículo. Pero estas razones, aún siendo importantes, no son las únicas que avalan la necesidad de prestar atención al tema de la secuenciación de actividades.

La sola intuición permite concluir que si en la clase se ponen en marcha cuatro o cinco actividades diferentes, se establecerá alguna relación entre ellas, con la posibilidad de que esa relación sea de tipos variados y distintos u obedezca a motivaciones diversas. Puesto que nos estamos refiriendo a un entorno en el que la eficacia de nuestra acción es importante, cobra relieve el análisis de cómo la ordenación de actividades en el aula puede afectar al aprendizaje.

La práctica docente ha consolidado determinadas maneras de proceder y ordenar la acción del profesor en clase, aunque la atención del investigador no se haya centrado en ello. De otra parte, los libros de texto también han seguido y siguen ciertos criterios para tomar decisiones sobre qué actividad es la número uno en una unidad, cuál la número dos, y así sucesivamente. Del análisis previo de la cuestión, se llega a la conclusión de que la secuenciación de actividades está íntimamente relacionada con, al menos, las siguientes áreas:

a. La metodología en que se fundamenta el manual o el profesor y los principios de ordenación de materiales que aquélla preconiza.
b. La secuencia de acciones que los seres humanos, en general, y cada persona, en particular, siguen en la adquisición y consolidación de conocimientos.
c. La variedad de la acción docente, que suele incrementar la motivación del alumno.
d. El grado de complejidad que encierra el desarrollo de la actividad.

1.1. Secuenciación de actividades y metodología

Cada método implica no solamente una serie de conceptos o convicciones teóricas sobre qué es la lengua y cómo debe enseñarse o aprenderse, sino también una praxis que, en principio, debe ser acorde con las teorías en que se sustenta. Así pues, si un método se encauza por la enseñanza deductiva, las actividades que lo secundan deberán reflejar ese mismo camino. Si, por el contrario, el método sigue la vía inductiva, las actividades en que se concreta se centrarán en el uso antes de llegar a la abstracción. Algunos ejemplos ilustrarán mejor esta realidad.

En el siglo XIX era bastante conocido el método "Robertson", que se jactaba de enseñar lenguas "poniendo la práctica antes que la teoría, el texto antes que el análisis de textos, el acto antes que la reflexión" (Sánchez, A., 1992: 252 y ss.). En 1855, L. Malefille publicó *Leçons de langue espagnolle*, que pretendía seguir precisamente el método de Robertson. La estructura de sus unidades era la siguiente:

1. Texto en español, generalmente de carácter literario.
2. Traducción de ese texto al francés.
3. Traducción literal de ese mismo texto, con el equivalente en francés debajo de cada palabra.
4. Ejercicio de conversación para hacer frases similares a las traducidas, contestando a preguntas relacionadas con el texto objeto de la traducción.
5. Información gramatical y léxica extensa sobre cuestiones contenidas, por lo general, en los textos traducidos.
6. Extensa lista de frases para traducir del español al francés y del francés al español.

Si nos centramos en las pretensiones de su autor, el método de Robertson se debe enmarcar dentro del *enfoque conversacional* en la enseñanza de lenguas (Sánchez, A.,

1997). En él predomina el uso oral de la lengua y el aprendizaje inductivo, mediante la práctica. A pesar de que la adaptación de Malefille presenta algunas contradicciones (como sería la extensa explicación gramatical), se atiene al esquema de aprender practicando (que en este caso es traduciendo) y, muy especialmente, traduciendo textos y elaborando frases similares a las ya traducidas. El hecho de empezar la unidad con un texto, que debe primero leerse y luego ha de ser traducido, pone la práctica en primer plano. De hecho, las explicaciones gramaticales, que favorecerían un enfoque deductivo, aparecen en el ejercicio cinco. Como consecuencia de la ordenación ofrecida, los alumnos se ven abocados prioritariamente a un aprendizaje inductivo, quedando en segundo plano y subordinadas a este principio las demás actividades que siguen, aunque sean de traducción. Las cuestiones léxicas e incluso gramaticales que puedan aplicarse y explicarse se referirán al contexto del extracto leído y traducido.

El método "Berlitz", identificado con el método "directo", parte de la convicción de que una lengua extranjera se aprende mediante el método "natural" (como se aprende la lengua materna) y, por lo tanto, inductivamente. Las unidades del libro prescrito en las escuelas Berlitz son extremadamente sencillas: constan casi siempre de un texto gradado en dificultad –según el nivel de que se trate– a través del cual se van introduciendo nuevas palabras y estructuras gramaticales, aunque siempre mediante la práctica, nunca de manera analítica o mediante explicaciones gramaticales. Al profesor se le prohíbe, entre otras cosas, explicar gramática y utilizar la lengua materna del alumno. El método es claro y único: aprender practicando, aprender a hablar hablando. El método inductivo y natural es la vía seguida para aprender la lengua. La asociación "directa" entre las palabras de la lengua aprendida y los objetos a que aquéllas hacen referencia debe ser uno de los recursos más frecuentemente utilizados por el profesor.

Ollendorff y sus métodos se hicieron famosos en toda Europa y en Estados Unidos en la segunda mitad del siglo XIX y primeras décadas del siglo XX. Su método fue adoptado y adaptado a muchas lenguas. J. G. Brown publicó una *Gramática española-inglesa. Sistema teórico-práctico. Modificación del Doctor Ollendorff* (Madrid, 1858). Las noventa lecciones de que consta ("Aprenda español/inglés… en noventa lecciones", es el lema) contienen siempre el mismo tipo de ejercicios y en la misma secuencia:

    A. Enunciado y explicación breve de algunas reglas gramaticales, siempre ilustradas con ejemplos.
    B. Lista de vocabulario en español e inglés.
    C. Ejercicio de traducción español-inglés.

El manual se encuadra, claramente, dentro de un enfoque gramatical y deductivo. Las actividades que se ofrecen no sólo favorecen esta metodología, sino que la suponen necesariamente: el alumno empieza a aprender la lengua informándose primero sobre las reglas que subyacen en el sistema, recurriendo a ejemplos prácticos para mejor entender las reglas, y no al revés. Luego, una vez memorizada la lista de términos léxicos, se practica con ellos, pero sólo para poner en práctica las reglas que previamente se han aprendido.

La complejidad de un manual que sigue la metodología comunicativa refleja, asimismo, la complejidad del proceso comunicativo en que se fundamenta o de los fines hacia los que apunta: aprender una lengua para comunicarse con ella. El manual *Cumbre* (Sánchez A., *et al.*, 1995), para enseñar español a extranjeros, aunque no estructura sus unidades de igual manera, mantiene un esquema básico que puede describirse de acuerdo con la siguiente secuencia:

a. Actividad de contextualización temática.
b. Presentación oral de textos comunicativos con énfasis en la comprensión oral.
c. Actividad de comprensión, con énfasis en el léxico.
d. Actividad de comprensión oral y de repetición.
e. Actividad de comprensión oral y de completar lagunas en un texto escrito.
f. Actividad cognitiva de comprensión gramatical.
g. Actividades de producción oral (pregunta/respuesta).

Esta secuencia (primera sección de la unidad) permite concluir que el manual no solamente sigue una metodología claramente inductiva, sino también que:
– pone el énfasis en los aspectos comunicativos de la lengua.
– da prioridad a la comprensión antes que a la producción.
– expone al alumno a la lengua oral.
– inicia la producción en el estadio final de la secuencia, cuando ya el alumno ha estado expuesto al uso del idioma.
– pretende activar la función cognitiva o de abstracción induciendo al alumno a descubrirla por sí mismo, con ayuda de elementos externos.

Si analizamos la secuenciación que ofrece cada uno de los manuales mencionados, ésta difiere sustantivamente en casi todos los casos. Cabe concluir, por tanto, que a los alumnos se les encamina hacia el aprendizaje aplicando modelos diferentes: mientras en un caso se les pide que entiendan primero las reglas, para luego aplicarlas, en otro ni siquiera se les dan reglas, de modo que el alumno debe inferirlas por su propia cuenta (se supone que inconscientemente), o se les anima a que lo hagan conscientemente, pero sólo tras haber sido expuesto ampliamente a muestras lingüísticas o tras haber practicado con la lengua objeto del aprendizaje.

La pregunta que debe hacerse un profesional es si todos los modelos son igualmente eficaces o no. Y si no lo son, ¿cuál es el mejor? La respuesta conduce a planteamientos más amplios: los relativos al enfoque metodológico seguido en cada caso. Porque, en realidad, cada método implica un modelo de secuenciación diferente, acorde con los principios de enseñanza y aprendizaje en que se sustenta.

1.2. Secuencia natural de acciones en la adquisición de conocimientos

¿Cómo adquiere nuevos conocimientos el ser humano? Quizás la pregunta parezca excesivamente pretenciosa, pero es preciso que la planteemos como vía de análisis en el tema que nos ocupa. Es ya clásica la clasificación del aprendizaje en *deductivo* e *inductivo*. Asimismo es un hecho que el ser humano se vale –probablemente con carácter exclusivo– del método inductivo al menos en los primeros estadios de su desarrollo, mientras que posteriormente también aplica con frecuencia (en mayor o menor grado, según los casos) la deducción para adquirir nuevos conocimientos. Ha sido, además, una constante histórica la presencia del método deductivo en la enseñanza escolar, de tal manera que probablemente la mente del niño, y sobre todo la del adulto, se va conformando según este sistema de aprendizaje. En la enseñanza de lenguas, este modelo *escolar* se ha ido consolidando en torno al siguiente esquema, presente en una gran mayoría de manuales y en la praxis del aula:

Paso 1:

1.1. Presentación:

Exposición del alumno a nuevos materiales, sean éstos de la naturaleza que sean (textos escritos, textos orales, reglas o cuestiones gramaticales, listas de vocabulario, etc.). Presentación de tales materiales (en la modalidad que fuere) para propiciar un marco de trabajo al cual se circunscribirán las actividades que siguen.

1.2. Explicitación:

A esta presentación de materiales puede seguirle la explicación o explicitación razonada de determinadas características que inciden en los objetivos hacia los cuales se orientan dichos materiales. No obstante, conviene precisar que esta sub-fase no se incluye en ciertos métodos, como el audiolingual (que lo prohíbe expresamente).

Paso 2:

2.1. Prácticas expresamente controladas y dirigidas:

Manipulación diversa de los materiales presentados. La atención de los alumnos se atrae explícita o implícitamente hacia los objetivos pretendidos mediante actividades estrechamente controladas.

2.2. Prácticas de repetición y consolidación:

Consolidación de conocimientos mediante prácticas diversas *(repetición, sustitución, transformación o transferencia a contextos paralelos)* que requieren la utilización de elementos estructuralmente similares a aquéllos con los cuales se ha practicado en la fase 2.1., o la activación de lo que ya se ha aprendido anteriormente.

Paso 3:

Etapa de producción:

Utilización autónoma de los conocimientos construidos mediante actividades que exigen no sólo la utilización de elementos aprendidos, sino también la *creación* de modelos nuevos que pueden lograrse mediante la interrelación de elementos ya conocidos, pero utilizados de manera parcialmente diferente, mediante la aplicación de reglas, etc.

En resumen, el esquema escolar puede reducirse a tres estadios, que entre los estudiosos anglosajones suele denominarse esquema de las tres "P" (*Presentation, Practice, Production*):

> *Presentación.*
> *Práctica y consolidación.*
> *Producción.*

Este esquema de *construcción del conocimiento* encierra en sí el peso de una larga tradición sobre cómo hacer las cosas en la escuela. Y trae consigo algunas consecuencias dignas de mención.

Un esquema de esta naturaleza consolida el protagonismo del profesor, tanto en la definición del programa, como en la dirección de la clase. Las tres etapas descritas en el cuadro anterior son desarrolladas y puestas en acción por el profesor. Y si es éste quien decide y define el procedimiento, se afianzará necesariamente el carácter pasivo del discente en la clase. Además, debe tenerse en cuenta que la fase de "presentación" tiende a menudo a seguir el método deductivo, es decir, se explican los conceptos que deben aprenderse antes de practicar con ellos.

El alumno se habituará a recibir, más que a construirse él mismo los conocimientos mediante la búsqueda y definición autónoma de contenidos y actividades. Por otra parte, el discente se acostumbrará a comprender las cosas primero, antes de practicar con ellas.

Estos condicionantes derivan en un esquema rígido, el cual lleva consigo una secuenciación de actividades encorsetada en patrones repetitivos y fijos, clase tras clase, unidad tras unidad. La ausencia de variedad generará la pérdida de interés y, consecuentemente, un clima poco favorable a la motivación del alumno. El modelo, en la medida en que sigue un supuesto proceder cognitivo del aprendizaje, favorece, también, un enfoque cognitivo de la enseñanza.

El modelo secuencial que denomino "escolar" se ajusta razonablemente bien al modelo de construcción del conocimiento más habitual entre los adultos, y desde luego se distancia significativamente del modelo propio del niño. Bien podría concluirse, por tanto, que la tradición escolar no "se ha inventado" el modelo de secuenciación predominante en el aula, sino que más bien es un reflejo de los esquemas que los adultos suelen seguir en la adquisición de nuevos conocimientos. La cuestión es, una vez más, si ese modelo es el mejor, o si podría cambiarse de alguna manera para hacerlo más eficiente. Si la respuesta fuera positiva respecto a la necesidad de algún cambio, todavía quedaría por dilucidar si sería posible llevar a buen término, en un corto plazo de tiempo, un cambio del modelo que se ha ido consolidando a lo largo de tantos siglos.

1.3. Secuenciación de actividades y motivación

Los modelos de secuenciación bien asentados, como el que he denominado "clásico", tienen indudables ventajas para el profesor y para el alumno. Entre otras, cabe destacar que tanto docentes como discentes suelen estar habituados a ese esquema de trabajo y no precisan de un esfuerzo suplementario para entender el sistema; es fácil seguirlo, se evitan despistes inútiles y pérdidas de tiempo en la explicación del procedimiento. Los esquemas nuevos o modelos no explorados tienen el inconveniente de que son desconocidos y tanto el profesor como los alumnos deben habituarse a ellos. Acostumbrarse a algo nuevo requiere tiempo. Pero aun teniendo en cuenta tales desventajas, la novedad "estructural" tampoco es un escollo de difícil superación por el profesor experto. A cambio, la aplicación de secuencias variadas en la ordenación de actividades ofrece indudables ventajas. Destaco, entre otras posibles, el efecto positivo de la variedad y riqueza de patrones de secuenciación sobre la generación de interés y motivación.

La variedad es un ingrediente de gran importancia en la clase. Es preciso recordar que los seres humanos suelen reaccionar de manera similar ante la variedad que se les presenta o les es ofrecida: lo nuevo y lo diferente despiertan interés, actúan de acicate para la mente y la imaginación y suelen, además, constituir un reto para el individuo. En el caso de la clase de idiomas, la variedad se propicia no solamente presentando materiales diversos, sino también con la práctica de actividades diferentes y aplicando patrones no uniformes en el orden de presentación que se aplica cada día.

Más de uno podría pensar que el orden que se sigue en la secuenciación de actividades en clase es irrelevante. La atención –podría argumentarse– debe ponerse en la naturaleza de lo que se hace en cada ejercicio y no en la ubicación que éste tiene en la secuencia temporal de un período docente. No obstante, un análisis cuidadoso del tema parece inclinar la balanza en dirección opuesta. Hay que partir de la base de que nada de lo que ocurre en el aula es indiferente para el alumno. Ni siquiera el tipo de vestimenta que lleva el profesor o profesora a clase cada día. El orden en que se introducen las actividades tampoco es inocuo, aunque el hecho pase aparentemente inadvertido para los alumnos. Es fácil imaginarse la actitud de los discentes ante un profesor que repite los mismos patrones de actuación clase tras clase: los alumnos pronto sabrán "de antemano" cómo va a actuar su profesor. Este hecho tiene consecuencias: el conocimiento previo de una actuación ya repetida redunda automáticamente en la disminución del interés por tal actuación.

El remedio propuesto ante esta situación es introducir más variedad en la ordenación de actividades, con la consiguiente riqueza de patrones que ello aportaría a la clase. Pero, ¿qué profesor es capaz de mantener constantemente esquemas variados de actuación, día tras día? Además, no parece razonable asumir que cualquier tipo de patrón, por el mero hecho de ser diferente, debe ser necesariamente positivo. La variedad de patrones debe encajar en el currículo prescrito, y no puede ir a contra-corriente de los procesos de aprendizaje seguidos por los alumnos. Esta realidad ya es suficiente para tratar con cautela el tema de la variedad que aquí nos ocupa.

La variedad y la riqueza son susceptibles de generar algún problema, en la medida en que suponen cambios en el procedimiento. Si el profesor ha de hacer esfuerzos extraordinarios de comprensión para entender qué es lo que debe hacer, conviene asegurarnos de que, al menos, está dispuesto a hacer el esfuerzo que sea necesario para cambiar de estilo y de procedimiento. Pero si los alumnos "se pierden" al enfrentarse a esquemas novedosos, que no les resultan plenamente transparentes respecto a los objetivos y a la manera de alcanzarlos, en tal caso el esfuerzo del profesor se multiplica por dos: a su esfuerzo individual para adoptar nuevos esquemas de trabajo ha de añadir un esfuerzo y atención suplementarios para explicar a los discentes con cierta frecuencia el nuevo camino que van a seguir y para convencerlos de su utilidad y excelencia respecto a los modos habituales imperantes en la clase. Incluso en el caso de que estos fines se logren a plena satisfacción de todos, hay que admitir que ello requiere tiempo. También habrá de comprobarse que el tiempo invertido en explicar los procedimientos compensa, en términos de eficacia, el tiempo sustraído a la práctica real con la lengua.

Dando por sentado que la introducción de variedad en los esquemas de organización de la clase ejerce un efecto positivo en ella, todavía es necesario delimitar la amplitud de tal variedad y las fuentes de las que podemos recabarla. La variedad no debería limitarse a la introducción de un esquema diferente un par de veces al año. La variedad debería ser más bien sistemática, en cada nivel, o al menos abundante, de manera que los alumnos perciban claramente las novedades organizativas y este hecho incremente en ellos el interés y la motivación.

El uso de esquemas sistemáticamente variados, ¿está al alcance de todos los profesores? Esperar que cada profesor cambie su esquema de organización cada día sería mucho esperar, especialmente si el docente no tiene a mano ayudas eficaces al respecto. En este caso, las ayudas deberían venir primordialmente de los libros de texto utilizados. En caso contrario, ¿dónde pueden encontrarse tales ayudas? Porque, de una parte, los libros de texto acostumbran a presentar el conjunto de unidades que constituyen cada nivel de manera regularmente uniforme y, por otro lado, no cabe esperar que un profesor varíe cada día la organización de su clase. Téngase en cuenta, como se dijo anteriormente, que el esquema de organización tiene consecuencias importantes. Entre otras cosas, afecta a la metodología aplicada y no sería posible introducir esquemas totalmente nuevos, sino sólo esquemas que, aunque incluyan novedades de secuenciación inesperada, no afectarían al enfoque metodológico en uso.

Di Pietro (1987: 44) sugiere variedad en el uso de "escenarios" o contextos situacionales para la clase. Y en algunos casos, según la complejidad de las actividades (que pueden desglosarse en sub-actividades), sugiere, además, diferentes modelos de secuenciación de tales actividades. Indirectamente está sugiriendo, por tanto, esquemas organizativos variados, aunque el autor parece que se limita a dar ideas para actividades no necesariamente dispuestas en secuencia. Sánchez (1993; 2001) se declara expresamente a favor de la variedad de tales esquemas partiendo del análisis de los procesos de comunicación, o situaciones comunicativas. Por "proceso comunicativo" se *entiende el desarrollo de un núcleo comunicativo que constituye una unidad temática y se lleva a cabo en pasos sucesivos conectados o relacionados entre sí, según la lógica y las exigencias de la comunicación empren-dida.* Se trata, pues, de "unidades de acción comunicativa", que implican la acti-vación de la comunicación lingüística y guardan cierta semejanza con las "tareas", tal cual se definen en el denominado "enfoque o método por tareas" (véase Sánchez, 2004b). Procesos de esta índole serían por ejemplo: ir de compras (acción que requiere la realización o activación de varias secuencias sucesivas para ser llevada a cabo), planificar un viaje, buscar información especial sobre algo, etc. Estos procesos comunicativos serían la fuente de recursos para diseñar esquemas diferentes de secuenciación.

Si el punto de referencia en una metodología comunicativa es el *proceso de comu-nicación*, éste ofrece una gama muy variada de secuenciación de actividades en el desarrollo de las situaciones comunicativas, incluso en el caso en que, sin variar éstas, las mismas sean realizadas por personas diferentes. Basta con prestar atención a los distintos patrones de desarrollo que se dan en la realidad comunicativa en cada uno de esos procesos de comunicación. Si centramos la atención en una actividad tan habitual como "sacar un billete de avión", las secuencias de acciones que distintas personas pueden emprender para alcanzar este objetivo, quedan ilustradas por algu-nos de los modelos siguientes, sin agotar por ello todas las posibilidades:

Modelo 1.

1. Miro en una guía telefónica qué agencias de viajes hay en la ciudad.
2. Miro en el mapa dónde están situadas y selecciono la más próxima a mi domicilio.
3. Llamo por teléfono y pregunto por los billetes de avión al lugar deseado.
4. Pregunto por precios.
5. Pregunto por horario de apertura de la agencia.
6. Me despido hasta el próximo miércoles.

Modelo 2.

1. Llamo a mi amiga por teléfono para preguntarle si quiere ir de viaje a la ciu-dad o país deseado.
2. Acordamos vernos en la agencia de viajes X.

3. En la agencia de viajes, preguntamos por vuelos y horario.
4. Preguntamos por precios y los comparamos.
5. Finalmente, seleccionamos un vuelo concreto, en unas fechas concretas.
6. Pagamos con tarjeta de crédito.
7. Tomamos un café en el bar de al lado.
8. Quedamos en vernos pronto para hablar del viaje.

Modelo 3.

1. Me conecto a Internet. Hago una búsqueda por vuelos a la ciudad deseada.
2. Leo las distintas opciones disponibles.
3. Veo y comparo precios y fechas.
4. Selecciono lo más apropiado y conveniente.
5. Relleno el impreso de reserva y pago.
6. Compruebo los datos y ordeno la reserva.
7. Recojo y compruebo de nuevo el justificante de compra.

Modelo 4.

1. Pregunto a los miembros de la familia (marido/mujer, hijos) si quieren hacer un viaje.
2. Miramos todos el calendario de vacaciones y fechas adecuadas.
3. Discutimos la posibilidad de cambiar o cancelar algunos compromisos.
4. Alguien de la familia se encarga de llevar a cabo las gestiones necesarias para informarse.
5. El encargado del tema busca información en Internet (país, ciudad, viaje, moneda, etc.).
6. Con la información recogida, se informa a la familia sobre las distintas opciones.
7. Se toma una decisión conjunta.
8. Llaman a una agencia de viajes conocida para que les reserve cinco billetes, según lo acordado.
9. A los tres días, el padre/la madre se acerca a la agencia, recoge los billetes y los paga.

Modelo 5.

1. Reviso mi situación financiera (cuentas corrientes y ahorro mensual posible).
2. Calculo de cuánto dinero dispongo para un viaje de vacaciones.
3. Cojo el autobús y voy a la agencia de viajes más cercana.
4. Recojo varios catálogos de viajes.
5. Leo la información sobre viajes y condiciones a determinados lugares.

6. Comparo precios y condiciones.

7. Pregunto a un amigo sobre cómo le fue el viaje a un determinado lugar.

8. Me pongo de acuerdo con él para vernos y comentar el viaje.

9. Al día siguiente tomamos un aperitivo juntos y me informa sobre su viaje.

10. Tomo una decisión sobre el viaje que realizaré.

11. Me desplazo a una agencia de viajes y pido una reserva concreta.

12. No hay plazas para el día deseado. Debo elegir otra fecha.

13. Reservo el billete.

14. Al cabo de un mes paso de nuevo por la agencia, pago el billete y lo retiro.

Ciertamente, algunos aspectos del esquema básico son similares. Pero si descendemos al detalle, encontramos variantes de relativa importancia en el proceder de cada uno. Por ejemplo: unos reservan el billete por Internet, otros no; unos discuten fechas y opciones con sus amigos o con su familia, otros no; unos se informan exhaustivamente de antemano, otros relegan esta función a los agentes de viajes, etc. El contexto es también susceptible de variedad (sacar un billete sin intervención oral interactiva [Internet] o acudiendo a una agencia de viajes; con información previa o sin ella; con la ayuda de otros, o sin ella). Esta riqueza de acciones y de su desarrollo es susceptible de ser utilizada como esqueleto organizador de las actividades en la clase. Lo que tiene que hacer el autor de manuales o el profesor es transformar cada una de las acciones señaladas en actividades con las que se pueda operar en el aula.

He aquí un ejemplo de adaptación al aula, basado en el proceso subyacente al *Modelo 2*, anteriormente especificado:

a. *La actividad número 1* se concreta en la lectura de un texto sobre la frecuencia de los viajes en el siglo XXI y el fenómeno del turismo. La lectura se incentiva mediante una tarea: los alumnos deben confirmar o no, posteriormente, si lo expresado en el texto se ajusta o no a varias afirmaciones contradictorias y variopintas, que se ofrecen en un recuadro, sobre el fenómeno de los viajes en la actualidad.

b. A continuación, se ofrece una *segunda actividad* en la que dos amigas dialogan por teléfono *(Escucha el siguiente diálogo...)* para ponerse de acuerdo sobre un viaje a un determinado lugar. La audición y comprensión se incentiva mediante otra tarea: al alumno se le pide que subraye el nombre de las ciudades mencionadas durante el diálogo. El objetivo sería la exposición a la lengua hablada identificando ciertos elementos relevantes para el establecimiento de la comunicación en curso.

c. *La actividad número 3* se centra en el aprendizaje de las funciones comunicativas propias de la "expresión de acuerdo o desacuerdo": las expresiones de acuerdo y desacuerdo se presentan mediante ilustraciones en viñetas.

d. *La actividad número 4* hace referencia a la expresión de fechas y horas. Se ofrecen varias fechas posibles para viajar a un lugar determinado. Debajo, en un recuadro, se explicitan varias frases-modelo para referirse a fechas y horas *(Salgo el día 5 de marzo y llego el día 6, a las 12,30*; etc.). Los alumnos trabajan en parejas y deben elegir la fecha para su viaje preferido y escribirla en un papel. Luego cada pareja lee su viaje, fecha y hora a toda la clase.

e. *Actividad número 5:* se ofrecen a los alumnos fechas y sucesos importantes, para que asocien cada fecha al suceso que ocurrió en ella. La actividad se hace primero en grupos y luego se comprueban los resultados con la participación de toda la clase.

Y así sucesivamente. Las actividades deberán seguir siempre la línea de desarrollo marcada por la situación comunicativa. El procedimiento es limitado en su potencialidad: sus virtudes se circunscriben a las posibilidades que ofrece de cara a la elaboración de actividades en el aula. Mas no debe menospreciarse este aspecto: en conjunción con otros, es susceptible de constituir cómodamente el esqueleto de acciones didácticas sobre el cual se asienta el desarrollo de cualquier clase.

El esquema sugerido ha de tomarse como un esquema más, entre varios posibles. Sin lugar a duda, funcionará mejor dentro de una metodología de perfil comunicativo, puesto que es la más cercana a los procesos comunicativos reales. De todos modos, el concepto de *situación o proceso comunicativo* no debe ser restrictivo: no ha de reducirse a lo que podríamos calificar exclusivamente como *situaciones concretas*, tal cual suelen aparecer en los libros de texto. Pueden ampliarse a lo que podría denominarse como *núcleos comunicativos*, de ámbito mayor que lo que suele entenderse habitualmente por *situación*, pero sin ser equiparable al concepto de *escenario*, sugerido por Di Pietro (1987). El origen de un núcleo comunicativo reside en el intento de establecer una comunicación real mediante el lenguaje en un entorno globalmente complejo, como sería, por ejemplo, *la lectura de la prensa*, *el debate público*, *la narración de hechos*, etc. La mayor complejidad y amplitud del núcleo comunicativo permite que nos podamos valer de él en niveles medios y superiores, precisamente debido a la complejidad que implica y a las muchas y variadas posibilidades comunicativas que ofrece.

Un núcleo comunicativo como el relativo a la *lectura de la prensa* admite diversos enfoques. El más evidente sería el relacionado con lo que muchas personas suelen hacer cada mañana para informarse: comprar el periódico del día. Dentro de ese núcleo se desarrollarían acciones como:

– *salir de casa;*
– *pasar por el quiosco;*
– *comprar el periódico;*
– *leer los titulares más sobresalientes;*

– leer el chiste del día en la página X;
– pasar luego a la página de "política nacional", etc.

Cada una de esas acciones sería susceptible de ser transformada posteriormente en una actividad para la clase, de manera similar a como se hizo con el proceso *sacar un billete (de avión).*

1.4. Grado de complejidad de la actividad

El grado de complejidad de las actividades con que se trabaja en clase es quizás uno de los factores más evidentes y, por ello, el más ampliamente conocido en la tradición escolar. La cuestión fundamental radica en definir qué es complejo o qué es sencillo en lo que se enseña o se aprende.

La lengua objeto del aprendizaje es un todo compuesto de muchos y variados elementos que no son de la misma naturaleza ni están sujetos a los mismos condicionamientos. De ahí que definir la complejidad de una actividad no sea una tarea sencilla: dependerá, en gran medida, de lo que se someta a análisis, o de la perspectiva desde la cual éste se lleve a cabo.

1.4.1. Elementos lingüísticos necesarios para la comunicación establecida

Si tomamos como punto de referencia los elementos lingüísticos que deben activarse para desarrollar una determinada acción comunicativa, la cantidad de los elementos utilizados es un factor no despreciable a la hora de decidir qué es más o menos complejo. Si el alumno necesita valerse de frases más complejas, de vocabulario más especializado, de mayor número de palabras y de combinaciones sintácticas menos habituales, en tal caso el grado de complejidad será alto. En el extremo contrario (frases sencillas, escaso vocabulario, palabras muy usadas y más conocidas, etc.) se situará la sencillez o ausencia de complejidad.

Se añaden a esto ciertos condicionamientos que subyacen en el aprendizaje: lo más sencillo se suele aprender con más facilidad que lo más complejo; es más fácil y rápido aprender una palabra que dos o tres; es más fácil retener una oración simple que una oración subordinada; es más fácil repetir un sonido simple que varios sonidos en secuencia. En definitiva, la cantidad de elementos que constituyen el objeto de una actividad define, al menos en parte, el grado de complejidad que caracterizará a ésta.

1.4.2. Aspectos gramaticales implicados en el uso de determinados elementos lingüísticos

El número de elementos de una oración, o los elementos necesarios para establecer un tipo determinado de comunicación, no bastan por sí solos para definir el grado de complejidad o sencillez. Puesto que la comunicación se concreta en el discurso, los requisitos que se precisan para estructurar éste adecuadamente desempeñan, también, un papel importante que incide en su complejidad. Tales requisitos se refieren, sobre todo, a la gramática y a las exigencias contextuales (lingüísticas o extralingüísticas).

En términos cuantitativos, serían de igual complejidad frases como *La mesa* y *Lo siento*. Pero en términos de estructuración oracional o de gramática, la primera sería más sencilla que la segunda. De igual manera, una frase como *La vecina compró un vestido muy bonito y elegante* sería estructuralmente más sencilla que esta otra: *Esperando a su amigo, se le agotó la paciencia*.

1.4.3. Aspectos contextuales relevantes

La complejidad derivada del contexto o unida a él puede quedar ilustrada por esta oración: *El carro de la abundancia ya no llega con puntualidad a su casa*. Desde el punto de vista gramatical o estructural, la oración es sencilla. Pero su comprensión se hace difícil si los interlocutores no conocen el contexto en que está inserta y el uso metafórico del lenguaje.

El peligro de tomar decisiones sobre cuándo y cómo introducir una u otra actividad en la clase o en el currículo consiste en dejar de lado ciertos factores, primando el valor de otros; o en limitar el número de factores que se toman en consideración. En las decisiones sobre la secuenciación de actividades inciden, además de la complejidad del contexto, otros factores importantes, como la motivación, el proceso de adquisición de nuevos conocimientos por parte de los seres humanos o los requisitos derivados de la metodología aplicada, por lo que la conclusión respecto a la ordenación de actividades en clase dista mucho de ser irrelevante y fácil de dictaminar. Sirva esto como una llamada de atención para investigadores y manualistas.

2. El ritmo de la clase

El ritmo hace referencia a la velocidad con que se suceden determinados cambios en la clase. En términos de lo que ocurre en el aula o de lo que en ella es relevante, lo que más afecta al ritmo son las actividades, su número y su duración. Los tiempos pueden medirse atendiendo a la duración de cada ejercicio o a la velocidad de su desarrollo. No es fácil sugerir patrones generalizables respecto al ritmo que debe presidir el desarrollo de una clase. Las circunstancias y características de cada grupo son diferentes. La clave para mantener el ritmo adecuado residirá en lograr que los alumnos perciban con nitidez que se da progreso y continuación en lo que se hace, que no hay paradas innecesarias, ni períodos vacíos, ni desvíos susceptibles de inducirles a equivocaciones en el seguimiento de la ruta trazada.

Conservar el ritmo adecuado en clase requiere por parte del profesor prestar atención a lo que ocurre en ella, evaluar continuamente la información que recibe de sus alumnos, de su trabajo en clase, de la interacción con ellos y entre ellos. Esa retroalimentación permanente es la que posibilitará la toma de decisiones para continuar, repetir o cambiar de actividad. Las posibles sugerencias para mantener un ritmo aceptable en la clase se resumen en los puntos o recomendaciones siguientes:

a. No extenderse en explicaciones excesivamente prolijas, en etapas preparatorias sin objetivos claros de aprendizaje o en la explicación de procedimientos excesivamente detallados.

b. No consumir demasiado tiempo en una sola actividad. La prolongación de la misma tarea acaba cansando y disminuye los niveles de atención, lo cual, a su vez, es negativo para el aprendizaje.

c. Introducir actividades o procedimientos novedosos e inesperados de vez en cuando.

d. Diseñar actividades adecuadas al nivel de los alumnos: los ejercicios excesivamente fáciles o difíciles son elementos negativos para mantener el ritmo, ya sea por defecto o por exceso.

e. Calcular un mínimo de actividades para el período docente. Dicho número es variable: dependerá del tema tratado, de los objetivos planteados o del tipo de actividad.

f. Hacer una estimación, cuanto más precisa mejor, de la duración de cada actividad. Así se evitará tanto la extensión excesiva como, la escasez de tiempo para finalizar la tarea con eficacia.

g. Controlar el trabajo de los alumnos y medir el éxito o fracaso en los ejercicios realizados; así se tendrá la información necesaria para decidir cuándo debe cambiarse de actividad, tras haber logrado los objetivos perseguidos.

El ritmo de la clase lo suele marcar el profesor. Pero éste ha de tener en cuenta que las decisiones respecto al ritmo no deben ser tomadas unilateralmente. Las respuestas de los alumnos, su trabajo y sus reacciones no explícitas ante lo que van haciendo, constituyen el cúmulo de elementos que el profesor tendrá en cuenta para atemperar el ritmo a la realidad que tiene ante sí.

BIBLIOGRAFÍA Y REFERENCIAS

Alcorso, C. and M. Kalantzis (1985), *The learning process and being a learner in the AMEP*, (Informe para el "Committee of Review of the Adult Migrant Education Program", Dpt. of Immigration and Ethnic Affairs), Canberra.

Alonso Tapia, Jesús (1991), *Motivación y aprendizaje en el aula*, Madrid, Santillana.

Allwright, D. and K. M. Bailey (1991), *Focus on the Language Classroom*, Cambridge, C.U.P.

Allwright, R. L. (1984), "Why don't learners learn what teachers teach?: the interaction hypothesis", en D. Singleton and D. G. Little (eds), *Language Learning in Formal and Informal Contexts*, Dublin, IRAAL.

Andersen, R. W. (1981), *New Dimensions in Second Language Acquisition Research*, Rowley, Mass., Newbury House.

Anthony, E. M. (1963), "Approach, Method and Technique", *English Language Teaching,* 17: 63-67. Reproducido en Allen H. and Campbell, R. N. (1972), *Teaching English as a second language*, New York, McGraw Hill.

Asher, James, (1982), *Learning another language through actions: the complete teacher's guidebook*, Los Gatos, Calif., Sky Oaks Productions, Inc.

Austin, J. (1962), *How to do Things with Words*, Oxford, O.U.P.

Bachman, C., J. Lindelfeld, J. Simonin (1981), *Langages et communications sociales*, Paris, Hatier.

Baker, C. (1988), *Key Issues in Bilingualism and Bilingual Education*, Clevedon, Avon: Multilingual Matters.

Baldegger, M., M. Mueller, G. Schneider (1980), *Kontaktschwelle Deutsch als Fremdsprache*, Strassbourg, Council of Europe.

Barnes, D. (1978), *From communication to curriculum*, Harmondsworth, Penguin.

Bathe, W. (1611), *Ianua linguarum sive modus maxime accomodatus, quo patefit aditus ad omnes linguas intelligendas. Industria patrum Hibernorum Societatis Iesu, qui in Collegio eiusdem nationis Salamantica degunt, in lucem edita: nunc ad linguam latinam perdiscendam accommodata. In qua totius linguae vocabula, quae fraequentiora, fundamentalia sunt continentur: cum indice vocabulorum, traslatione Hispanica et iusdem tractatatus*, Salamanticae.

Bellack, Arno, A., Herbert M. Kliebard, Ronald T. Hyman and Frank L. Smith, (1966), *The Language of the Classroom*, New York, Teachers College Press.

Belyayev, B. V. (1963), *The psychology of teaching foreign languages*, New York, Pergamon.

Beretta, A. Davies, A. (1985), "Evaluation of the Bangalore Project", ELTJ, 39, 2.

Berlitz, M. D. (1890), *Método Berlitz, para la enseñanza de idiomas modernos. Parte española. Por M. Berlitz. Con la colaboración del Señor D. M. Florentino Martínez,* New York, Berlitz.

Besse, Henri (1985), *Méthodes et pratiques des manuels des langues*, Paris, Credif-Didier.

Blundell, L. Stojes, J. (1981), *Task Listening*, Cambridge, C.U.P.

Boud, David (Ed.) (1981), *Developing student autonomy in learning*, London, Kogan Page (2nd edition, 1988).

Breen, M. P. (1984), "How would we recognise a communicative classroom?". En B. Coffey (ed), *Teacher training and the curriculum: the Dunford House Seminar*. 1982, London, The British Council.

Breen, M. P. (1987), "Contemporary paradigms in syllabus design", en *Language Teaching*, 20 (3), 157-174.

Breen, M. P., C. N. Candlin, A. Waters (1979), "Communicative materials design: some basic principles", RELC Journal, 10/2.

Brindley, G. (1984), *Needs analysis and objective setting in the Adult Migrant Education Program*, Adelaide, NSW Adult Migrant Education Service.

Brophy, Jere, Ed. (1998), *Expectations in the Classroom*, Connecticut/London, Jai Press Inc., Greenwich.

Brown, H. D. (1980), *Principles of language learning and teaching*, New Jersey, Prentice Hall.

Brown, R. W. (1986), *Social psychology: the second edition*, New York, The Free Press.

Brown, D. R. and Veroff, J. (Eds.) (1986) *Frontiers of Motivational Psychology*, New York: Springer-Verlag.

Brumfit C. J. / Johnson, K, Editors (1981), *The communicative Approach to Language Teaching*, Oxford, O.U.P.

Byrne, D. (1976), *Teaching Oral English*, London, Longman.

Canale, M. and Swain, M. (1980), "Theoretical bases of communicative approaches to second language teaching and testing", *Applied Linguistics*, 1/1, pág. 1-47.

Canale, M. (1981), "Communication: How to evaluate it?", en *Actes du XII Colloque de l'Association Canadienne de Linguistique Appliquée à Ottawa*, University of Montreal, ACLA.

Canale, M. (1983), "From communicative competence to communicative language pedagogy", en *Language and communication*, J. Richards and R. Schmidt, eds., London, Longman.

Candlin, C. N., Murphy, D. F. (eds) (1987), *Language learning tasks*, New York, Prentice Hall International.

Candlin, C. N. (1976), "Communicative language teaching and the debt to pragmatics", en Rameh, C., ed., *Semantics: theory and application*, Georgetown U. Round Table on Languages and Linguistics, 1976, Washington DC, Georgetown UP.

Candlin, C. N. (1981), *The Communicative Teaching in English*, London, Longman.

Candlin, C. N. (1987), *Towards task-based language learning*, en *Lancaster Papers in English Language Education*, 7, 5-22.

Cantos Gómez, P. (1993), *EL uso de actividades con la ayuda del ordenador en el aula de inglés y la motivación*, Universidad de Murcia, Murcia.

Carrel, P., J. Devine, D. Eskey (eds). (1988), *Interactive approaches to second language reading*, Cambridge, C.U.P.

Carroll, J. B. (1971), "Current issues in psycholinguistics and second language teaching", *TESOL Quarterly*, 5: 101.

Carton, Aaron (1966), *The Methods of Inference in Foreign Language Studies*, The Research Foundation of the City of New York.

Chaudron, C. (1988), *Second language classrooms. Research on teaching and learning*, Cambridge, C.U.P.

Clark, J. L. (1987), *Curriculum renewal in school foreign language learning*, Oxford, O.U.P.

Clark, J. L. D. (1969), "The Pensylvannia project and the 'Audiolingual vs. Traditional' question", en *Modern Language Journal* 53, 388-396.

Clark, M. A. (1983), "The scope of Approach, the importance of Method and the nature of Techniques", en Alatis, Stern, Strevens, Eds. *Georgetown University Round Table on language and linguistics*, 106-115, Washington DC, Georgetown U.P.

Comenio, J. A. (1658), *Orbis Sensualium Pictus*, (Adaptación al inglés, Scholar Press, facs., 1972).

Coste, D. & Al. (1976), *Un niveau seuil*, Strasbourg, Council of Europe.

Council of Europe, (1978), *A European Unit/Credit System for Modern Language Learning by Adults*.

Council of Europe, (2001), *Common European Framework of Reference for Languages: Learning, Teaching, Assessment,* Cambridge, C.U.P. (Traducción al español en www.cervantes.es).

CREDIF, (1960), *Voix et images de France*, Paris, Didier.

Crookes, G. and Richard W. Schmidt (1991), "Motivation: Reopening the Research Agenda", en *Language Learning*, 41: 4, December, pp. 469-512.

Curran, Charles A. (1972), *Counselling-learning: A whole Person Model for Education*, New York, Grune and Stratton.

Curran, Charles A. (1976), *Counselling-learning in second language*, East Dubuque, Ill., Counseling-Learning Publications.

Dalgallian, G., Lieutad S. Weiss, F. (1983), *Pour un nouvel enseignement des langues*, Paris, CLE International.

Day, R. R. (1984), "Student participation in the ESL classroom or some imperfections in practice", *Language Learning* 34: 69-101.

De la Serna, Paz (1990), "Observación en el aula. Un estudio experimental sobre la incidencia del uso de la lengua materna en el proceso de aprendizaje", Tesis doctoral, Universidad de Murcia.

Dewey, John (1933), *How we think*, Lexington, Mass., Heath and Co., (Traducción española: *Cómo pensamos*, Paidós, Barcelona, 1989).

Di Pietro, R. (1987), *Strategic Interaction. Learning languages through scenarios.* Cambridge, C.U.P.

Dieuzeide, H. (1971), "Technologie éducative II: l'école de demain", *L'Éducation*, No. 91.

Dubin, S., Olshtain, E. (1986), *Course Design. Developing programs and materials for language learning*, Cambridge, C.U.P.

Dueñas, María (1997), *La dimensión cultural de la lengua y su incidencia en la enseñanza y aprendizaje de idiomas* (Tesis doctoral), Universidad de Murcia.

Duff, P., (1986) "Another look at interlanguage talk: talking tasks to task", en R. Day (ed.), (1986), *Talking to learn*, Rowley, Mass., Newbury House.

Dulay H., M. Burt, S. Krashen (1982), *Language two*, Oxford. O.U.P.

Ellis, R. (1980), "Classroom Interaction and its Relation to Second Language Learning", *RELC Journal*, 11, 2: 29-49.

Ellis, R. (1981), "The Role of Input in Language Acquisition: Some Implications for Second Language Teaching", *Applied Linguistics*, 2, 1: 70-82.

Ellis, R. (1984), *Classroom second language development*, London, Pergamon.

Ellis, R. (1985a), "A Variable Competence Model of Second Language Acquisition", *IRAL*, 23, 1: 47-59.

Ellis, R. (1985b), "Teacher-Pupil Interaction in Second Language Development", en Gass and Madden (eds).

Ellis, R. (1985c), *Understanding Second Language Acquisition*, Oxford, O.U.P.

Ellis, R. (ed.) (1987), *Second Language Acquisition in Context*, London: Prentice Hall.

Ellis, R. (1990), *Instructed Second Language Acquisition: Learning in the Classroom*, London, Basil Blackwell.

Ellis R. (1991), *Learning through instruction*, Oxford, Basil Blackwell.

Ellis R. (1994), *The Study of Second Language Acquisition*, Oxford, O.U.P.

Eltis K. and B. Low (1985), *A review of the teaching process in the Adult Migrant and Education Program*, (Informe para el "Committee of Review of the Adult Migrant Education Program", Canberra, Dpt. of Immigration and Ethnic Affairs).

Faerch, C. & G. Kasper (1983), *Strategies in interlanguage communication*, London, Longman.

Faure Report (1972), *Learning to be: The world of education today and tomorrow*, Report of the International Commission on the Development of Education, París, UNESCO.

Finochiaro, M. & Brumfit, (1983), *The Functional Notional Approach*, Oxford, O.U.P.

Flanders, N. A. (1960a), *Interaction analysis in the classroom: A manual for observers,*, Ann Arbor, University of Michigan Press.

Flanders, N. A. (1960b), *Teacher influence, pupil attitudes and achievement*, US Office of Education Cooperative Research Project No 397, Minneapolis, University of Minnesota.

Fried-booth, D. (1989), *Project work*, Cambridge, C.U.P.

Gallison, R. (1982), *D'hier à aujourd'hui. La didactique générale des langues étrangères*, Paris, CLE International.

Gaonac'h, Daniel (1990), *Acquisition et utilization d'une langue étrangère*, Paris, Hachette.

García Santa-Cecilia, A. (1995), *El currículo de español como lengua extranjera*, Madrid, Edelsa.

Gardner R. C - Lambert W. E. (1972), *Attitudes and motivation in second-language learning*, Rowley, Mass., Newbury House.

Gardner, R. C. (1975), "Motivational variables in second language learning", en Taggart 1975: 45-73.

Gardner, R. C. (1985), *Social psychology and second language learning: The role of attitudes and motivation*, London, Arnold.

Gattegno, Caleb (1963), *Teaching foreign languages in the school: the Silent Way"*, Reading, England, Educational Explorers Ltd.

Gattegno, Caleb (1972), *Teaching Foreign Languages in Schools: the Silent Way*, New York, Educational Solutions, Inc.

Gattegno, Caleb (1976), *The common sense of teaching foreign languages*, New York, Educational Solutions, Inc.

Germain, Claude (1993), *Évolution de l'enseignement des langues: 5000 ans d'histoire*, Paris, CLE.

Geschwind-Holtzer G. (1981), *Analyse sociolinguistique de la communication et didactique*, Paris, Hatier.

Good, T. L. and Brophy J. (1987), *Looking in Classrooms*, New York, Harper & Row.

Good T. L. and Power, C. (1976), "Designing successful classroom environments for different types of students", en *Journal of Curriculum Studies*, 8, 1-16.

Gougenhein, G., Michea, R., Rivenc, P. and Sauvageot, A. (1964), *L'élaboration du français fondamental (1er degrée): Étude sur l'établissement d'un vocabulaire et d'une grammaire de base*, Paris, Didier. (Primera edición, 1956).

Gouin, François (1892), *The art of teaching and studying languages*, London, George Philip & Son, (traducción al inglés por H. Swan and V. Bétis).

Halliday, M. A. K., A. McIntosch and P. Strevens (1964), *The linguistic sciences and language teaching*, London, Longman.

Halliday, M. A. K. (1973), *Explorations in the functions of language*, London, Edward Arnold.

Hedge, Tricia (2000), *Teaching and Learning in the Language Classroom*, Oxford, O.U.P.

Hernández Pina, Fuensanta (1984), *Teorías psicolingüísticas y su aplicación a la adquisición del español como lengua maternal*, Madrid, Siglo XXI.

Holden S. Eds. (1978), *Visual Aids for Classroom Interaction*, London, Modern English Publications.

Holec H., (1979), *Autonomy and foreign language learning*, Oxford, Pergamon.

Holec H. (1988), *Autonomy and self-directed learning: present fields of application*, Strasbourg, Council of Europe.

Hosenfeld, C. (1977), "A preliminary investigation of the reading strategies of successful and non-successful second language learners", *System* 5: 110-23.

Howatt, A. P. R. (1984), *A History of English Language Teaching*, Oxford, O.U.P.

Hymes, D. H. (1974), *Language in culture and society: A reader in linguistics and anthropology*, New York, Harper and Row.

Hymes, D. H. (1971), "On communicative competence", en J. B. Pride and J. Holmes, eds., *Sociolinguistics: Selected Readings*, Harmondsworth, Penguin Education.

Jakobovits, L. A. (1970), *Foreign Language Learning: A psycholinguistic Analysis of the Issues,* Rowley, Mass., Newbury House.

Jakobson, R. and C. Levi-Strauss, (1973), *Preliminaries to Speech Analysis*, Massachussets, MIT Press.

Jo Bush, W. Taylor Giles, M. (1985), *Cómo desarrollar las aptitudes psicolingüísticas*, Barcelona, Ed. Martínez Roca.

Johnson, K. & Morrow, Eds. (1978), *Functional Materials and the Classroom Teacher*, Centre for Applied Language Studies, University of Reading.

Johnson, K, & Morrow, (1979), *Approaches*, Cambridge, C.U.P.

Johnson, K. (1982), *Communicative syllabus design and methodology*, Oxford, Pergamon.

Johnson, K. (1992), The relationship between teachers' beliefs and practices during literacy instruction for non-native speakers of English, en *Journal of Reading Behaviour*, 24: 83-108.

Jones L. (1979), *Notions in English*, Cambridge, C.U.P.

Jones, L. (1981), *Functions of English*. Cambridge, C.U.P.

Katz, L. G. (ed) (1987), *Current Topics in Early Childhood Education*, Norwood, Ablex.

Keller, J. M. (1983), "Path Analysis". En J. P. Keeves, Ed., *Educational Research, methodology and measurement: An international handbook*, pp. 723-731, Oxford, Pergamon Press.

Kelly, L. G. (1969), *25 Centuries of Language Teaching*, NY, Newbury House Publishers.

Kindsvatter, R., Willen, W., & Ishler, M. (1988), *Dynamics of Effective Teaching*, New York, Longman.

Knowles, L. (1982), *Teaching and Reading*, London, National Council on Industrial Language Training.

Kramer, S. N. (1963), *Les Sumerians. Their History, Culture and Character*, Chicago, The University of Chicago Press.

Krashen, S. (1981), *Second Language Acquisition and Second Language Learning*, London, Pergamon.

Krashen, S. (1982), *Principles and practice in second language learning*, London, Pergamon.

Krashen, S. and Terrel, T. D. (1983), *The natural approach. Language acquisition in the classroom*, London, Pergamon.

Krashen, S., M. Long and R. Scarcella, (1979), "Age, rate and eventual attainment in second language acquisition", *TSOL Quarterly, 13, pp. 573-582.*

Kuhl, J. (1986) "Motivational Chaos: A Simple Model", en Brown and Veroff (eds).

La Forge, P. G. (1983), *Counselling and Culture in second Language acquisition*, Pergamon, Oxford.

Lado, R. (1957), *Language across Cultures: Applied Linguistics for Language Teachers*, Ann Arbor, Michigan, The University of Michigan Press.

Lado, R. (1964), *Language Teaching. A scientific approach*, New York, McGraw Hill.

Larsen-Freeman, D. (1986; 2001), *Techniques and principles in language teaching*, Oxford, O.U.P.

Lenneberg, E. (1967), *Biological Foundations of Language*, New York, Wiley and Sons.

Leontiev, A. A. (1981), *Psychology and the language learning process*, Oxford, Pergamon.

Lewis, M. (1993), *The Lexical Approach*, London, LTP.

Lewis, M. Ed., (2000), *Teaching Collocation. Further Developments in the Lexical Approach*, London, LTP.

Littlewood, W. (1981), *Communicative Language Teaching: An Introduction*, Cambridge, C.U.P.

Littlewood, W. (1984), *Foreign and Second Language Learning*, Cambridge, C.U.P.

Littlewood, W. (1992), *Teaching Oral Communication. A Methodological Framework*, Oxford, Blackwell.

Long, M. (1983), "Does second language instruction make a difference? A review of research", en TESOL Quarterly, 17.

Long, M. (1985), "The design of classroom second language acquisition: towards task-based language teaching", en E. Hyltenstam and M. Pienemann, *Modelling and assessing second language acquisition*, London, Multilingual Matters.

Lozanov, G. (1979), *Suggestology and outlines of suggestopedy*, New York, Gordon Beach.

Mackey, W. F. (1965), *Language teaching analysis*, London, Longman.

Maehr, M. L. and Archer, J. (1987), "Motivation and School Achievement", en Katz, ed., (1987).

Maehr, M. L. and Archer, J. (eds.) (1989), *Advances in Motivation and Achievement: Motivation Enhancing Environments*, Orlando, Academic Press.

Maher, B. (Ed.) (1969), *Clinical Psychology And Personality: The Selected Paper of George Kelly*, New York, John Wiley and Sons.

Manchón Ruiz, Rosa (2001), "Learners" strategies in L2 composing", en *Communication and Cognition*, 30, 91-114.

Marton, Waldemar (1988), *Methods in English Language Teaching*, New York, Prentice Hall.

Mattos, L. A. (1972), *Compendio de didáctica general*, Buenos Aires, Kapelusz.

McClelland, D. C. (1958), "Risk taking in children with high and low need for achievement", en Atkinson J. W., R. A. Clark, E. L. Lowell (1953), *Motives in fantasy, action and society*, Princeton, New Jersey, Van Nostrand.

McDonough, S. H. (1981), *Psychology in foreign language teaching*, London, G. Allen & Unwin.

Michael, Ian (1987), *The teaching of English. From the sixteenth century to 1870*, Cambridge, C.U.P.

MEC (Ministerio de Educación y Ciencia), (1989), *Vocabulario Básico en la E.G.B.*, Madrid, Espasa.

Moirand, Sophie (1982), *Enseigner à communiquer en langue étrangère*, Paris, Hachette.

Mumby, J. (1978), *Communicative syllabus design*, Cambridge, C.U.P.

Naiman, M, Fröhlich M., Stern, H. H. Todesco A., (1978), *The Good Language Learner,* Toronto, Ontario, Ontario Institute for Studies on Education.

Nation, I.S.P. (2001), *Learning vocabulary in another language,* Cambridge, C.U.P.

Nunan, D. (1985), *Language Teaching Course Design: Trends and Issues*, Adelaide, National Curriculum Resource Center.

Nunan, D. (1987), *The teacher as curriculum developer*, Adelaide, National Curriculum Resource Centre.

Nunan, D. (1988), *The learner-centred curriculum*, Cambridge, C.U.P.

Nunan, D. (1988a), *Syllabus Design*, Oxford, O.U.P.

Nunan, D. (1989), *Designing tasks for the communicative classroom*, Cambridge, C.U.P.

Nunan, D. (1992), *Collaborative Language Learning and Teaching*, Cambridge, C.U.P.

Oxford, R. (1990), *Language Learning Strategies: What every Teacher should know*, New York, Newbury House.

Pallarés, M.ª José (1988), "Relación entre método y materiales utilizados en los Institutos de Bachillerato de la Región de Murcia", *Tesina de Licenciatura*, Universidad de Murcia, Facultad de Letras.

Parker, J. C. and L. J. Rubin, (1966), *Process as content*, Chicago, Rand McNally.

Pattison, P. (1987), *Developing communication skills*, Cambridge, C.U.P.

Peck, A. J. (1969), "Talking to some purpose (Choosing the language-teaching points of the Nuffield/Schools Council German Course)", en Perren G. E., Trim J. L. M., Eds., *Applications of linguistics*, Cambridge, C.U.P.

Pérez Paredes, Pascual (1999), *Relaciones entre ansiedad y actividades comunicativas en los estudiantes españoles de inglés. Estudio experimental*, Tesis Doctoral, Universidad de Murcia, Murcia.

Pestalozzi, J. H. (1898), *How Gertrude teaches her children*, C. W. Bardeen, Syracuse, NY. (Translated by Lucy E. Holland and Frances C. Turner).

Pinillos, J. L. (1975), *Principios de sicología*, Madrid, Alianza Editorial.

Prabhu, N. S. (1987), *Second language pedagogy*, Oxford, O.U.P.

Prendergast, Thomas (1864), *The mastery of languages or the art of speaking foreign languages idiomatically*, London.

Proett J. and Gill K., (1986), *The Writing Process in Action: A Handbook for Teachers*. Urbana, Illinois, National Council of Teachers of English.

Puren, Christian (1988), *Histoires des méthologies de l'enseignement des langues*, Paris, CLE International.

Richards, J. and T. Rodgers (1986; 2001), *Approaches and methods in language teaching*, Cambridge, C.U.P.

Richards, J.C. (1985), *The Context of Language Teaching*, Cambridge, C.U.P.

Richards, J. C. (1990), *The Language Teaching Matrix,* Cambridge, C.U.P.

Richards, J.C. (1994), *Reflective Teaching in Second Language Classrooms,* Cambridge, C.U.P.

Richterich, E. and J. J. Chancerel, (1977), *Identifying the needs of adults learning a foreign language*, Oxford, Pergamon.

Richterich, R. (1983), *Case studies in identifying language needs*, Oxford, Pergamon.

Rinvolucri, Mario (1987), *Grammar Games*, Cambridge, C.U.P.

Rivers, Wilga, (1964), *The Psychologist and the Foreign Language Teacher*, Chicago, University of Chicago Press.

Rivers, Wilga, (1981), *Teaching Foreign Language Skills*, Chicago, University of Chicago Press.

Rogers, C. R. (1951), *Client-Centred Therapy*, Boston, Houghton Mifflin.

Rogers, C. R. (1969), *Freedom to learn: A view of what education might become*, Columbus, Ohio, Merrill.

Rosenshine, B. & Stevens R. (1986), "Teaching Functions" en M. C.: Wittrock, ed., *Handbook of Research on Teaching*, New York, McMillan, pp. 376-391.

Roulet, E. (1980), *Langues maternelles et langues secondes: vers une pédagogie integrée*, Paris, Hatier.

Rowntree, D. (1981), *Developing courses for studies*, London, McGraw Hill.

Rubin, Joan (1981), "The study of Cognitive Processes in Second Language Learning", *Applied Linguistics,* 2, 117-131.

Rutherford, W. (1987), *Second language grammar: Learning and Teaching,* London, Longman.

Salmon, Vivian (1979), *The study of language in 17th-Century England,* Amsterdam, John Benjamins.

Sánchez, A. (1975), "J. Amos Comenio: *Orbis sensualium pictus.* Un modelo de enseñanza audiovisual en el s. XVII", *en revista española de pedagogía,* 129, Enero, 1975, PP. 1-17.

Sánchez, A. (1981), *La enseñanza de idiomas. Principios, problemas y métodos,* Barcelona, HORA.

Sánchez, A. (1985), "La renovación metodológica en la enseñanza de idiomas en el *Ianua Linguarum* de Salamanca (1611)", en *Actas del Tercer Congreso Nacional de AESLA,* Valencia, 1985, pp. 483-499.

Sánchez, A. (1987), "Renaissance methodologies for teaching Spanish as a foreign language", en *Histoire, Epistemologie et Langage,* 9, II, 1987, pp. 41-60.

Sánchez, A. (1987), *El método comunicativo y su aplicación a la clase de idiomas,* Madrid, SGEL.

Sánchez, A. (1990), "A very profitable book for to lerne English and Spanish. Los libros de diálogos en Inglaterra para aprender español, en el s. XVI", en *Homenaje al Prof. L. Rubio, Universidad de Murcia,* Servicio de Publicaciones, Vol. 5, 1990, pp. 1.265-1.282.

Sánchez, A. (1991), "Keys for an investigation into the origins of the communicative methodology", en *Revista Alicantina de Estudios Ingleses,* n.º 4, 133-144.

Sánchez, A. (1992), *Historia de la enseñanza del español como lengua extranjera,* Madrid, SGEL.

Sánchez, A. (1992), "Política de difusión del español" en *International Journal of the Sociology of Language,* 95, August, pp. 51-69.

Sánchez, A. (1993), *Hacia un método integral en la enseñanza de idiomas,* Madrid, SGEL.

Sánchez, A., (1997), *Los métodos en la enseñanza de idiomas. Evolución histórica y análisis didáctico,* Madrid, SGEL.

Sánchez, A. (2000), "Language Teaching before and after digitilized Corpora. Three main issues", en *Cuadernos de Filología Inglesa,* Servicio de Publicaciones, Universidad de Murcia, 9.1, 2000, pp. 5-37.

Sánchez, A., (2001), "Sequencing of activities and motivation", en V. Codina y E. Alcón, eds., *Language Learning in the Foreign Language Classroom,* pp. 107-126, Colleció Estudis Filologics/8, Universidad Jaume I, Castellón.

Sánchez, A., (2004a), "Metodología: conceptos y fundamentos", en Sánchez Lobato, J. e Isabel Santos, Ed., *Vademécum para la formación de profesores,* Madrid, SGEL.

Sánchez, A., (2004b), "The Task-based approach in language teaching", *IJES*, Servicio de Publicaciones, Universidad de Murcia, 4.1, 2004, pp. 39-72.

Sánchez, A., J. M. Fernández y M. C. Díaz, (1986), *Antena (1, 2, 3)*, Madrid, SGEL.

Sánchez A., P. Cantos y M. T. Espinet (1995), *Cumbre (1, 2, 3)*, Madrid, SGEL.

Sauveur, L. (1874), *Introduction to the teaching of living languages without grammar or dictionary*, Boston ("Designed to accompany "Causeries avec mes enfants").

Sauveur, L. (1877), *La méthode naturelle*, New York.

Savignon, S. J. (1972), *Communicative Competence: An experiment in foreign language teaching*, Philadelphia, Center for Curriculum Development.

Schumman, J. H. (1978), "The acculturation model for second language acquisition", en en Gingras R. C. (ed.), 1978, *Second-Language Acquisition and Foreign Language Teaching*, Arlington, Va, Center for Applied Linguistics, pp. 27-50.

Searle, J.R. (1969), *Speech Acts*, Cambridge, C.U.P.

Seliger, H. W. (1983a), "The language learner as a linguist: of metaphors and realities", en Seliger and Long, (1983), 246-67.

Seliger, H. W. (1983b), "Learner interaction int he classroom and its effect on language acquisition", en *Applied Linguistics,* 4 (3): 179-91.

Seliger, H. W. (1977), "Does practice make perfect? A study of interaction patterns and L2 competence", en *Language Learning*, 27: 263-78.

Seliger, H. W. and Long, M. H. (1983) *Classroom Oriented Research in Second Language Acquisition*, Rowley, Mass., Newbury House Publishers.

Singleton D. (1989), *Language Acquisition: the Age Factor*, Clevedon, Avon, Multilingual Matters.

Skehan, Peter, (1989), *Individual differences in second language learning*, London, Arnold.

Skehan, Peter, (1996), "A Framework for the Implementation of Task-based Instruction", *Applied Linguistics*, Vol. 17, 1, 38-62.

Skinner, B. F. (1957), *Verbal Behaviour*, New York, Apple-Century-Crofts.

Snow C. and M. Hoefnagel-Höhle (1978), "The critical age for language acquisition: evidence from second language learning", *Child Development* 49, pp. 1.114-1.128.

Steers, R. M. and Parker, M. (1975) *Motivation and Work Behaviour*, London, McCrawn-Hill Book Company.

Stenhouse, L. (1975), *An introduction to curriculum research and development*, London, Heineman.

Stern, H. H. (1983), *Fundamental concepts of language teaching*, Oxford, O.U.P.

Stevick, E. W. (1990), *Humanism in Language Teaching*, Oxford, O.U.P.

Sweet, Henry (1884), *The practical study of languages*, London.

Taba, H. (1962), *Curriculum development: Theory and practice*, New York, Harcourt.

Tarone E. and Yule G., (1989), *Focus on the Language Learner*, Oxford, O.U.P.

Thorndike, E. L., (1932), *A Teacher"s Word Book of the 20,000 Words Found Most Frequently and Widely in General Reading for Children and Young People*, Columbia University, Teachers College.

Thorndike, E. L. and Irving Lorge, (1944), *The Teacher"s Word Book of the 30,000 Words*, Columbia University, Teachers College.

Trim J. L. M. (1978), *Some possible lines of development of an overall structure for a European unit-credit scheme for foreign language learning by adults*, Strasbourg, Council of Europe.

Trim, Richterich, Van Ek, Wilkins, (1973), *Systems development in adult language learning*, Strasbourg, Council of Europe.

Tyler, R. (1949), *Basic principles of curriculum and instruction*, New York, Harcourt.

Van EK, J. A. (1975), *The threshold level*, Strasburg, Council of Europe.

Van Lier, L. (1988), *The Classroom and the Learner*, London, Longman.

Vann R. and Abraham R. (1990), "Strategies of unsuccessful language learners", *TESOL Quarterly* 24, 177-198.

Wardhaugh, R. (1969), "Current problems and classroom practices", *TESOL Quarterly*, 3: 105-106.

Wenden A. and J. Rubin (1987), *Learner Strategies in Language Learning*, Englewood Cliffs, New Jersey, Prentice Hall.

West, Michael, (1953), *A General Service List of English Words,* London, Longman.

Widdowson, H.G. (1978), *Teaching Language as Communication*, Oxford, O.U.P.

Wilkins, D.A. (1976), *Notional syllabuses*, London, O.U.P.

Willing, K. (1985), *Learning styles in adult migrant education*, Sidney, NSW Adult Migrant Education Service.

Winnitz, H. (Ed.) (1981), *The comprehension approach to foreign language instruction*, Rowley, Mass., Newbury House.

Woods, Devon (1996), *Teacher Cognition in Language Teaching*, Cambridge, C.U.P.

Wright, T. (1987), *Roles of Teachers and Learners*, Oxford, O.U.P.

Yalden, J. (1983), *The communicative syllabus: evolution, design and implementation*, Oxford, Pergamon.

ÍNDICE DE MATERIAS Y AUTORES